工业和信息化精品系列教材

智能制造技术

U0647145

ROBOT

制造执行系统 MES 的 功能与实践

林森 晏致涛 王俊洲 ◎ 主编

赵悦 胡月 陈海生 ◎ 副主编

人民邮电出版社

北京

图书在版编目（CIP）数据

制造执行系统（MES）的功能与实践 / 林森，晏致涛，
王俊洲主编. -- 北京：人民邮电出版社，2021.8
工业和信息化精品系列教材. 智能制造技术
ISBN 978-7-115-56434-4

Ⅰ．①制… Ⅱ．①林… ②晏… ③王… Ⅲ．①制造工
业－工业企业管理－计算机管理系统－职业教育－教材
Ⅳ．①F407.406.14

中国版本图书馆CIP数据核字(2021)第075781号

内 容 提 要

本书以企业已经成功实施的 MES 解决方案为背景，深入浅出地向读者讲解 MES 从理论到系统功能、再到系统实施的整个过程。全书共 5 章，分别为绪论、MES 功能模块、MES 项目实施、项目实战：一家小型机械加工企业的系统设计、项目实战：一家大型汽车生产企业的制造运行模式及应用。通过学习本书，读者可全面了解 MES 的概念和功能特性，并通过对实施方法论述和实际案例实施流程的学习，最终将MES 落地为实体化的解决方案。

本书注重理论联系实际，配有大量生产现场的照片，文字通俗易懂，具有较强的理论性和实用性，既可作为职业院校智能制造及相关专业的教材，也可作为初级从业人员的参考书。

- ◆ 主　　编　林　森　晏致涛　王俊洲
　　副 主 编　赵　悦　胡　月　陈海生
　　责任编辑　刘晓东
　　责任印制　王　郁　彭志环
- ◆ 人民邮电出版社出版发行　北京市丰台区成寿寺路 11 号
　　邮编　100164　电子邮件　315@ptpress.com.cn
　　网址　https://www.ptpress.com.cn
　　固安县铭成印刷有限公司印刷
- ◆ 开本：787×1092　1/16
　　印张：12.25　　　　　　　　2021 年 8 月第 1 版
　　字数：237 千字　　　　　　 2024 年 12 月河北第 6 次印刷

定价：42.00 元

读者服务热线：(010)81055256　印装质量热线：(010)81055316
反盗版热线：(010)81055315
广告经营许可证：京东市监广登字 20170147 号

前 言

习近平总书记在党的二十大报告中深刻指出，"培养造就大批德才兼备的高素质人才，是国家和民族长远发展大计"，并且强调要大力弘扬劳模精神、劳动精神、工匠精神，激励更多劳动者特别是青年一代走技能成才、技能报国之路。本书全面贯彻党的二十大报告精神，以习近平新时代中国特色社会主义思想为指导，结合企业生产实践，科学选取典型案例题材和安排学习内容，在学习者学习专业知识的同时，激发爱国热情、培养爱国情怀，树立绿色发展理念，培养和传承中国工匠精神，筑基中国梦。

随着经济和技术的不断发展，当今世界正面临经济转型，第四次工业革命成为热点，智能制造也随之迎来快速发展阶段。制造执行系统（Manufacturing Execution System，MES）作为生产制造过程的大脑与神经网络，在今后一段时间里，将是整个制造业关注的焦点之一。

本书以培养职业院校智能制造及相关专业学生的实际应用能力为最终目标，详细介绍了MES的主要功能及MES项目实施的方法。书中列举了制造企业的实际案例和成功经验，并用浅显易懂的语言来描述，让学生掌握的知识更简洁、更牢固，并更接近制造企业的实际应用。

本书以"基础理论→系统功能→实施方法→应用案例"为主线，首先介绍MES的基本知识，然后从实施主体和实施商（甲方和乙方）的角度介绍如何在企业中完整实施MES项目，最后利用实际应用案例将学生带入MES项目实践。本书在编写过程中，最大限度地引用了当前比较先进的智能制造技术和MES应用案例。

本书的参考学时为48学时，建议采用理论实践一体化的教学模式，各章的参考学时见下面的参考学时分配表。

参考学时分配表

章	课程内容	参考学时
第 1 章	绪　论	4
第 2 章	MES 功能模块	8
第 3 章	MES 项目实施	12
第 4 章	项目实战：一家小型机械加工企业的系统设计	12
第 5 章	项目实战：一家大型汽车生产企业的制造运行模式及应用	12
学时总计		48

　　本书由林森、晏致涛、王俊洲任主编，赵悦、胡月、陈海生任副主编。此外，本书在编写过程中，得到了重庆工业职业技术学院、重庆西门雷森精密装备制造研究院、重庆工程职业技术学院及张辉、陈秦、何挺忠等有关单位和个人的大力支持和帮助，在此深表感谢。

　　由于编者水平和经验有限，书中难免有欠妥之处，恳请读者批评指正。

编　者
2023年5月

目　录

第1章
绪论

随着工业4.0时代的来临，智能工厂、智能生产和智能物流广泛兴起，企业信息集成问题的解决方案——制造执行系统（Manufacturing Execution System，MES），已经成为生产环节智能化的主要工具，在智能制造中起着越来越重要的作用。本章着重阐述MES的基础知识，包括MES的产生背景、MES的定义及标准、MES的发展历程、流程制造行业和离散制造行业中的MES及MES的标准体系架构。通过对本章内容的学习，读者能够对MES有一个常规的、概念性的认识，为后续的MES功能和实践过程的学习打下坚实基础。

1.1 MES的产生背景

随着全球化买方市场的形成，企业所面临的竞争日趋激烈，经济活动的步伐越来越快，客户在时间方面的要求也越来越高。这一变化的直接反映就是主要竞争因素的变化。20世纪初期，企业之间的竞争主要是成本竞争，通过大批量生产来降低企业成本是应对成本竞争的主要方法。到了20世纪中期，企业之间的主要竞争因素变为质量，通过精益生产方式来消除浪费、提高质量成为企业管理的潮流。进入21世纪，企业之间的主要竞争因素变为时间，在客户需要的时候按时、保质、保量地提供正确的产品成为企业核心竞争力的关键。

伴随着客户对产品需求的多样化，制造企业的生产模式开始由大批量的刚性生产向多品种、小批量的柔性生产转变，生产线也从以前的手工方式快速向高自动化的机器人生产线转变。同时，计算机网络和大型数据库等信息技术持续飞速发展，信息系统从局部、事后的处理方式向全局、实时的处理方式转变，这就为MES的产生提供了基础条件。

在制造业信息化的早期阶段，企业经营管理的信息化与生产设备的自动化作为两个独立的分支各自发展着。由不同部门、基于不同应用目标建立起来的一系列单一功能的信息系统，逐渐成了信息化进程中的阻碍。

（1）信息孤岛。企业内的生产调度、工艺管理、质量保证、设备维护、物料管理、过程控制等系统之间相互独立、缺乏数据共享，导致相互之间功能重叠、数据冗余与矛盾频发等一系列问题。信息孤岛使企业内部的信息在水平方向上产生断裂，严重制约了企业内部各种系统之间的协调运作，削弱了信息化的整体作用。

（2）信息断层。企业的经营管理系统无法及时、准确地得到实际的生产信息，无法有效地掌握生产现场的真实情况，生产现场的工作人员和设备也得不到切实可行的生产计划与生产指令。信息断层造成的企业生产经营信息在垂直方向上的断裂，成为阻碍企业的经营管理系统与车间的生产管理系统集成的根本原因。

面对快速发展的市场环境及企业不断增加的对信息集成的强烈需求，信息孤岛和信息断层所带来的各种问题已经变得十分尖锐。例如，在计划过程中无法准确、及时地掌握实际的生产状态；在生产过程中得不到切实可行的生产计划；车间的管理人员和操作人员难以跟踪产品的生产过程，不能有效地控制在制品库存；客户也无法了解订单的执行状况等。产生这些问题的主要原因在于生产管理系统与生产过程控制系统相互分离，计划系统和过程控制系统之间界限模糊，缺乏紧密的联系。

针对这种状况，1990年11月，美国先进制造研究机构（Advanced Manufacturing Research，AMR）首次提出MES的概念，以其作为企业信息集成问题的解决方案。美国国际制造执行系统协会（Manufacturing Execution System Association，MESA）成立于1992年，是继AMR之后又一促进MES普及和标准化的团体。MESA经常发布关于MES的白皮书，以及客户使用MES后的效果调查报告。

近年来，MES已经在生产排产、订单执行、自动叫料、质量追溯、防止装配错误、产品状态跟踪等环节实现了广泛的应用，使得制造企业能够在客户订单驱动下进行快速、高质量、低成本的生产。同时随着全球工业4.0时代的来临，智能工厂、智能生产和智能物流将为制造业的发展注入新的动力，而MES作为生产环节智能化的主要工具，也必将在未来实现快速发展。

1.2　MES的定义及标准

1.2.1　MES的定义

MES概念被提出以来，全球众多机构都尝试定义它，从基础定义到功能范围，对其都有详细的描述。下面列举了几个典型的定义。

AMR将MES定义为位于上层计划管理系统与底层工业控制系统之间的、面向车间的管理信息系统，可以为操作人员、管理人员提供计划、执行、跟踪及所有资源（人、设备、物料、客户需求等方面）的当前状态信息。

MESA将MES定义为：能通过信息传递，对从订单下达到产品完成的整个生产过程进行优化管理。当工厂里面有实时事件发生时，MES能对此及时做出反应，并用当前的准确数据对它们进行指导和处理。这种对状态变化的迅速响应使得MES能够减少企业内部没有附加值的活动，有效地指导工厂的生产运作过程，从而既能提高工厂及时交货的能力、改善物料的流通性能，又能提高生产回报率。MES还通过双向的直接通信在企业内部和整个产品供应链中提供有关产品行为的关键任务信息。

除了定义以外，MESA还提出了MES应具有的标准功能模块。

（1）详细生产计划（详细产品计划及排产）：生产顺序和工时平衡需要考虑单个生产线或整个生产线的产能及资源利用率。

（2）资源管理（资源的位置和状态）：管理和监控各种资源的状态，如设备、工具等。

（3）文档管理（包含文档控制）：管理和正确传递产品、流程、设计和订单的信息，甚至可能包含现场质量控制的作业指导书等。

（4）物料管理（物料管理及配送）：管理现场生产所需的物料及半成品的现场配送，保证生产顺利进行。

（5）绩效管理：对比和评价标准数据和现场实际产生的装配、测量数据之间的差异，以保证产品质量。

（6）秩序管理（工作管理）：控制现场操作，并将最新的信息发送给指挥中心或现场工人。

（7）维护管理：计划和实施设备的维保任务，减少由设备故障和宕机引起的生产损失。

（8）生产过程管理：控制和管理生产流程，按照既定流程组织生产。

（9）质量管理：记录、跟踪和分析产品生产过程中的各种问题，确保出厂产品质量达标。

（10）数据采集：实时采集现场人工操作、设备运行、物料配送等信息，并进行数据的可视化分析。

（11）产品跟踪和追溯：跟踪和记录与产品有关的信息，对零件、过程及事件进行记录并保存。

当然，并不是所有的MES都必须具有以上全部功能模块，企业可以根据实际的生产需要进行灵活使用和配置。2004年，在美国芝加哥举行的会议上，MESA提出了协同MES（Cooperation MES，C-MES）的概念。C-MES不应只是应用管理系统和现场自动化设备之间的桥梁，还应是现场生产数据和信息的平台，各种业务、技术和物流的功能都将集成在这个平台上，以发挥现场生产执行和控制的作用，C-MES的功能如图1.1所示。

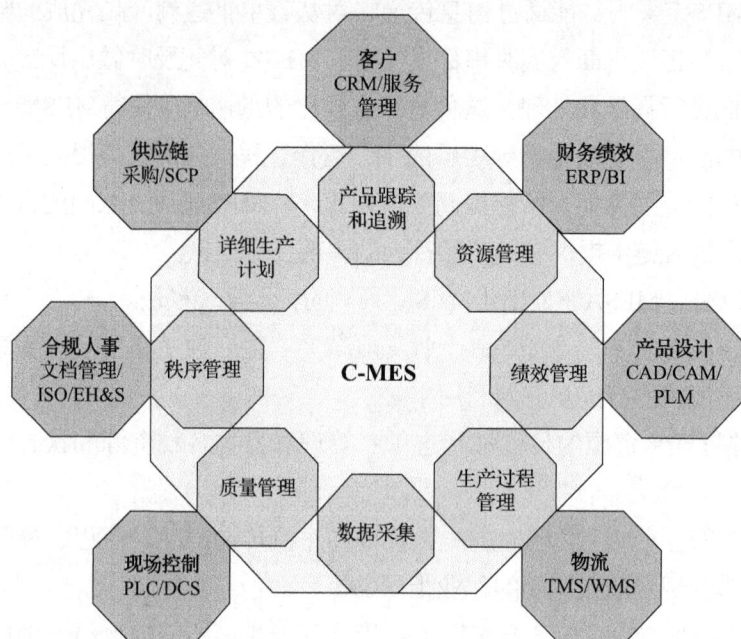

图1.1　C-MES的功能

1.2.2　MES的标准

1997年，美国仪器、系统和自动化协会（The Instrumentation,Systems,and Automation Society，ISA）［现为国际自动化学会（International Society of Automation，ISA）］和美国国家标准协会（American National Standards Institute，ANSI）共同发起了编制ISA-SP95企业控制系统集成标准的工作，该标准目前被公认为MES标准的基本框架。为了研发出高效的MES，恰当地定义软件功能、物理模型、业务流程和生产流程是必要的。从这个角度考虑，ISA-SP95标准是把简单的生产活动通过模型应用到了主要的制造区域中，最终的模型比MESA定义的模型更加宽泛。该标准的目标是降低风险和成本，减少在应用企业系统和MES时出现的错误，并简化操作，使信息易于集成。

ISA-SP95延伸出了生产运营系统（Manufacturing Operation System，MOS）的概念，该概念引入了流程制造的类型，将MES的概念扩展到整个制造业范围。该标准基于如图1.2所示的3层架构模型，包括协同管理、MOS/MES及自动化设备层。自动化设备层又分为3个类型：第一类是流程制造；第二类是批次生产，指流程制造中的批次生产；第三类是离散制造。

在该标准中，ISA-SP95增加了在第一层和第二层之间的接口描述，并且第二层（MOS/MES）主要包括生产管理、数据采集、与自动化设备层的接口、缺陷管理、生产状态跟踪等，并重点关注了MES的数据结构和数据模型。该标准适用于更大型的和有意向进行MES开发的企业，是从更基础的层面定义的MES标准。

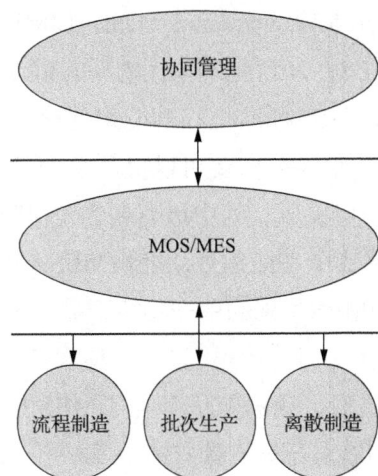

图1.2 ISA-SP95定义的MOS 3层架构模型

1.3 MES的发展历程

最早从20世纪70年代后半期开始，就已经出现了一些解决单一问题的MES，如设备状态监控系统、质量管理系统，以及涵盖生产进度跟踪、生产统计等功能的生产管理系统。各个企业引入的只是单一功能的软件产品或系统，而不是整体的解决方案。MES真正得到迅猛的发展还是从1990年AMR明确提出MES的概念之后开始的。

MES一开始是一个特定集合的总称，用来表示一些特定功能的集合及实现这些特定功能的产品。AMR提出3层结构的信息化体系结构，将位于计划层和控制层之间的执行层叫作MES，并明确了各层的功能和重要性。

MES处于企业经营管理系统（ERP）和过程控制系统（Distribute Control System，DCS）的中间位置。ERP作为经营管理系统，DCS作为过程控制系统，而MES则作为制造执行系统。由于以ERP为代表的经营管理层和以DCS为代表的控制层的信息技术应用起步较早，已经形成了大量的成熟技术和成熟系统，MES与上层ERP等经营管理系统和底层DCS等过程控制系统一起构成了企业的信息系统架构。MES一方面将业务计划的指令传达到生产现场，另一方面将生产现场的信息及时收集、上传和处理。MES不仅是面向生产现场的系统，还是上、下两层之间的信息传递纽带，将车间生产现场和企业经营决策关联起来，以提升企业的生产经营效益。

20世纪90年代，由于MES已经成为企业实现生产现场管理的集成系统，故又称为集成MES（Integrated MES，I-MES），包括工厂管理（资源管理、调度管理、维护管理）、工厂工艺设计（文档管理、标准管理、过程优化）、过程管理（回路监督控制、数据采集）和质量管理［统计质量（Statistical Quality Control，SQC）、实验室信息管理系统（Laboratory Information Management System，LIMS）] 4个主要功能，并由实时数据库支持。在该框架内，MES在20世纪90年代初期的重点是生产现场的信息整合。

到了20世纪90年代中期，MES标准化和功能组件化、模块化的思路得到重视，许多MES实现了功能组件化，企业根据需要可以灵活、快速地构建具有自身所需功能的MES，大大方便了MES的应用与集成。其中最有名的是MESA于1997年提出的MES功能组件和集成模型，该模型包括11个功能组件。随后MESA规定，仅包括11个功能模块中的某一个或几个的产品，也属MES系列的单一功能产品。AMR把按照11个功能模块实现的整体解决方案称为MES II。

这一时期，大量的研究机构、政府组织参与了MES的标准化工作，进行了相关标准、模型的研究和开发，其中涉及部分对象技术、集成技术、平台技术、互操作技术和即插即用技术等。主要成果如下。

（1）标准化组织（Object Management Group，OMG）的制造分会发布了RFI文件。

（2）ISA-SP95 企业控制系统集成（Enterprise Control System Integration，ECSI）标准委员会发布了ERP与MES的接口标准模型。

（3）NIIIP-SMART （National Industrial Information Infrastructure Protocols-Solution for MES Adaptable Replicable Technology）信息结构标准的发布。

（4）NIST-SIMA （National Institute of Standard and Technology-System Integration for Manufacturing Application）用IDEF0描述了通用的功能活动模型（Activity Models）。

其中，从1997年开始，国际电工委员会（International Electrotechnical Commission，IEC）编制了一系列相关标准，主要包括SP95.01模型与术语标准、SP95.02对象模型与属性标准、SP95.03制造运作管理的活动模型标准、SP95.04制造运作管理的对象模型与属性标准。

SP95.01规定了生产过程涉及的所有资源信息及其数据结构和表达信息关联的方法。SP95.02对SP95.01定义的内容做了详细的规定和解释，SP95.03提出了管理层与制造层间信息交换的协议和格式。其中SP95.01已经被国际标准化组织（International Organization for Standardization，ISO）和IEC批准为国际标准ISO 62264的第一个标准，我国也引进了该文件作为国家标准。

ISA-SP95标准在工业界迅速得到认可，其用户包括很多世界知名企业，例如能源领域的Exxon Mobil、British Gas，日用品领域的宝洁公司，食品饮料领域的雀巢公司等。SAP、西门子、霍尼韦尔、ABB、Rockwell Software、Enterprise Consultants International等一些软件提供商或咨询公司也在它们的产品或工程中应用了这个标准。不少企业正在运用SP95.03中给出的模型作为需求分析、体系结构、设计和实施的模板。许多企业依照此标准进行MES和ERP集成的实施，据统计，实施时间缩短了75%以上。预计由于这个标准的应用，最终进行MES和ERP集成所花费的时间将会由现在的6~9个月减少到6~9个星期。

此外，几乎所有组织和学者都倡导MES功能和接口的标准化，并强调集成（Integration）和互操作性（Inter-operability）的重要性。提倡系统之间、功能模块之间以对象请求代理（Object Request Broker，ORB）作为MES信息访问接口协议，以实现MES功能的即插即用。

从整个发展过程来看，MES还处在一个发展期，并不像ERP等已经形成行业标准并且已经应用得非常广泛。MES起初诞生于流程制造行业，但随着汽车行业的快速发展，MES在汽车行业的发展已领先于制造业的其他行业。根据2009年e-works的统计数据，我国13.98%的MES厂商集中在汽车行业。

随着整个制造业的快速发展，其他行业对MES的应用也逐渐有了较为迫切的需求，MES在各个行业迅速发展。2018年各个行业MES的应用分布情况如图1.3所示。根据e-works的统计，各个行业MES的应用情况差距并不大，但是大多还处于初级阶段，使用的功能模块集中在基本的数据采集和国家规范所要求的追溯管理上，对其他功能模块的使用相对较少。另外，MES数据采集方式仍然比较单一，MES应用成功率不高，企业对MES认识不足、需求点把握不准、MES技术人才不够等成为MES项目实施过程中的突出难点。

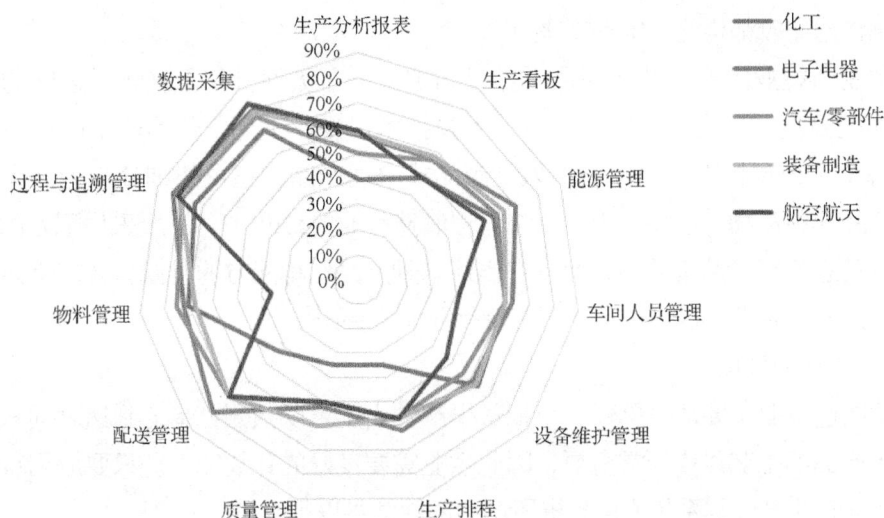

图1.3　MES在各个行业中的应用分布情况

1.4　流程制造行业和离散制造行业中的MES

制造业主要分为流程制造行业和离散制造行业两大类，MES的提出首先是从流程制造行业开始的，成功的应用案例也多集中在流程制造行业。这主要是因为流程制造行业对设备的依赖性高，设备的自动化水平高，大量的传感器可以实时准确地采集生产现场的状态信息，这就为MES的实施提供了基础条件。从ISO 62264的标准文档来看，工业界普遍认为MES具有流程制造行业和离散制造行业的普适性，希望开发出具有普适性的

MES。不过需要强调的是，MES的应用应该充分考虑到企业的具体情况，以谋求最合适的信息化解决方案。

无论是从功能模型上还是信息模型上，无论是从技术上还是管理上，MES都覆盖了流程制造行业和离散制造行业。但是，由于流程制造行业和离散制造行业在工艺流程和生产组织方式上存在较大差别，不同的MES解决方案存在明显的行业特征。

1.4.1 流程制造行业和离散制造行业的差异

流程制造行业主要通过对原材料进行混合、分离、粉碎、加热等物理或化学方式的处理，使原材料增值，通常以批量或连续的方式进行生产。而离散制造行业主要通过对原材料物理形状的改变、组装，使其成为产品，从而增值。流程制造行业和离散制造行业在整个制造过程中的制造特点有很大的差异，下面主要从产品结构、生产计划管理、工艺流程、设备及其自动化水平、批次管理和跟踪5个方面进行对比。

1. 产品结构

离散制造行业的产品结构为树状结构，最终产品或者部件由一定的零件组成，而这种树状结构一般用物料清单（Bill Of Material，BOM）的形式来表示，离散制造行业的产品信息传递一般都构建在BOM架构下。

流程制造行业的产品结构往往不是很固定——上级物料和下级物料之间的结构关系，可能随温度、压力、湿度、季节、人员技术水平、工艺条件等的不同而不同。此外，在每个工艺过程中，产出的不只是产品或中间产品，还可能细分为主产品、副产品、协产品、回流物、废物。因此，在流程制造行业的MES中，一般采用配方的概念来描述这种动态的产品结构关系，而且在描述这种产品结构配方的时候，还应满足批量、有效期等方面的要求，这在化工、制药等行业尤其突出。

2. 生产计划管理

离散制造行业主要从事单件、小批量生产，由于难以预测订单的到达时间和批量，同时由于产品的工艺路线经常变更，因此企业需要良好的计划能力。只要应用得当，离散制造行业在生产计划系统方面投资所产生的效益可以很高。

流程制造行业主要从事大批量生产。只有满负荷生产，流程制造企业才能将成本降下来，在市场上具有竞争力。因此，在流程制造企业的生产计划中，年度计划更具重要性，它决定了企业的物料需求。

3. 工艺流程

离散制造行业的特点是多品种和小批量。因此，生产设备有可能不是按产品而是按照工艺进行布置的。例如，离散制造行业往往要按照车、铣、刨、磨、钳等工艺过程，或者按照典型工艺过程来安排机床的位置。每个产品具体的工艺过程可能不一样，而且有多台可以进行同一种加工工艺的机床，因此离散制造行业需要对所加工的物料进行调度，并且往往需要搬运中间品。离散制造行业的原材料主要是固体，产品也主要为固体，因此存储方式多为室内仓库存储或室外露天仓库存储。

流程制造行业的特点是品种固定、批量大、生产设备投资高，而且按照产品进行布置。通常流程制造行业的设备是专用的，很难改作其他用途。流程制造行业的原材料和产品通常是液体、气体、粉状等，因此通常采用罐、箱、柜、桶等方式进行存储，并且多数的存储量可以用能转变为电信号的传感器进行计量。MES可以通过这些传感器获得必要的信息。

4. 设备及其自动化水平

流程制造行业的产品比较固定，而且一旦生产就有可能长期不变；离散制造行业的产品生命周期则要短得多。

离散制造行业的自动化主要体现在单元级上，如数控机床、柔性制造系统。由于是离散加工，产品的质量和生产率很大程度依赖于工人的技术水平。因此，离散制造企业一般是人员密集型企业，自动化水平相对较低，单台设备停下来检修也不会影响整个生产系统的生产。

流程制造企业大多采用大规模生产方式，生产工艺技术成熟，生产设备组成一条固定的生产线，设备投资比较大、工艺流程固定。流程制造企业的生产广泛采用DCS，控制生产工艺条件的自动化设备比较成熟。流程制造企业的生产能力有一定的限制，生产线上的设备维护特别重要，设备不能发生故障。

5. 批次管理和跟踪

离散制造行业一般对批次管理和跟踪的要求并不十分严格，但随着国家要求的逐渐提高，航空、航天、汽车等离散制造行业也在逐渐完善产品追溯管理的能力。流程制造行业的生产工艺过程中会产生各种协产品、副产品、废品、回流物等，对物资需要有严格的批次管理。例如，制药行业中的药品生产过程要求有十分严格的批号记录和跟踪，从原材料、供应商、中间品到销售给用户的产品，都需要记录。一旦出现问题，企业可以通过批号反查出是谁的原料、哪个部门何时生产的，以便查出问题所在。

1.4.2 流程制造行业和离散制造行业对MES要求的区别

由于流程制造行业与离散制造行业之间存在差异，导致MES在离散制造行业和流程制造行业中的应用有所差别，主要体现在对ERP的要求、作业计划调度、数据采集、作业指令下达、设备管理、库房物料管理、质量管理等方面，下面进行详细介绍。

1. 对ERP的要求

MES处于企业的计划执行层，从ERP层接受计划指令，并向ERP反馈信息。因此，无论是流程制造行业还是离散制造行业，MES都要与ERP建立紧密的信息集成。

流程制造行业和离散制造行业对ERP的不同需求，主要表现在以下方面。

（1）生产模式方面。两者对于生产模式的要求不同——流程制造行业中体现了以配方为核心的生产模式，而离散制造行业中体现了以产品BOM为核心的生产模式。

（2）生产计划方面。虽然流程制造企业根据市场的需求进行生产的观念已经逐步加深，但一般情况下，特别是对市场需求量大的产品，还是"以产定销"——通过大批量生产，降低成本，提高竞争力。因此，流程制造企业生产计划的依据主要是市场预测。离散制造企业一方面可以根据订单进行生产，另一方面也可以将市场预测作为制订生产计划的依据。离散制造企业的ERP向MES下达作业计划指令主要以"工作令"（Job Order或Work Order）的方式进行，而流程制造企业的作业计划下达主要以指令计划的方式进行。

（3）成本核算方式方面。离散制造企业计算产品成本是按照产品BOM所描述的加工装配过程，从低层向高层逐层累计得出的。这种按照成本发生的实际过程计算成本的方法称为逐层累积法，或称为成本滚加计算法（Cost Roll-up），它反映了产品增值的实际过程。流程制造企业的成本核算方式一般采用平行结转法，在其成本组成中，生产成本中占比最大的是原材料成本。通常，原材料成本占产品成本的70%～80%，而人工成本所占比例较小，占2%～5%，其他成本为分摊成本。

2. 作业计划调度

离散制造行业需要根据优先级、工作中心能力、设备能力、均衡生产等方面对工序级、设备级的作业计划进行调度。这种调度是基于有限能力的调度，并通过考虑生产中的交错、重叠和并行操作来准确地计算工序的开工时间、完工时间、准备时间、排队时间及移动时间。良好的作业顺序可以明显提高生产效率。

流程制造行业是以流水生产线的方式组织连续的生产，只存在连续的工艺流程，不存在与离散制造行业的产品对应的严格的工艺路线。因此，在作业计划调度方面，流程制造行业不需要也无法精确到工序级别，而是以整个流水生产线为单元进行调度。从作业计划的作用和实现上来看，流程制造行业的作业计划调度比离散制造行业的简单。

3. 数据采集

MES的数据采集功能，可以实现对生产现场各种数据的收集、整理，是进行物料跟踪、生产计划、产品历史记录维护及其他生产管理的基础。

离散制造行业的数据采集以手工上报为主，并可以结合条形码、射频识别（Radio Frequency Identification，RFID）等半自动信息采集技术进行工时、设备、物料、质量等信息的采集。这种数据采集方式，时间间隔较长，容易受到人为因素的影响，要特别注意保证数据的准确性和实时性。

流程制造行业的自动化程度较高，设备控制大量采用DCS（PLC），在检测设备方面，各种智能仪表、数字传感器已普遍应用。过程控制广泛采用自动控制系统，计算机技术的应用已深入各个领域。这些自动化设备能自动、准确地记录各种生产现场信息。对于MES而言，重点在于系统构建的时候与这些自动化设备做好数据接口。

4. 作业指令下达

在离散制造行业的MES中，作业指令一般采用派工单、施工单等书面方式下达，或采用电子看板的方式让操作人员及时掌握相关工序的生产任务。作业指令的内容主要包括该工序的开工时间、完工时间、生产数据等。

在流程制造行业的MES中，不仅要下达作业指令及面板接口数据，还要将作业指令转化为各个机组及设备的操作指令和各种基础自动化设备的控制参数，并下达给相应的DCS。

5. 设备管理

离散制造行业的生产设备不是按照产品而是按照工艺进行布置的，一般有多台可以进行同一种加工工艺的机床，通常单台设备的故障不会对整个产品的工艺过程产生严重的影响，重点是要管理好关键设备、瓶颈设备。

在流程制造行业中，生产线上的设备维护特别重要，每台设备都是关键设备，不能发生故障，一台设备的故障会导致整个工艺流程的停滞。

6. 库房物料管理

在离散制造行业中，对于半成品，一般也设有相应的库房，各工序根据生产作业计划及配套清单分别领料。

流程制造行业实行连续生产，一般不设中间品、半成品库房，配方原料的库位一般设置在工序旁边。配方领料不是根据工序分别领料，而是根据生产计划一次领料并放在工序库位中。

7. 质量管理

无论是离散制造行业还是流程制造行业，质量检验和管理都相当重要，但在MES中，二者在质量检验和管理方式上有所区别。在离散制造行业中，对单件小批生产产品，一般需要检验每个零件、每道工序的加工质量；对批量生产产品，一般采用首检、抽检的方式，与统计过程中的控制分析相结合。在流程制造行业中，一般会对生产批号产品进行各工序上的抽样检验。

当然，在每个行业的不同生产方式和生产类型（例如离散制造行业的单件小批或大批大量生产，在医药、化工、钢铁等不同流程制造行业生产）中，MES的应用还存在一些差别，仍然需要根据各自的特点进行综合分析。

1.5 MES的标准体系架构

MES的标准体系架构可从外部和内部两个视角进行描述，外部描述是MES与其他业务模块之间的关系，内部描述是从MES本身看生产业务如何运行。下面以ISA-SP95企业运作模型和ISA-SP95 MES流程模型两个模型为例来具体说明MES的标准体系架构。

1.5.1 ISA-SP95企业运作模型

MES在企业的所有系统中，不是孤立存在的。在产、供、销三大制造业业务模块中，生产作为产品增值的一环，也作为制造业的核心业务，和其他业务模块有着紧密的联系。ISA-SP95企业运作模型如图1.4所示。

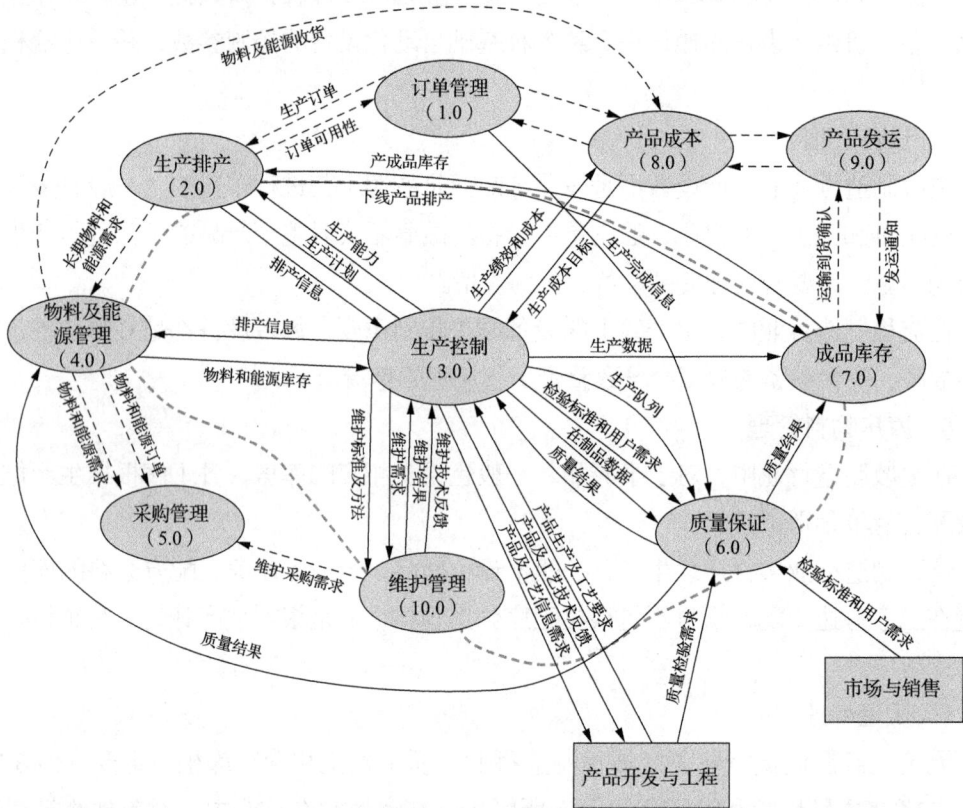

图1.4　ISA-SP95企业运作模型

1. MES与生产计划

生产计划和生产排产是两个比较重要的概念。生产计划是确定一段时间内，每天生产产品的数量；而生产排产则是确定具体产品的生产顺序，可以基于批次。

MES主要完成生产排产的任务，生产计划主要由上游业务模块（一般在ERP中）完成。在生产排产时，企业应综合考虑产线的产能及工时平衡的要求，甚至当生产线贯穿多个车间时，应考虑多个车间的需求。

2. MES与物流

物流在该模型中包含两个部分，一个是物料和能源控制，另一个是库存管理。MES的主要关注点在生产线部分，主要关注物料能否及时按照一定的顺序或者一定的量，在一定的时间配送到生产线，以满足生产。

对于物流和能源控制来说，MES要实时监控线边物料的使用情况，当物料达到安全库存时，应及时通知物料配送人员，发出叫料信息，并在适当的时候进行二次提醒。

在很多案例中，零件库存都拥有多级库存。在生产过程中，MES应根据实际物料消耗通知相应库存区的相应配送人员进行物料配送，同时还需要兼顾物料捡料的防错。

此外，MES应发送相应的产品信息给成品库，以及时进行成品入库操作。

3. MES与工厂维护

MES重点关注现场设备。现场设备能否稳定运行，关系到生产线的整体生产效率。MES应根据生产线或者设备的实际状况，知晓具体的维护需求，同时也需要获悉设备维护的标准和方法，在维护后应将设备维护的情况和记录反馈回系统。在这个过程中，详细完备的维护记录十分重要。设备维护需要经验的积累，设备巡检及设备检修在一定程度上是循环往复、不断迭代更新的过程，实际发生的问题和新的解决问题的思路，对于以后的任务执行而言，可以实现正向反馈，从而形成强大的知识库，最终成为企业的无形财产。

4. MES与产品研发

MES中产品的基础数据来源于研发。对于离散制造行业来说，表现为产品BOM；而对于流程制造行业来说，表现为产品配方。数据接口是需要持续不断更新的，具体表现为更新产品的基础数据。例如，产品BOM或者生产工艺出现变化的时候，这一变化应该及时、准确地传递到下游，及时更新生产相关要求。

5. MES与产品质量

质量管理是MES的终极目标，及时提供质量合格的产品是对生产环节的最终要求，质量管理应贯穿生产环节的始终。MES收集生产过程中的质量数据，包括从自动化设备中自动收集，同时也包括生产线工人手动输入。该质量数据会一直跟随产品，直到产品下线。

1.5.2 ISA-SP95 MES流程模型

ISA-SP95 MES流程模型如图1.5所示。该模型描述了MES作为上层企业管理系统和下游自动化设备和生产线之间的桥梁，发挥着承上启下的作用。下面具体阐述各个功能模块的作用。

1. 资源管理

资源管理是MES的基础功能模块，资源包括生产资源、质量资源等，管理是指构建资源的相关信息，包括资源的基本信息、配置信息、容量信息等。

（1）生产资源管理。生产资源主要包括生产过程中涉及的资源，例如设备、工具、工人（包括工人所具备的技能等）、物料和能源等。

（2）质量资源管理。质量资源主要包括质检过程中涉及的设备、工具、工人（包括工人技能、证书、认证等）、材料等。

（3）维护资源管理。维护资源主要指维护工作中涉及的资源，例如作业标准和专用工具、内部和外部的人员（包含人员技能及认证等）、维护作业指导、设备备件、人工工时等。设备的状态可以包括设备的健康状况、设备的生产能力、设备的可用性、设备的目标使用率、设备的位置、设备的残值等；同时还需要考虑设备使用过程中产生的风险，例如某设备在某个条件下宕机的可能性。

（4）库存资源管理。库存资源主要指库存相关的物料及与物料转移相关的资源，包括物料、容器、工人（技能、证书、认证等）、物料消耗、能源、库存水平、库存能力及安全库存等。

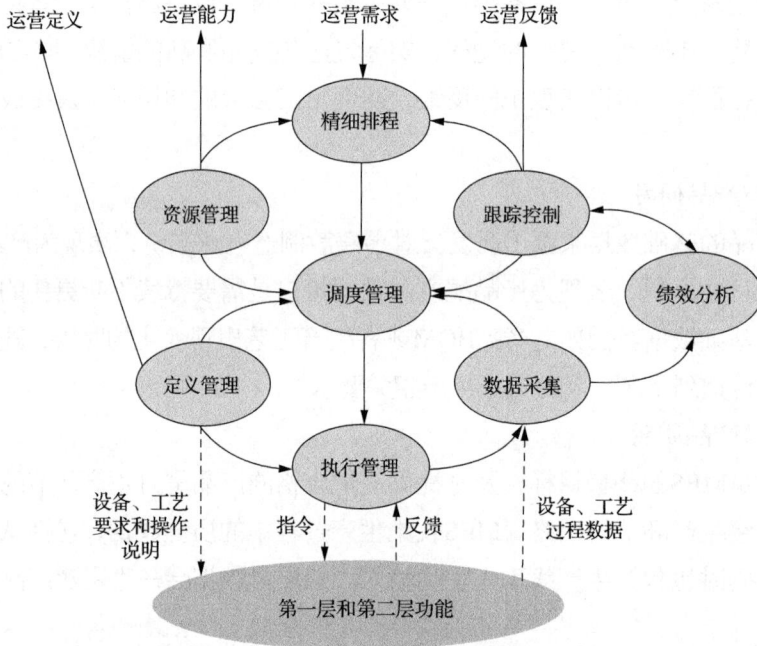

图1.5　ISA-SP95 MES流程模型

2. 定义管理

该功能模块包含定义和管理生产过程中产生的对象特性、过程指示、规则及其他功能模块的特殊定义。

（1）生产定义管理。管理内容包括定义和管理产品信息、产品特性、制造过程特性、运输及装配顺序。其中制造过程特性包括制造规则、配方、标准作业规程（Standard Operating Procedures，SOP）、标准作业条件（Standard Operating Conditions，SOC）。

（2）质量定义管理。管理内容包括定义和管理个人认证标准、质量检测流程、检测作业指导手册，同时也包括检验方法论、检验频率（样件计划）、零件工差标准及以上各个信息的历史版本。

（3）维护定义管理。管理内容主要包括定义和管理维护的作业标准及作业指导书等。

（4）库存定义管理。管理内容包括定义和管理库存，以及在库存操作过程中产生的物料转移操作说明、库存水平规则、物料发运的作业指导和库房相关参数等。

3. 精细排程

精细排程功能模块是指在现有的条件和时间约束下，利用资源进行优化排产。

（1）生产精细排程。它包括生产线和生产设备（如数控机械加工设备等）的组织方式、排产参数（如最优批次数量及资源约束）等。

（2）质量精细排程。它主要指生产过程中或者之后的质量检测计划，包括测试系统有效性、人员有效性和检验准备计划、评估计划等。

（3）维护精细排程。它包括维护流程的检查和优化、维护活动和生产计划的协调，同时也包括生产排产过程需要考虑的设备宕机、产品变更等特殊情况。

（4）库存精细排程。它主要管理库存水平和库存操作过程中产生的信息，同时也管理库存资源计划和库存操作优化策略等。

4. 调度管理

调度管理的主要功能为协调和指导现场生产活动，确保各个生产活动符合排程的要求，例如协调产品各个部件之间生产的一致性等。

（1）生产调度。它主要通过安排和协调现场生产设备和人员来控制生产过程。例如在生产过程中下发生产批次的顺序给生产设备，或向生产设备或者生产单元下达生产订单。

（2）质量检测调度。它是指基于已确定的测试计划给质量检测设备下达检测指令或者检测订单，同时也有可能包括样件的提交。

（3）维护调度。它是指按照维护计划给相关资源下达维护订单，同时也应考虑到人员或者资源的约束。

（4）库存调度。它是指按照计划给相关资源下达库存操作订单和库存盘点指令。

5. 执行管理

执行管理的目的是基于排产、订单及作业标准，管理和优化生产流程。

（1）生产执行管理。它是指基于产品的定义和制造作业的指导，推进实际的生产流程和任务执行，同时也包含按照工艺的要求正确地执行下一步生产。在生产过程中，企业需要收集物料的消耗和生产时间等信息，从而在系统层面知晓现场的生产状况。

（2）质量检测执行管理。它是指基于质量标准、产品特性和精度要求，进行质量检测和资源（包括设备、材料和工人等）状态的监控。

（3）维护执行管理。它是指控制和监督维护订单的执行。监控的内容包括服务或维修的指令、规则或者质量标准是否被正确执行，所生成的文档是否符合标准等。

（4）库存执行管理。它包括库存盘点、库存转移、人员管理、状态报告、库存监控和成本管理等，确保所有的行为都遵循库存、运输的质量标准和规范。

6. 数据采集

数据采集包括数据获取、计算和管理等一系列动作。通常来说，数据来自下层的生产线或者设备，同时也可能由工人手动输入或利用手持式设备读取。数据采集的方式有定时采集、事件驱动式采集等。数据采集的同时还需要进行数据校验，例如校验数据的合法性或者利用时间戳来判断是否重复采集等。

（1）生产数据采集。生产数据包括所有生产过程中产生的数据，例如传感器实时信号、设备的实时状态、与下层设备的交互数据等，这些数据也会按照产品型号进行组织，分别进行统计分析。

（2）质量检测数据采集。质量检测数据包括实时测量数据、产品测试数据、测试过程中人为输入的数据、测试中间数据及包含在测试报表中的数据等。

（3）维护数据采集。维护数据主要指在维护工作执行时产生的数据。这些数据包括正在检修和巡检的设备状态、设备实时反馈的数据、维修过程中产生的成本及计划和实际消耗之间的差距等，这些数据最终会进入系统并显示在维修报表中。

（4）库存数据采集。采集的数据主要包括实时库存数量、库存状态、货架的利用情况、仓库的使用状态、运输状态、人员状态等。

7. 跟踪控制

跟踪控制主要是指从生产过程中比较重要的站点获取产品或物料的关键状态，这个信息将成为系统报表的重要组成部分。

（1）生产跟踪。它是指汇总和评估生产相关资源的利用情况，这些资源包括产品本身、生产设备、物料消耗、工作绩效和成本等。同时生产跟踪还把产品的关键状态信息反馈给精细排产部门，从而更新产品或订单的状态。

（2）质量检验跟踪。其主要功能是对检测数据和检验设备的使用信息进行处理，生成检测报表。这个报表可以实时生成，也可以按需要生成，例如在一个批次生产完之后，系统中生成关于这个批次所有产品的检测报告。

（3）维护跟踪。跟踪对象包括当前设备的运行状态及当前设备和其附属设备的使用情况等。

（4）库存跟踪。跟踪对象包括仓库相关活动（如运输的开始和转移等）、库存使用情况、批次数量、对应批次的存储位置，同时也包括库存变动引起的物料和库位的变动等。

8. 绩效分析

绩效分析的主要功能为分析所有数据，并生成和展示统计报表。

（1）生产绩效分析。分析任务集中在与生产相关（产品、工厂、产线）的工作时间、生产设备利用率、设备载荷和绩效、工艺的有效性及生产多样性上。以上这些数据都可以按照时间轴进行组织，例如可以按生产班次或按天、按月等方式查询生产产品的数量或者批次。同时也可以分析生产线或者设备的使用效率，可以通过更改查询条件、公式或者内部及外部的约束条件（如市场区域等）重新生成用户需要的报表。

（2）质量绩效分析。分析质量检测的结果以改善产品质量。这是一个持续不断的过程，通过分析测量误差、测量时间、测量效率和资源利用的情况，不断改进质量检测的效率和精确度。利用大数据分析，可以快速找到质量缺陷产生的根源及改进的方向。

（3）维护绩效分析。通过对相关资源或者活动（设备、人员、备件、附属设备、其他直接或非直接活动等）的成本进行分析，找出目前维护管理中存在的问题和改进的空间，特别是针对如何制定维护策略及如何获得最大的资产投资回报率（Return On Investment，ROI）等方面。分析结果可以用于评估维护人员的工作绩效，也可以帮助改进维护的业务流程。

（4）库存绩效分析。分析内容主要是库存的效率和库存的资源利用率。数据来源主要包括物料质量缺陷、配送的准时性、库存损失、物料移库次数、仓储设备及工作班次等。分析结果可以为物流或者仓储的业务流程的改进及库存策略的制定等提供决策支持。

小　结

通过本章的学习，读者应了解MES是位于上层计划管理系统与底层工业控制系统之间的、面向车间的管理信息系统。MES为操作人员、管理人员提供计划、执行、跟踪及所有资源（人、设备、物料、客户需求等方面）的当前状态信息。MES包含详细生产计划、资源管理、文档管理、物料管理、绩效管理、秩序管理、维护管理、生产过程管理、质量管理、数据采集及产品跟踪和追溯这11个标准功能模块。

制造业分为离散制造模式和流程制造模式，读者应了解这两种制造模式的区别。二者的区别主要体现在对MES的要求上，包括对ERP的要求、作业计划调度、数据采集、作业指令下达、设备管理、库房物料管理和质量管理这7个方面。

通过对MES的定义及标准、发展历程和标准体系架构的学习，读者可根据制造企业的实际情况，设计MES的功能框架，并审视MES同研发、物流、质量、财务等业务系统之间的接口是否能满足企业的要求和未来发展的需要。

练习题

一、填空题

1．AMR将MES定义为"位于上层计划管理系统与底层工业控制系统之间的、面向车间的_____"。

2．制造业主要分为_____和_____两大类。

3．离散制造行业的产品结构为树状结构，其最终产品或者部件由一定的零件组成，而这种树状结构一般用_____的形式来表示。

4．生产计划和生产排产是两个比较重要的概念，生产计划是确定一段时间内，每天生产产品的_____，而生产排产则是确定具体产品的_____。

5．_____是MES的终极目标，及时提供质量合格的产品是对生产环节的最终要求，质量管理应贯穿生产环节的始终。

二、简述题

1．流程制造行业与离散制造行业之间存在的哪些差异，导致MES在离散制造行业和流程制造行业中的应用有所差别？

2．ISA-SP95 MES流程模型中的定义管理主要包括哪些方面，各自的主要内容是什么？

第2章
MES功能模块

MES的最终形态是一个可以供企业使用的软件系统。本章以离散制造行业应用为例，对MES具体的业务模式和软件功能进行分析，详细介绍MES各功能模块，包括制造BOM、生产计划与生产排产、生产执行、质量管理系统、物料配送系统、安灯系统、产线管理与工厂维护以及与其他系统的接口等方面，并对MES的功能及功能背后的业务逻辑和业务流程进行具体的阐述。

2.1 制造BOM

在企业信息化系统软件中，BOM发挥着关键的纽带作用。BOM就是产品结构的信息表，反映产品结构中组件与子件的信息及与组件、子件相关的其他信息。BOM是信息的载体，不仅反映了信息的组成，而且还包含着信息的表现形式。

BOM的使用贯穿了企业的多个部门，如计划、设计、制造、财会等部门。在各个业务环节中，BOM的表现形式也不同，主要的表现形式包括设计BOM和制造BOM。设计BOM在设计部门产生，并由产品数据管理（Product Data Management，PDM）系统进行管理；而制造BOM是由后续业务部门产生并使用的，例如计划、制造、物流、财务等部门，由ERP进行管理。在信息化比较完备的企业中，这两个BOM的集成度是比较高的，设计BOM是制造BOM的上游，任何变化都需要及时地传递到下游。MES以制造BOM为基础数据，及时获得上游相关变更就显得尤为重要。

2.1.1 设计BOM与制造BOM的集成

要弄清楚设计BOM和制造BOM是如何转化的，就需要先了解二者的定义。

1. 设计BOM

设计部门的设计BOM是产品的总体信息表，其常见的文本表现形式包括产品明细表、图样目录、材料定额明细表。设计BOM的信息来源一般是设计部门提供的成套设计图纸中的标题栏和明细栏信息，有时候也涉及工艺部门编制的工艺卡片上的部分信息。

设计BOM一般在设计结束时汇总产生，如果设计中存在大量借用关系，可以在设计阶段就将设计BOM汇总出来，然后根据新产生的零件安排设计任务。设计BOM对应的电子视图往往是产品结构树的形式，树上每个节点都关联着各类属性或图形信息。设计BOM主要在PDM中作为产品管理和图档管理的基础数据出现。

2. 制造BOM

生产部门的制造BOM是根据制造装配要求完善的，包括加工零件和按工艺要求制作的毛坯、模具、卡具等工艺清单（Process Bill Of Material，PBOM）。制造BOM常见的文本表现形式包括工艺路线表、关键工序汇总表、重要件或关键件明细表、自制件明细表、通用件明细表、通用专用工装明细表、设备明细表。制造BOM的信息来源一般是工艺部门编制的工艺卡片上的内容，但是要以设计BOM作为基础数据内容。制造BOM的产品部件电子视图通常是装配工艺BOM的形式，制造BOM的零件电子视图通常是具体加工工艺BOM的形式，比较多的是机械加工工艺BOM，或生产加工流转路线工艺BOM等，树上每个节点都关联着工装、设备、工时、加工简图等工艺信息。对企业利用价值比较大的是制造BOM，主要在ERP中作为生产计划的基础数据出现。

同是BOM，PDM和ERP却有着不同的理解，区别在哪里呢？

ERP使用的BOM，称为制造BOM；PDM生成的BOM，称为设计BOM。制造BOM是运行ERP不可缺少的管理文件，它是"时间坐标上的产品结构"的报表，或者说，它是将制造业3项主要核心业务——生产-供应-销售的信息集成到一起的数据模型的报表。

制造BOM上的每一件物料是同处理这个物料的业务联系起来的，主要是为满足销售计划而编制的加工和采购计划，把物料看成计划的对象、库存的对象和成本的对象。因此，不仅所有相关的物料都必须包含在制造BOM内，而且必须按照实际的加工装配流程来描述。

设计BOM通常仅限于图纸零件明细表中出现的物料，说明图纸的层次和从属关系，做好技术文档管理，虽然也有指导采购和估算报价的功能，但主要是为了管理图纸。二者首先在用途上有着根本的区别，如图2.1所示。

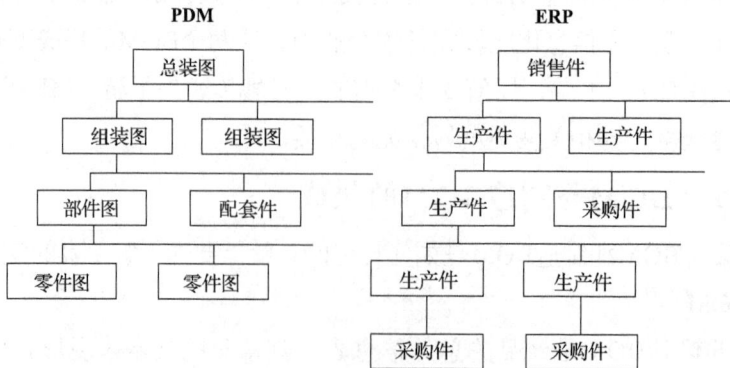

图2.1 设计BOM和制造BOM的区别

在制造企业中，有些零件由企业自行加工完成，这些零件在制造BOM中应该存在半成品和原材料毛坯等；也有些零件需要进行喷漆等操作，那么在转换过程中就需要增加油漆等辅料；也有一些总成的虚拟件，本身在设计时并不存在，只是在装配过程中临时需要形成一个总成，那么也需要在制造BOM中增加虚拟总成件。以汽车的前悬总成为例，说明设计BOM转换为制造BOM的逻辑关系，如图2.2所示。例中"前悬分总成"为制造BOM中的虚拟件，由ERP维护人员手动添加，原因是总装现场有单独的前悬分装线分装该总成，成品将运送到底盘分装线上进行底盘的组装。同时我们在图中也可以看到，由于前横梁是外构件，因此前横梁的一些零件，例如"横梁支架"等，在ERP的制造BOM中是不存在的。

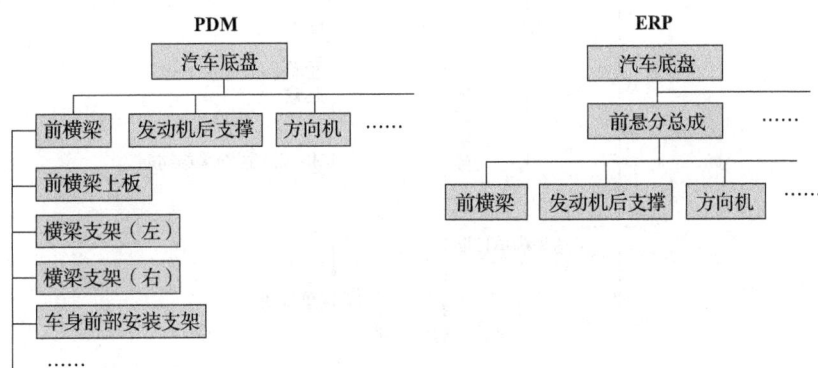

图2.2　设计BOM和制造BOM的逻辑关系（以汽车的前悬总成为例）

ERP除了从PDM中获取产品结构信息外，还需要从计算机辅助工艺设计（Computer Aided Process Planning，CAPP）中获取一些简单的工艺信息，包括毛坯和材料定额，工艺路线的工序、设备（ERP中统称为工作中心）、标准时间定额，以及使用的主要工具和工艺装备的名称和代码等。ERP获取这些信息主要是为了编制作业计划。如果一个加工件有多条工艺路线，则要用不同的代码加以说明，以便在编制作业计划出现能力冲突时考虑替代工艺；在产量有增减时，也要采用不同的工艺。这里所说的"简单的工艺信息"不包括诸如在同一设备上每个工步的切削量、装夹方法等详细的工艺说明。

制造BOM应用于编制计划时离不开"时间"的概念，而设计BOM则无此需求。各个零件的生产或采购周期的长短是不一样的，可以反映物料生成的过程。根据每一件物料的需求时间倒计时（提前期），求出下达订单或投料的时间，实现"优先级"计划。理想的需求计划是做到"不多不少，不早不晚"，也就是准时制生产（Just In Time，JIT）的境界。把产品结构放在时间坐标上，即形成"时间坐标上的产品结构"，如图2.3所示，它是集成生产-采购-销售3项制造业主要核心业务信息的数据结构模型。任何一个环节出现问题，企业根据集成产供销业务的"一体计划"模型就能迅速做出调整，快速应变。图2.3中最长的连线是关键路线。如果要缩短交货周期，首先要压缩关键路线的长度，如选择交货期短的供应商，选择效率高的加工工艺。改进其他分支流程，最多只能降低成本费用，不能缩短交货周期。

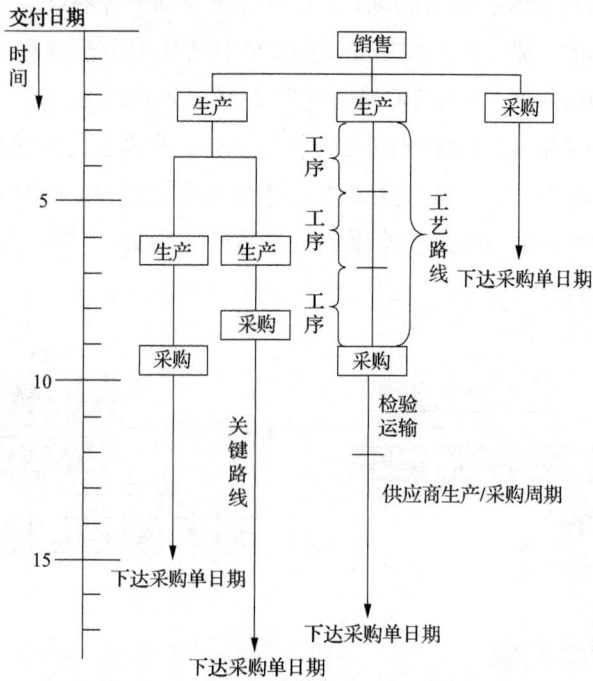

图2.3　时间坐标上的产品结构

设计BOM和制造BOM分别由PDM和ERP进行管理，从设计BOM到制造BOM也需要通过ERP中的业务过程进行转换。ERP需要从PDM中获取的信息包括物料主文件、产品数据、零件族、产品配置、设计变更通知等，如图2.4所示。

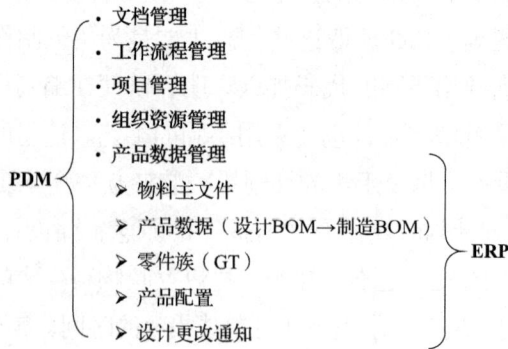

图2.4　PDM与ERP的关系

PDM与ERP间共享的信息主要包括产品结构、零组件、工艺信息、原材料、设备、工装、组织结构等，这些信息可以归纳为物料信息、产品的层次结构信息、资源信息3类。

（1）物料信息。它是BOM信息中的基本信息，主要包括产品、零组件、原材料等信息，是对物料基本属性内容的描述。

（2）产品的层次结构信息。它是以层次结构进行存储的信息，包括产品结构、工艺过程结构等。

（3）资源信息。它包括组织结构信息及制造资源信息。组织结构信息包含企业的部门结构与人员信息，制造资源信息包括设备、工装信息及辅料信息。

PDM与ERP间的3类集成信息与产品结构、工艺、资源等信息的逻辑关系，如图2.5所示。按照PDM与ERP间需要集成的信息分类，分别定义零组件、产品结构、工艺计划、工艺规程、设备、工装、组织结构等信息实体，以及实体之间的关系、实体中的属性信息，建立PDM与ERP间的集成信息IDEF1x模型。

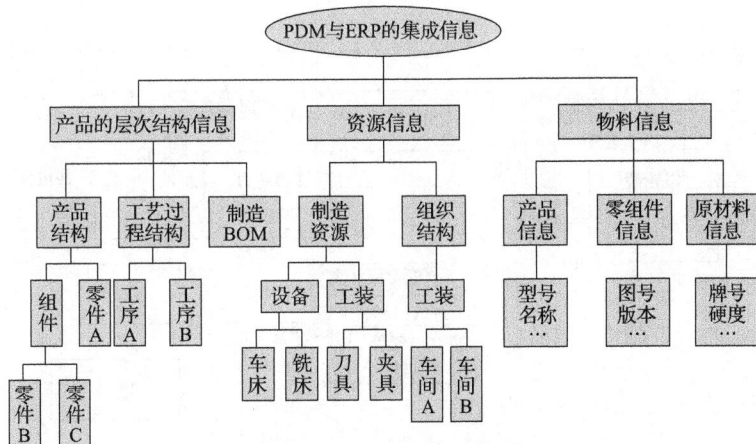

图2.5　PDM与ERP的集成信息

2.1.2　制造BOM的组织

制造BOM是制造企业最为核心的数据，各个业务环节、各个部门都会用到它。一般对于多数制造企业来说，制造BOM都会存在一定的配置项，可以根据客户的不同要求配置出不同的产品，因此系统中需要建立和管理可配置BOM。

在制造企业中通常有两种创建和管理可配置BOM的方法（以汽车行业为例），具体如下。

（1）利用超级BOM管理一切可配置项。

（2）按车型划分，每个车型建立一个可配置BOM。

目前这两种方法在汽车行业都有应用，相比较而言，第二种方法比较简单，可以降低管理的复杂性，效率较高，应用也较广。

1. 利用超级BOM管理一切可配置项

以汽车行业为例，超级BOM在一个BOM结构中包含了所有可能用到的零件，包括对某一车型的"经济型"可用而对"运动型"不可用的可变的零件（Variant

Component），如图2.6所示。在一个超级BOM中，这些可变的零件之间没有任何相关性，只能额外通过定义对象相关性来加以约束。例如，一台加装天窗的汽车，需要在原来的普通汽车的车身上使用不同的顶棚、不同的内饰，还需要天窗零件总成，并且还需要相配合的线束等。这些改动都需要用对象相关性来进行设置，不同车型之间的差异较大，相关联的零件较多，再加上汽车本身的零件数量较多、较复杂，那么定义对象相关性的工作量较大。这对于操作系统的人来说有比较大的挑战，一旦发生错误，是很难查找的，并且这些错误在发现的时候常常已经造成了损失。

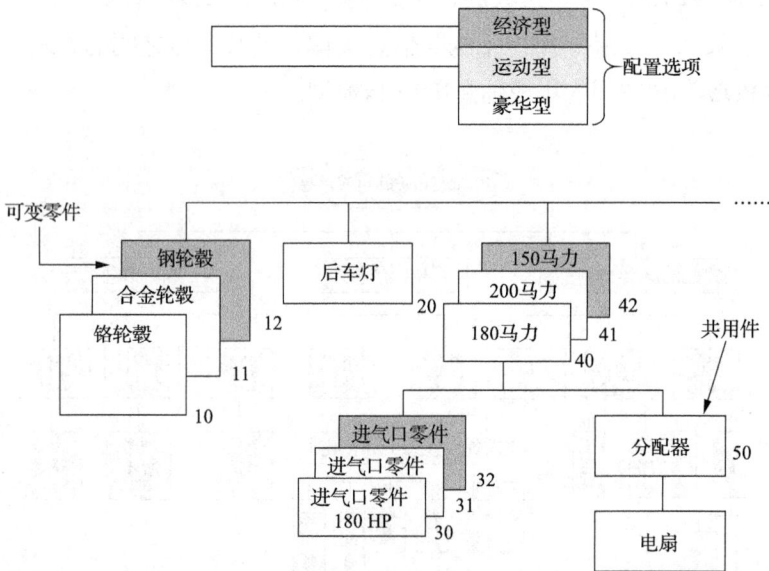

图2.6 超级BOM

由于超级BOM的以上缺点，因此第二种方法产生了。

2. 按车型划分，每个车型建立一个可配置BOM

同样以汽车行业为例，每种车型的BOM相对来说比较固定，在大的结构上不会有太多的变化。比如天窗的外饰颜色、内饰颜色发生变化，再比如座椅的针织手工缝边等发生变化，这些变化在可配置BOM中比较容易管理，设置的对象相关性也没有那么多，因此这种方法普遍能够被企业所接受。

图2.7为某车型的可配置BOM示意图，车型不同一般是指车的结构及外形相同但配置不同，例如某品牌某运动型汽车。汽车行业现在还没有达到所有零件都可以配置的地步，一般只有整车厂规定部分配置、在规定的范围内才能进行选配。其形式是整车厂提供某项可以选配的组件，例如有无天窗、有无DVD导航等，根据车厂规定的不同，可配置范围有所不同。基于这个前提，整车厂可以将车型进行划分，并固定一些配置，例如1.4T MT（1.4T发动机手动挡）经济型，无天窗、钢轮毂，这就是一个车型的命名。这样划分的结果是可配置项可以从两个方面进行管理。

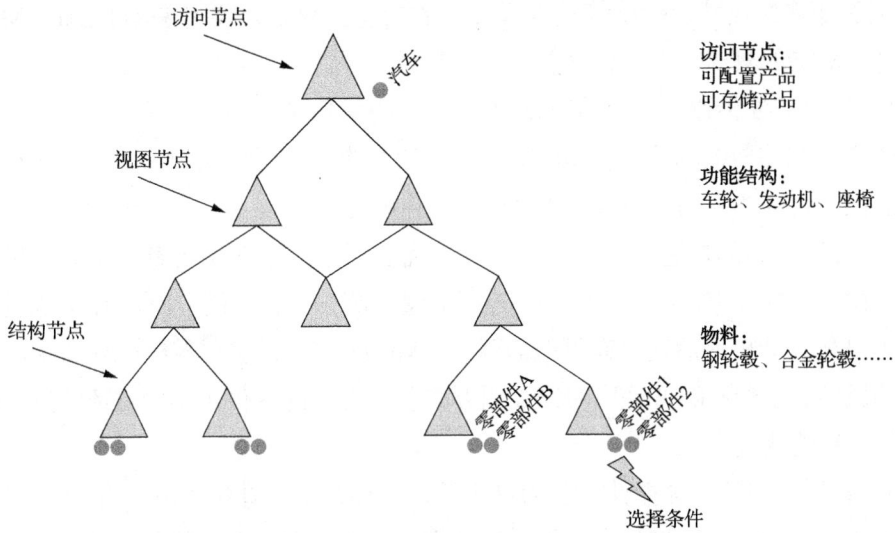

图2.7　某车型的可配置BOM

（1）由于大的结构的可配置项相对固定，可配置BOM管理的复杂程度降低了。这些大的结构一旦固定，可配置BOM就会相对稳定，不会因客户的定制需求而产生较大、较复杂的变动。例如配置天窗会引起线束、顶棚、内饰等一系列复杂的变化。客户也可以通过选择不同的车型来满足个性化需求。

利用这种方法降低可配置BOM管理复杂性的同时，也带来了另一个问题，就是客户可选配的空间变小了。例如如果整车厂将倒车雷达作为固定的配置，那么手动挡低配车型就没有倒车雷达可选配了。一旦这种情况发生，客户的选择就变小了，企业就会在不经意间流失部分客户。为了解决这个问题，由此产生了第二种管理可配置项的方法。

（2）将小的结构变化作为选装包（Optional Package），用以管理客户需求比较旺盛、对整车销售量影响较大、对结构变更并不复杂的一些可配置需求。例如倒车雷达、DVD导航、SUV的差速锁等，都可以作为选装包进行处理，这些零件可以根据客户需求进行选配，选装包的内容应在制造BOM中进行管理。

一般处理方式为将选装零件进行编码，每个选装零件都有一个选装代码（Option Code），这些选装代码也将反映到销售BOM中，以便客户选择。每个选装代码都需要有一些属性，也可能有一些关联性需要设置。例如如果将可视化倒车作为选装零件，那么该选装零件必须关联DVD导航，因为没有屏幕显示是没有办法完成可视化倒车功能的。ERP在客户订单转为生产订单时，会将客户的个性化需求转换为一部分选装代码并打包，即选装包，随生产订单传送给MES进行排产，MES将根据产品的可配置BOM选装不同的零件进行装配管理。

2.1.3　制造BOM从ERP到MES的传递

ERP将制造BOM传递到MES时需要进行处理，但并不是将所有信息都传递到MES，一些属性例如零件尺寸、价格等是需要传递的信息。决定需要传递的制造BOM的数据时，应考虑MES的具体需求，包含以下几个方面。

（1）是否需要传递。在制造BOM中，有一些信息是不需要传递给下游系统的，例如零件喷漆工艺需要的油漆。在ERP中，只对油漆的单品用量做记录，用于物料的反冲和物料的拉动，MES只需知道零件所需要的颜色即可。

（2）传递之后的用途。在MES中，零件需要考虑多个应用场景。例如飞机的安全带锁扣，按照国标要求该零件可能需要进行质量追溯，那么在制造BOM中必须要考虑该因素。再例如发动机的活塞，有可能需要进行kitting拉料，这个零件在MES中就一定要有相应的属性，以便MES知道哪种产品需要安装什么样的零件（不同缸数的发动机需要配置不同数量的活塞）。

（3）装配虚拟件。虚拟件一般为总成件，它存在于设计BOM中，定义它只是为了方便分装线装配的管理。例如底盘的前悬总成，在总装中有专门装配前悬的分装线，那么在制造BOM中就需要存在前悬的虚拟件，并附带件号及一些必要的属性信息。虚拟件信息同样需要传递到MES中，需作为MES设定总装工艺过程的输入部分。

ERP传递制造BOM数据到MES，应充分考虑数据的准确性和及时性，并应将传输过程进行详细记录。一旦遇到数据传输问题，严重时将导致停产，此时MES记录的详细日志就显得尤为重要。

2.2 生产计划与生产排产

实际上，很多制造企业如今采用的生产计划和生产排产的方法，和20世纪20年代艾尔弗雷德·斯隆在通用汽车公司总结的做法并没有太大区别。当时，由于通用汽车公司旗下的各事业部无约束地采购原材料和半成品，造成总库存急剧上升，不仅超出了财务限制，也超过了生产用量。为此，通用汽车公司专门成立了一个库存委员会，要求各事业部每个月向其提交月度预算报告，对后4个月的销售进行预测，并估算为了满足这些销量所需的物料和资金。在库存委员会与各事业部充分协商达成一致意见后，由库存委员会向各事业部发放该月生产所需的物料。随后，通用汽车公司又对这一做法进行了完善，扩大了4个月预测的范围，使其不仅包括对销量、产量和收入的预测，还包括对工厂投资、运营资金和在制品库存的预测。这一扩大的预测流程由各事业部启动，并于每月25号汇总到最高层。这种做法在近一个世纪以前是颇为新颖和领先的。

但是，时至今日，这种传统的以"计划主导、库存推动"为调控手段的大批量专线生产方式在响应市场变化时开始暴露出不足。为了动态响应外部订单的变动，制造企业必须同时改变各个工序的生产计划及对各零件供应商的购货计划。目前，由于全球制造业的蓬勃发展，产品类型和数量都极大丰富，用户的需求也越来越趋于个性化。在用户定制化要求越来越强有力地影响市场竞争态势的今天，如果固守大批量专线生产方式，指望通过频繁的计划变更来应对订单变动，在实际操作中显然是非常困难的。

面对激烈的市场竞争，从目前的按库存的推动式生产转向按订单的拉动式生产是必然的趋势，即以"平台战略"为表现形式，在产品平台的基础上，开发出各种产品系列，在交货点为最终用户提供产品的定制手段。当用户下达订单后，供应链快速响应，在企业内部形成按订单拉动的生产指令，以混线排产为目标，组织供应商进行适时排产供货。这种生产模式与传统的按库存的推动式生产有着非常大的区别：订单取代了计划，成为组织生产的触发器；看板取代了调度单，成为控制物料流动的令牌；拉动取代了推动，成为联系上下游的桥梁。

按订单的拉动式生产也有自身的缺陷，完全按订单的拉动式生产将大大增加供应链的库存，整个供应链的成本将随着供应层级以几何倍数递增，以满足企业多样化的生产需求。因此现有企业的做法通常是将两种模式结合起来，既能充分满足市场的需求，同时也能保持计划相对准确，以降低供应成本。

2.2.1 滚动的生产计划

滚动的生产计划是实际指导企业运营的操作性文件，随着时间的推移保持定期更新。如图2.8所示，滚动的生产计划覆盖了短期、中期、长期的时段（年、季、月、周、日、班次、排产顺序），其主要作用如下。

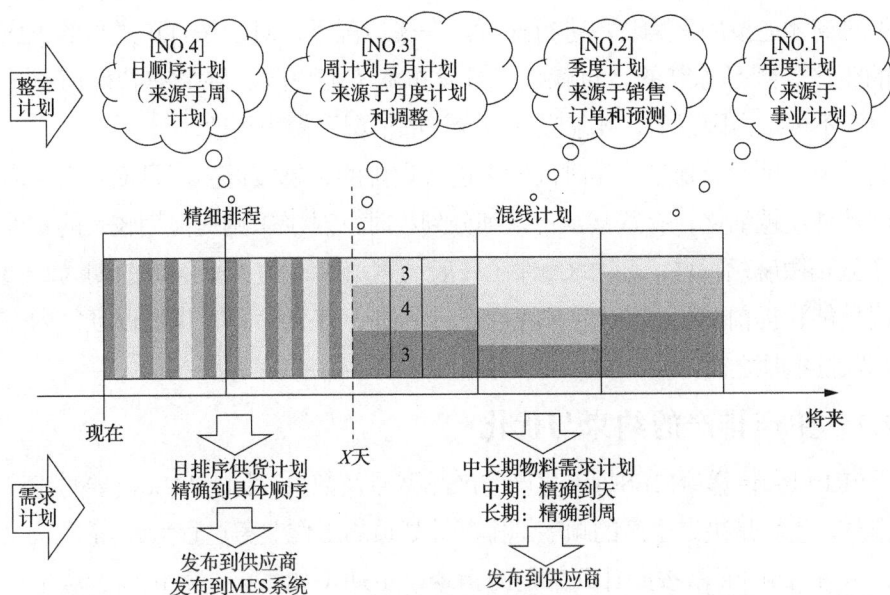

图2.8 滚动的生产计划

（1）配合财务部门安排资金，为保证资金运转提供依据。

（2）为生产周期较长的产品投料提供依据。

（3）配合采购部门对进口件进行采购。

（4）指导配套供应商对生产周期较长的零件做生产准备。

（5）指导生产线的执行。

（6）指导供应商的日常供货计划。

企业年度生产计划一般是采购部门与供应商签订采购合同的依据。企业年度生产计划规定了年度生产的产品型号及供应商的供货量和供货比例，依据供货量可以确定年度采购价格。企业年度生产计划也会规定供应商应该履行的职责，例如排序件的管理等。

由于中期、长期的滚动生产计划对供应链中最前段部分的运作有着明确的指导意义，所以"滚动的生产计划"在实践中是以季度为跨度进行滚动的。所谓"季度"滚动的生产计划，实际上是对"即将到来的3个月"的生产安排，其中第一个月的安排是市场部门的"月度购货计划"，而对应的月度滚动的生产计划的制订部门通常是企业的制造工程部门；第二、三个月的安排是市场部门的"购货预测计划"，采购部门以此对供应商下达对应的购货计划（即预订单）。因此，季度滚动的生产计划受采购合同的约束，要具有一定的准确率（当前在日本，一般水平为±10%；根据国内的实际经验，国内供应商可接受的水平一般为±15%；或根据零件生产特性与供应商进行约定）。

生产计划可以生成采购订单，但是生产计划不等于采购订单。从这个意义上来说，3个月的滚动的生产计划，第二、三个月的生产计划一般是给供应商准备原材料和生产用的，只有第一个月的生产计划会精确到每天。ERP根据每天的生产计划自动生成采购订单，供应商才能按照采购订单进行送货。一般情况下，对于按订单送货的供应商，第一个月的生产计划是冻结的，也就是一旦发布就不能更改，除非有特殊情况（例如地震、火灾等不可抗力因素），才能在双方允许的情况下做出更改。

由此看来，生产计划是依据时间轴来进行安排的，越接近生产日期或者要求到货日期，生产计划就越细化，有些甚至可以细分到小时。对于采购提前期较长的零件来说，生产计划就稍微麻烦一些。例如KD件（一般为进口零件），采购提前期为2～3个月，这种情况只能在提前3个月的时候按照生产计划进行订货，同时也要保证厂内有一定量的库存，以备不时之需。

2.2.2 生产排产的约束与优化

由于ERP只会传递给MES每天生产的产品型号及数量，因此MES需要对生产订单进行生产排产，也就是决定生产的顺序。排产计划员的工作业务过程大致如下。

（1）生产部门通常按照计划部门的指令，定期（如每天、每班等）从生产订单库中取出生产订单（通常一个产品为一单），并决定订单顺序（即建立订单优先级，也就是确定产品在生产线上的顺序）。这一过程被称为排产（由于没有考虑生产过程中实际可能发生的状况，所以又称为"静态排产"）。

（2）对已排产的生产订单开始安排生产，这一过程通常被称为调度（Scheduling）。

（3）在生产过程中，检查产品的生产状态，并根据实际要求，采用特定的方法，调整生产订单的执行顺序，这一过程被称为"动态排产"。

由于生产排产会直接影响最终产品的交货时间和生产线的生产效率，并决定相应的零件消耗（何时在何工位被取用），因此生产排产是企业制订生产计划的核心。

生产排产优化的目标是追求最高的生产效益，即生产能力达到最高和生产成本降到最低。但是影响目标实现的因素众多，而且在实践中往往有诸多的不确定性，因此难以得出效益最优解。这个问题实际上可以换一个角度考虑，即整合围绕着各生产线的生产要素与约束条件：当各生产线能同步均衡达到产能最大化，且支撑产能最大化的关键要素（主要是物流系统）的运行成本趋于较低水平时，就是效益最优解。因此，寻求排产效益最优解的问题就转化为满足优先次序不一的条件排产问题。基于已经优化的物流运作模式，使得各生产线能按其最高能力24小时不间断、顺畅地连续运行，这就是生产线效益的最优化。下面对生产排产优化中的一些做法和约束条件予以说明。

（1）在同一单元内安排的产品型号差异较小，一般按如下次序排列。

① 同一平台的产品型号。

② 同一平台的相同型号的产品。

③ 同一型号的同一配置的产品。

即同一单元内的产品型号所需的零件差异较小。

（2）排产中订单交货期的约束。

订单交货期是满足客户要求的重要条件，按照订单交货期排出订单优先级，确定生产排产的顺序。

（3）生产线本身固有的约束。

生产线本身对排产的要求是由该生产单元的特性决定的。例如涂装线，是否有最低数量同种颜色成组油漆的要求。再例如冲压件，生产多少个同品种的零件需要换模。

（4）生产线之间的固有约束。

以汽车生产为例，如果各生产线排序没有衔接好，会发生诸如在内饰装配时规定规格、颜色的驾驶室还未涂装完成，在总装线上要装驾驶室时车架还未到位或规格不对等脱节现象。

（5）物料到位约束。

① 现有库存（包括在途物料）不能支持生产。

② 远高于预测数的紧急要货量。

③ 供应商的生产、供货能力的制约。

④ 交货周期的制约。

⑤ 自制件的生产周期的制约。

2.2.3　生产延迟策略对生产排产的影响

某些大型制造企业的生产线比较长，例如汽车生产制造企业，从开始到最终产品下线，需要2～3天。由于在生产过程中需要满足生产的柔性，同时也需要满足不断变化的市场需求，因此企业就会应用一些生产延迟策略，从而导致开始排产的产品和最终下线的产品在顺序和时间上有差异。下面以汽车行业为例来说明这种影响。

目前汽车行业，尤其是在发达国家，由于市场竞争的不断加剧，客户的个性化需求的不断增加，各大汽车企业为了满足市场需要，纷纷对生产模式做出相应的优化和调整，以丰田、福特、大众、菲亚特等比较大的生产厂商为首，逐渐由按库存生产转向按订单生产。各大汽车企业还调整了生产管理模式，即在车身进入总装之前都可以调整订单，这样就可以极大地满足市场及生产的柔性需求。

这里举个例子，例如有一个很重要的客户，提出要50台运动型汽车，这些车并没有在经销商月度计划中体现，也就是在ERP中还没有销售订单。一般的做法是从头做计划再进行排产，或者将其他经销商的车临时调配，这样做在需求变化较慢、较小的情况下是没有问题的，而一旦市场需求变化较快、较大，这种做法就无法满足需要，会造成混乱。再举个例子，例如总装车间的某个进口件由于特殊原因无法及时到货，这会影响总装生产，甚至停线；如果匹配订单的车已经在线上，那更改生产线上已经投入的车是很困难的。

这两类情况中的第一种情况是由于市场变化太快，生产需要很快响应市场需求；第二种情况是生产必须保持一定的柔性，以应对质量问题、物流问题等引起的停线，停线就意味着车辆交付的延迟。因此，这两种情况最终都可以理解为生产排产要能应对市场的变化和需求。

生产模式调整的核心是应用延迟策略，具体操作方式为将订单与实物车的匹配延迟到总装进入的点，这样就可以从两个方面进行优化。

（1）当市场需求变化或者有新的需求时，可以尽快将该部分订单与比较靠前的具有相同车身的车相匹配。

以我们之前举的例子来说，如果那个很重要的客户需要50辆运动型汽车，我们可以翻看系统中的在线车型，如果有带天窗的车身和符合该需求的颜色（也可能客户对颜色没有要求），那么我们就可以提高该订单在系统中的优先级，在这批车到达总装时，就可以先匹配该订单，从而将该50台车先生产出来并提前交付。被替换掉的50台车的订单优先级较低，将重新计划和进行排产。

（2）当生产或者物料出现问题时，可以及时调整排产的订单，以达到规避风险的目的。

这个好处可以这样理解，在车进总装之前，排产部门可以少考虑一些排产的因素，同时也可以规避一些风险，这样就可以极大地提高生产线的设备利用率，减少停线时间。

当然，新的生产模式并不是只有优点，在提升市场反应速度和满足生产柔性的同时，这种模式增加了供应链内的库存成本，整车厂零件库存、供应商成品库存、供应商原材料库存都会相应增加。由于目前国内市场需求还没有达到如发达国家的多元化程度，因此国内采用这种方式进行生产的厂家较少，大多是优先考虑如何减少供应链的库存，从而降低成本。

2.3　生产执行

生产执行是指在计划部门进行排产以后，生产部门将实物产品生产出来的过程。在系统层面，生产执行包含生产订单的下达和生产指示、数据采集、生产跟踪及控制等管理过程，确保产品能以标准的品质按照工艺流程进行生产。

2.3.1　生产订单下达和生产指示

生产订单下达和生产指示在原理上是相同的，生产订单下达是将已经完成排产的生产订单，按照顺序和已经配置好的生产要求下达到生产线的开始工位，生产线的设备或者工人根据生产订单信息判断生产的产品型号和数量，该过程也叫生产指示，因此生产订单下达是生产指示的手段。

图2.9为制造企业的一般生产线布局。该生产线布局描述了从原材料库房到加工，再到装配的大致过程，其中需要强调的与生产指示相关的关键要素如下。

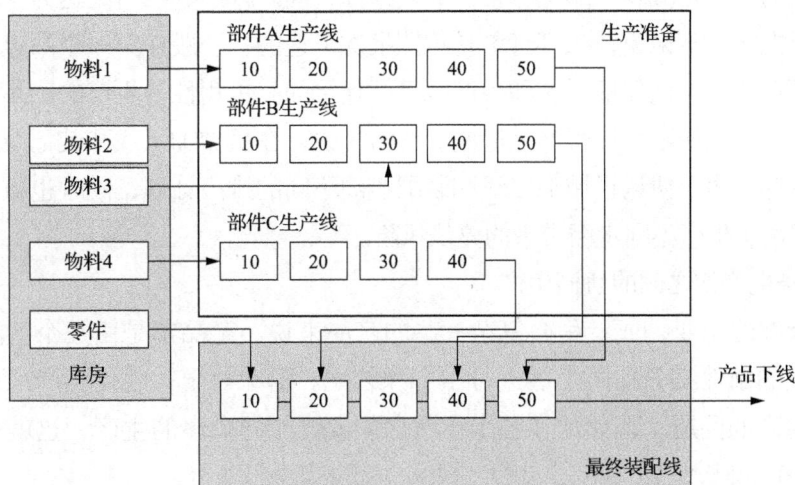

图2.9　制造企业的一般生产线布局

1. 原材料及物料仓储

产品最初的源头就是一些原材料、毛坯或者零散的零件。毛坯需要进行一定程度的机械加工，才能成为一个零件或者一个组件；零散的零件需要一系列的装配工艺，将其组装到一起，以实现产品的功能。

原材料及物料仓储和生产订单之间有着非常紧密的联系。目前大部分企业的生产线都具有一定的柔性，也就是可以同时生产多种型号的产品，那么在生产订单下达到生产线之前就应该考虑在生产线第一个工位或者前几个工位的物料如何按照生产订单排产的要求和一定的顺序运送到线边。

通常的做法是，原材料和物料仓储区域，按照一定的提前期获知生产的排产计划，提前进行物料准备并运送到线边。提前获知排产计划的时间长度应适当。一方面需要考虑生产排产变更对物料准备的影响。由于生产排产在某些情况下（例如物料没有及时到货，客户的需求发生变更等）会产生临时变更的要求，在MES中，订单在开始之前会设置一定数量的冻结订单，当变更发生时，在系统中只能变更没有冻结的那部分，提前准备物料就可以应用到已经冻结的那部分排产订单。另一方面，提前太长时间准备物料会造成临时库存的增加及占用更多场地，同时也不利于柔性生产。在企业中，提前时间一般是15~30分钟，但也要根据企业具体需求来进行定义，不可盲目寻求标准和经验。

2. 机械加工线和装配线

通常企业拥有机械加工线和装配线两种生产线。机械加工线主要完成毛坯到零件的工艺过程，加工工艺包括车、铣、钻、磨等，设备主要是一些数控机床和加工中心，按照一定的顺序进行排列，并在设备与设备之间配置自动抓手机器人或者自动传输线运输零件。装配线主要将采购来的零件或者自制件，按照一定的规则和工艺组装在一起。

机械加工线一般为批次生产，可以一次性生产一定数量的多个相同型号的产品，这种生产模式的好处是减少产品型号切换的复杂性，同时排产、物料配送等管理过程相对简单。对于批次生产来说，生产订单是按照批次下达的，一般在第一个站点的设备中拥有一部分预存订单，以保证系统和生产线之间连接的高可用性，生产的产品也需要有批次号进行管理，以便事后进行产品追溯。通常来说，在机械加工线和装配线之间，都有一定量的库存，用于协调机械加工线和装配线的不同的排产计划，同时也减少生产线与生产线之间由于生产不同步而带来的停线风险。

3. 多条生产线之间的协同生产

对于大型的企业，或者稍微复杂一些的产品来说，产品都是由几个大的部件组成的，几个大的部件都分别由子线进行生产和装配。那么对于柔性化生产来说，就存在一个协同生产的问题，即如何在各个子线之间安排相同顺序的生产，这就引入了序列（Sequence）的概念。

序列是在排产和生产过程中，通过现场实际的生产顺序创建的不同的产品序列。它由一系列的产品号组成，其中混杂着各个型号的产品，每个产品也带有一定的特征值。在有多个子线同时生产的时候，需要保证所有子线的第一个站点都拿到相同的排产序列，而且需要保证当所有子线的产品在主线进行合拼时，所有的子线中同时到达主线的最终部件都应属于同一个产品。

虽然在理论上这种控制方法不会存在什么问题，但是在实际生产中，由于子线生产有一些特殊情况，可能会导致整个生产线停线。例如子线设备故障，为了保证最终合拼工位的所有部件的一致性，主线和其他子线都需要停线等待；或者由于生产的部件存在质量问题需要下线返修，所有的生产线都需要等待该部件返修完毕重新上线生产后才能重新生产。

2.3.2　数据采集

数据采集是MES运行的基础，MES运行离不开现场实时数据，随着制造企业自动化程度的提高，生产线由于柔性化设计而变得越来越复杂，因此一个稳定的、高可用的MES和现场设备的接口显得尤为重要。MES不仅要利用现场各种设备、通过多种方式采集数据，同时还需要对收集的数据进行校验和归类，校验数据的完整性及合法性。当数据出现问题时，MES应该有重新传递机制，以保证接口运行稳定。

另外需要关注的问题是企业采集现场数据时，尽量不要掺杂任何人为的干预。如果该数据是从设备中自动提取的，在采集过程中或者采集之后，不应有相应的操作界面允许操作者修改数据或者修改数据统计分析的方法；而对于人工输入的数据，尽量采用扫描和提供选项选择的方式，在允许的情况下也应增加人工校验或者审核环节，确保数据没有被更改过。

保证数据采集的可靠性是指数据能够及时上传及避免数据丢失。比较可靠的方法为在数据采集终端设备和系统服务器之间增加中间数据交换层，并在中间层增加数据临时存储空间，当服务器出现故障或者服务器和下层通信出现延迟时，极大地保证数据的完整性和系统可靠性。

1. 数据采集终端设备

数据采集时不仅需要从机器人、数控加工中心等自动化设备中采集数据，同时也需要工人利用扫描设备或者手持终端录入数据。为了减少人为操作的错误，同时也为了减少现场工人操作工时，现场数据采集尽量采用自动化、无纸化的方式，减少工人手动输入的环节。数据采集设备的选择同时也取决于生产现场的布局、采集点和站点的距离、温度、湿度、附近是否有大型电机等干扰较强的设备等。

随着工业化技术的进步，可以MES数据采集的终端设备有很多，如图2.10所示，包括传感器、现场总线、脉冲信号计数、工业PLC、条码打印设备和扫描设备等。同时可能还有其他人机交互设备，例如工业现场用的触摸屏、手持移动终端、手持RFID读写器等。下面就几类常用且主要的终端设备进行分析。

（1）基于触摸屏操作的PC终端。PC终端是最常用的一种现场数据采集设备，大的屏幕可以显示更多的内容，同时触摸屏也允许操作工人进行任何可能的手动输入，在输入的同时还可以检查输入的内容是否正确，待确认后再提交，避免人工输入所产生的错误。屏幕上的内容也可以做成可单击的按钮，工人可以很容易地进行数据输入。

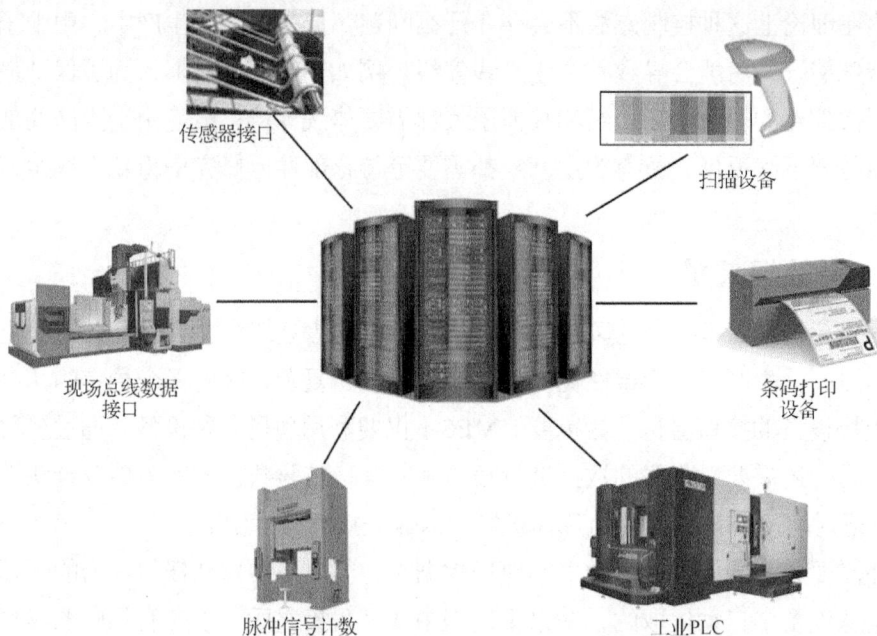

图2.10　数据采集终端设备举例

　　工业现场用的触摸屏一般称为人机交互接口（Human Machine Interface，HMI），连接PLC、变频器、直流调速器、仪表等工业控制设备，利用显示屏显示，通过输入单元（如触摸屏、键盘、鼠标等）写入工作参数或输入操作命令，实现人与机器的信息交互。HMI由硬件和软件两部分组成。硬件部分包括处理器、显示单元、输入单元、通信接口、数据存储单元等，其中处理器的性能决定了HMI的性能，处理器是HMI的核心单元。HMI根据产品等级，可选用8位、16位、32位的处理器。软件部分一般分为两部分，即运行于HMI硬件中的系统软件和运行于PC的Windows操作系统下的画面组态软件（如JB-HMI画面组态软件）。用户必须先使用JB-HMI画面组态软件制作"工程文件"，再通过PC机和HMI产品的串行通信口，把编制好的"工程文件"下载到HMI的处理器中运行。

　　（2）手持终端。手持终端一般连接无线网络，具有灵活移动、使用方便、即时录入等特点。大部分手持终端都带有扫描枪和屏幕，可以将PC终端和扫描设备很好地集成。工人可以将专用卡扣戴在身上，随时随地都可以进行信息采集的任务。和PC终端对比，手持终端具有成本高、屏幕小、手动输入难等特点，因此难以普及，只在一些对移动性要求比较高的区域使用。

　　随着手机的发展，手机也可以替代部分手持终端的功能，例如零件收货，可以方便地利用手机扫描二维码进行收货。但是手机也有局限性，在手机信号不好的地方及工人需要佩戴手套的工位，手机不具有便捷性。

　　图2.11为手持终端的实物照片。手持终端通常自带的操作系统包括Android、

Windows Mobile、Windows CE和iOS等。带操作系统的手持终端与PC+扫描枪功能相同，可以预装软件，更具灵活性；不带操作系统的手持终端，使用基于C语言、Linux的需要二次开发的嵌入式系统，具有人机交互的图形界面与通信界面，此类嵌入式系统，资源消耗较少，更具专业性和稳定性。

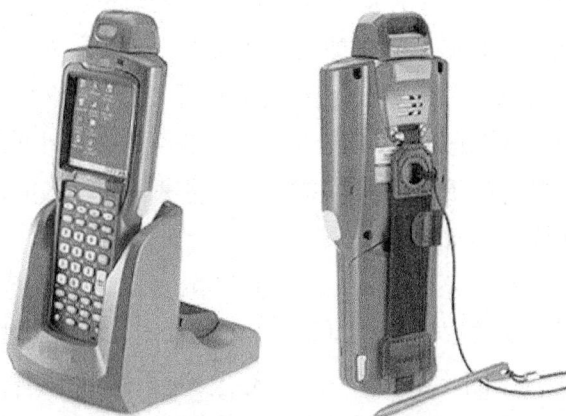

图2.11　手持终端

（3）RFID读写器。RFID技术，又称无线射频识别，是一种通信技术，可通过无线电信号识别特定目标并读写相关数据，而无须在识别系统与特定目标之间建立机械或光学接触。

RFID技术被广泛应用于物流、制造等各个领域，尤其是在生产过程中，使用RFID读写器可以将产品相关信息写入RFID TAG中，在需要的地方方便地读取该产品的相关信息。RFID读写器具有快速扫描、体积小、形状多样化、抗污染能力和耐久性强、可重复使用、穿透性强、可无屏障阅读、数据的记忆容量大、安全性高等特点，其又因所具备的远距离读取、高储存量等特性而备受瞩目。RFID读写器不仅可以帮助企业大幅提高MES的效率，还可以大大提升物流效率，提升物流信息透明度。

（4）打印机和条码。打印机和条码是进行现场数据采集的最基本方式，也是最早采用的一种方式。在数据采集的过程中打印机打印出一维或二维条码，条码中包含产品系列号，或者物料的件号等信息，将条码贴于产品、物料或者它们的包装上，在数据采集点通过扫描条码进行数据采集。条码的用处在于系统能够识别产品的系列号或者记录零件的编码，以完成质量追溯。

（5）自动化设备。MES可与自动化设备进行交互，通常有两种交互方式：一种是通过PLC采集设备数据并传输给MES；另一种是MES直接和设备交互采集数据。PLC方式由于比较普遍，具有接口标准、易于实施等特点，被广泛使用，2.3.4小节会详细介绍，这里主要介绍MES和设备直接对接的方式。

MES和设备直接对接，一般也包含两种方式。

（1）通过中间件。中间件一般是一种软件，这种软件对接了多种设备的多种接口协议，可以直接通过网络获取设备数据，再经过整理，通过标准的接口将设备数据传输到MES中。中间件一般具有行业特性，这主要是由一个行业内使用的设备品牌和接口协议相对固定的特点所决定的。一种接口协议的开发往往需要开发团队花费比较多的时间和成本编写代码和进行测试，因此中间件的价格都比较昂贵。

（2）MES直接对接。这种方式一般适用于设备比较少、对MES要求不是很高的企业，主要的思路为针对特定设备，MES进行定制化开发，直接对接设备的通信模块，以进行数据采集。这种方式的好处为即使设备较少，也可以以较少的花费实现该功能，但是如果未来设备更换或者有新的数据采集需求，则需要再次投入成本进行开发。

2. 对操作工人开放的界面

虽然企业的工厂自动化率不断提高，但在工厂中，特别是装配线上，还依然存在着大量操作工人，这些操作工人在装配工艺中发挥着重要作用。在这些装配工位上，手工工作无法被自动化设备所取代，因此要求有一定的人机交互页面来采集现场的质量、工艺、零件等信息，同时还需要在屏幕上显示更多的内容，以便能够对工人提供必要的工作指示。

如图2.12所示，这是一个小型装配线的工人操作页面。

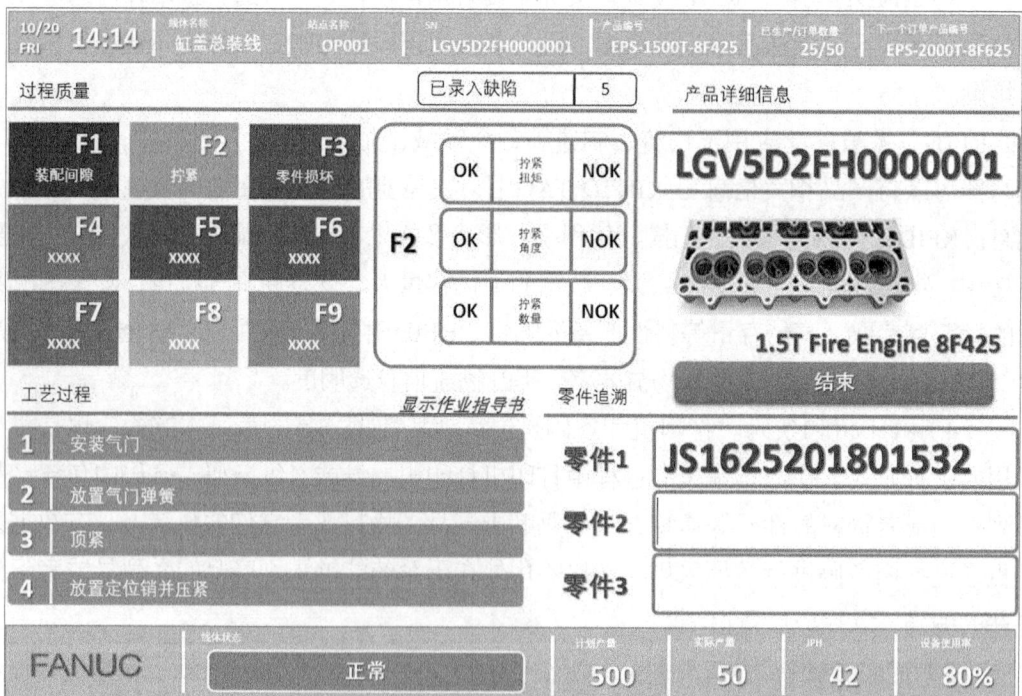

图2.12 一个小型装配线的工人操作页面

（1）基本信息显示。基本信息（见页面最上端的黄色部分）是提供给操作工人关于产品及生产订单的信息，包括当前时间、生产线名称、该站点的名称、该产品的系列号、产品编号、已生产的订单数量等信息。工人根据该信息可以比较直观地看到当前任务和后续任务的安排情况，可以更好地提前进行产品型号之间的工作切换准备，提升工作效率。

（2）质量信息采集。质量信息主要为装配过程中产生的质量问题，需要工人手动输入。生产线上操作工人输入的环节，最好采用标准的按钮形式，将该工位可能产生的质量问题都定义为标准条目（主要根据产品的控制计划和作业指导书进行定义），工人只需点击该质量问题对应的按钮即可。如果有些工位的操作工人需要佩戴手套等防护用具而不方便点击触摸屏的，则应提供扫码枪扫描相应的条码，以采集质量数据。

质量问题提交后，系统中会增加一条质量缺陷的信息，当质量缺陷在生产过程中发生时，对于某些小问题，应该允许直接在线上进行维修，例如螺丝缺陷中的拧紧过程失败导致螺纹滑丝，可以通过呼叫班长或者维修人员，在很短的时间内解决。当这种情况发生时，工人第一时间应在系统中录入一条质量缺陷，待维修好过后，应当场将该质量缺陷撤销，以免系统在最终质量确认时误判，从而导致停线。

（3）零件追溯信息采集。在制造业中，由于产品安全性的问题，国家、行业协会或者企业都会对关键件或者安全件进行追溯。追溯过程为将单品零件的件号（一般是一个零件一个编号，但也有利用批次号进行追溯的）与当前生产的产品相关联，从而记录零件和产品之间的关系。例如飞机上的安全带锁扣，或者汽车用的安全气囊，都属于该类零件。

通常情况下，在相应的操作工位上会配置扫描枪，工人能够比较方便地扫描零件上或者包装上的条码，系统会将该信息记录，同时在系统中生成报表，以便后续出现质量问题时进行历史记录查询。

（4）工艺过程显示。工艺过程显示展示了该工位工人需要做的工序，每一道工序的名称都按照操作顺序显示在屏幕上，同时还可以显示作业指导书的内容，以方便工人进行查看。但这些信息通常只显示给新员工或者对该工位操作不太熟悉的工人，操作熟练的操作工人，基本不会关注该信息。

日本的一些制造企业，比较倡导工人的"多面手"，也就是工人可以根据自身的实际情况和企业的要求调整工作的工位和工作性质。这样可以增加工人自身的操作技能，增加工人对企业的忠诚度，同时又可以让工人充分了解上下游工位的操作情况。当工人发现上游工位装配出现质量问题时，可以及时停线进行维修。工人切换工位后，该工艺过程显示可以为工人提供临时的作业指导。

（5）生产线整体状态显示。它主要为工人显示生产线整体的情况，包括生产线状态、实际产量、当前单位时间工作量（Jobs Per Hour，JPH）等信息，让工人对整体情况有一定的了解，增强工人的集体意识和责任感。

3. 数据采集合法性的校验

从设备终端采集的数据，在某些情况下会出现一些异常情况，针对异常情况，MES必须做出一定的合法性校验工作，以保证数据的完整性和有效性。下面列举了一些经常发生的异常情况和校验的规则。

（1）编号的合法性校验。对于一些重要的产品编号，企业会在编号规则中增加校验码，以判断编号的正确性。例如汽车行业的车辆识别号码（Vehicle Identification Number，VIN）（每台车对应唯一的编码），其中的第9位为校验位，计算规则如图2.13所示。在下层设备上传VIN码时，MES应计算第9位的校验位数值，与上传的数据进行比对，如果发现编码不合法，则需要提示设备或者操作工人，重新扫描编码。扫描枪或者RFID读写器都会存在一定的误读的情况，虽然概率非常小，但是一旦出现这种情况，都需要系统发现。

数字位数	1	2	3	4	5	6	7	8	9	10	11	12	13	14	15	16	17
VIN码举例	L	V	S	F	A	F	A	A	?	2	F	1	2	3	4	5	6
❶ 对应数值	3	5	2	6	1	6	1	1	--	2	6	1	2	3	4	5	6
❷ 权重	8	7	6	5	4	3	2	10	--	9	8	7	6	5	4	3	2
乘积（❶ * ❷）	24	35	12	30	4	18	2	10	--	18	48	7	12	15	16	15	12
求和	24 +35 +12 +30 +4 +18 +2 +10 +18 +48 +7 +12 +15 +16 +15 +12 =278																
校验位计算	$\frac{278}{11}=25\frac{3}{11}$																

见表①

固定值

11为固定数值

3为校验位数值

VIN: LVSFAFAA32F123456

如果计算结果为10，则校验位为X

❶ 字母对应的数值

VIN码字母	A	B	C	D	E	F	G	H	J	K	L	M	N	P	Q	R	S	T	U	V	W	X	Y	Z
对应数值	1	2	3	4	5	6	7	8	1	2	3	4	5	6	7	9	2	3	4	5	6	7	8	9

VIN码数字	1	2	3	4	5	6	7	8	9	0
对应数值	1	2	3	4	5	6	7	8	9	0

图2.13　VIN码的校验码计算规则

（2）编码样式的校验。在编号中增加校验位的方法属于强校验的逻辑，由于这个方法成本较高，且不具备一定的灵活性，因此这个方法并不适用于所有的情况，在一些重要性稍低的地方，例如产品零件的追溯，物料编码可以使用编码样式的校验。

编码样式的校验是指对编码中固定位置数值的类型和编码位数等规则进行校验，例如可以设定某工位扫描的零件编码中第一位必须是A～D的大写字母，总位数为25位等。这种方式设置比较简单，在编码规则变化时可以很容易地通过配置实现。

（3）对象状态合法性校验。这一方法用于对产品或订单等状态进行校验。例如在产品通过某个工位时，通过对产品当前状态的判断，确定该产品并没有完成必要的检验环节，在这个时候应该让生产线停线，由工人进行判断是否需要对该产品进行处理，以保证最终产品的交付质量。

（4）对数据完整性进行校验。例如在某工位，按照正常情况需要采集跟踪数据、质量数据、零件数据等，系统将判断总体数据的位数及某些关键字段是否为空，以此来判断上传数据是否完整，如果不完整，需要通知下游设备重新上传。

2.3.3　生产跟踪及控制

生产跟踪及控制主要是指在现场建立MES站点，通过各站点与设备进行通信，从而实现对线上生产的产品的跟踪，并且根据排产信息和线上建立的序列信息，对生产进行指导和控制，最终达到以下目的。

（1）确保现场实际生产符合排产要求。在所有生产线的第一个站点，都应确立一套系统操作流程和管理流程，确保生产线投入的零件与生产排产的产品型号相符，从而约束现场生产线或者工人准确地执行生产排产任务。

（2）确保最终下线产品的质量。在生产线末尾，设置站点进行最终的质量控制。如果产品在生产过程中出现问题，且不能及时维修，当该产品到达最后站点时，应将其发往维修区进行最终维修，如果最终不能维修，则进入产品报废流程。

（3）确保在各个合拼站点的零件具有一致性。在任何合拼站点，都需要保证各部件和零件的一致性，以免零件或者产品错装，导致损坏。

（4）能应对特殊情况。例如在生产过程中发现产品有缺陷，需要下线维修，此时就需要有相应的站点进行记录，同时还要改变产品状态，以跟踪产品的最终去向。

要达到以上跟踪控制要求，系统应在现场建立生产跟踪及控制的站点，如图2.14所示，图中每个站点都有固定的类型和功能，以完成相应的任务。下面详细介绍几种站点的功能和特性。

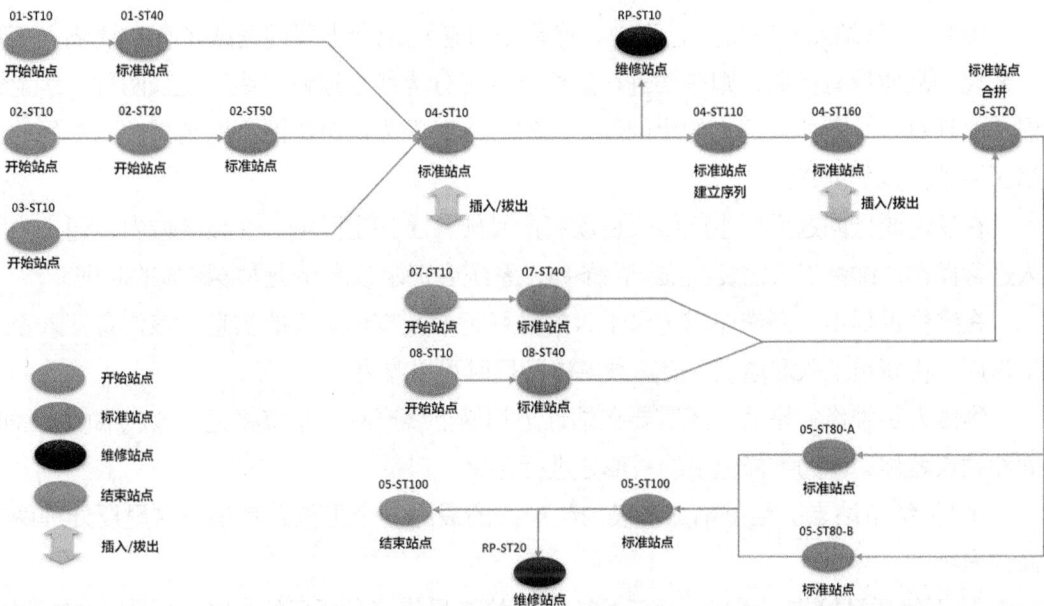

图2.14　MES生产跟踪及控制的站点布局

（1）开始站点。开始站点一般处于每个生产线的线头处，主要功能为按照排产顺序或者现场定义的产品序列，向设备或者操作工人发放生产订单信息，该生产订单信息应包括产品编号、产品型号、材料、重量、颜色等信息，如果是批次生产，则还包括该批次所需数量和批次号等信息。

除每个线头的第一个站点以外，生产线其他站点有时也需要类似的功能，该站点主要按照一定的排产顺序通知现场机器人按照产品型号进行抓件，不同的产品型号需要不同的动作和位置。同样，在某些人工上件位置也需要提前指导工人进行上件，并提供防错的功能，防止工人出错。

（2）标准站点。标准站点在逻辑上只和现场工位上的设备进行通信，并完成以下功能。

① 记录产品状态。当产品通过某一个标准站点时，MES会记录一条过点记录，包含该产品的系列号、产品类型、站点名称和时间等信息。当生产线较长或者产品较多时，生产人员可以比较容易地查询到某个产品当前所处的位置，也可以知晓在某个生产段落中到底有什么样的产品及其数量。

② 记录产品所走过的路线。在某些情况下，有可能由于生产节拍的约束，一条线会在中途分成两条，产品分别由两个设备进行生产。

③ 创建现场生产序列。某些产品经过维修后，需要重新创建生产序列，通常的做法为在生产线出现岔路之后设置站点，记录过站产品的系列号，构建序列。

④ 采集数据。对站点中产生的关键数据进行采集，包含质量数据、零件数据、测量数据等，详细内容参见2.3.2小节。

（3）维修站点。在生产过程中，产品不可避免地会出现问题或者存在缺陷。若现场发现产品质量有问题，则需要进行返修。返修分为线上返修、线下返修两种。线上返修一般针对很快就可以解决的小问题，而对于短时间无法解决的问题则需要到专用的返修区域进行线下维修。

在发现质量问题后，生产线会自动将产品转移至指定区域。在该区域内，通常由工人进行操作，维修工人需要扫描产品条码，系统会记录该产品进入该区域的时间。

在维修过程中，系统还需记录工人的维修记录及零件更换的信息。该信息存入企业知识库，在新员工入职培训或者后续解决问题时可以参考。

维修人员维修完毕后，还需要在站点上扫描上线产品，系统将记录该产品的上线时间和站点名称，作为维修记录的一部分进行存储。

（4）结束站点。结束站点一般为生产线的最后一个工位，系统在这里要处理两方面的内容。

① 下线质量检查。最后一个工位应具备检查最终产品质量的功能，以防止有质量问题的产品流入下一个环节，做到哪个区域发生的问题就在哪个区域进行解决。下线质量检查主要检查系统中是否还有未关闭的质量缺陷项，同时在该工位会安装一个显示屏，如果质量有缺陷，则显示红色，生产线应自动将产品转移出生产线，放入返修区域；如

果质量合格，则显示绿色，生产线正常放行。

② 产品下线记录。记录产品通过该站点的相关信息，同时系统应计算在该班次或者固定时间段内生产合格产品的数量，并显示在生产看板上。

（5）插入/拔出站点。该站点主要处理生产过程中发生的异常，在该工位或者区域，可以把产品从线上移出，并且在系统中录入该产品的信息，系统会记录该事件，表示产品已经下线。当该产品上线时，操作工人也需要录入该产品信息，表示该产品重新上线。

2.3.4　MES与PLC接口

1. PLC基本概念

PLC是一种数字运算操作电子系统，专为在工业环境下应用而设计。PLC采用了可编程序的存储器，用来在其内部存储、执行逻辑运算、顺序控制、定时、计数和算术运算等操作的指令，并通过数字的、模拟的输入和输出，控制各种类型的设备或生产过程。PLC及其有关的外围设备，都应按易于与工业控制系统形成一个整体、易于扩充其功能的原则进行设计。

生产PLC的主要厂商为西门子（siemens）、三菱（mitsubishi）、欧姆龙（OMRON）、罗克韦尔（Rockwell）、施耐德（Schneider）等国际大公司。欧美公司在大中型PLC领域占有绝对优势，日本公司在小型PLC领域占据十分重要的位置。

目前小型PLC的技术源主要分为日系和欧系，前者以三菱和欧姆龙为代表，后者以西门子为代表。日系小型PLC进入我国市场的时间比较早，伴随我国轻工业的发展，以日系设计为主的原型机械不断引进，三菱、欧姆龙的产品也源源不断地进口而来。在之后的发展进程中，西门子具有代表性的小型PLC产品——S7-200逐渐在我国市场中显露头角，获得了很多大型原始设备制造商（Original Equipment Manufacturer，OEM）的青睐。目前，从金额上看，西门子在小型PLC市场占据第一位，份额略超过30%，三菱紧随其后，份额约为25%，欧姆龙份额约占11%，台达则略超过8%。

目前，在中型PLC领域中，西门子"一枝独秀"，在全球份额中占主导地位。在我国市场中，西门子占中型PLC的65%的市场份额，主导地位明显。在大型PLC领域，西门子、罗克韦尔、施耐德"三分天下"。罗克韦尔的大型PLC业务在 2011年的市场占有率为33.63%；施耐德作为大型PLC的老牌供应商，在大型PLC市场依旧占有一席之地，2011年其大型PLC的市场占有率为23.53%；西门子的大型PLC业务在2011年的市场占有率为21.70%。

2. MES与PLC接口的方式

MES与PLC之间是用工业以太网进行连接的，通常PLC会配置一块网卡，通过该网卡进行硬件层面的通信。MES与PLC通信主要有以下几种方式。

（1）MES定期抓取。MES定期访问PLC中的具体数据库（Database，DB）地址，并在PLC编程时赋予该地址数值意义，当设备或生产线达到某种条件时，PLC改变相应DB地址中的数值，MES监控到该值的变化，读取并存储在MES中。

一般PLC运行精度为毫秒级，如果该数据变化较快，那么将耗费大量的系统和网络资源进行高频次的监控，因此此种方式适用于PLC数据不会太频繁变化的情况。例如监控设备实时的状态是否为故障或者离线状态，在此种情况下，系统只需精确到秒就可以达到要求。

（2）PLC基于条件触发请求。当现场达到某种条件时，PLC会主动发送数据请求，例如当产品到达某一个MES站点时，PLC会根据读取产品的系列号，将相关数据形成一条请求，发送给MES，MES接收到该信息后，将其转换成标准数据格式再写入PLC的DB中。

这种方式一般在MES和PLC之间部署中间件，整个数据交换的完整性和合法性由该中间件保证。这种方式适合大型制造企业的实时站点信息交互，中间件一般兼容多种PLC品牌型号和通信协议，总体成本偏高，通常在企业存在多种PLC时使用。

（3）基于握手的数据交换。这种方式和第二种方式的区别在于，PLC和MES通过一次握手来确认通信情况，之后PLC再发送数据请求。例如PLC先将某一个DB值设置成"1"，如果MES接收到该信号后，将其复位，并将另外的DB设置成MES应答状态，此时PLC会再发送数据请求。

该方式的实现较上一种方式复杂，但是在发送请求之前，PLC确认了和MES之间的通信状态，如果通信超时，证明当前MES服务器不可用，PLC可以向备用服务器进行申请，或者直接报警，从而增加系统的可用性。

2.4　质量管理系统

通常来说，质量管理系统主要是为了保证生产过程中产品的质量而设立，生产部门中会有一个质量小组，专门负责各车间的质量检测、评估和制定质量标准，同时它也属于企业质量管理的一部分。各种质量检测标准和方法的基础都来源于质量部门，因此在企业中，质量组织结构相对复杂，这就对系统提出了更高的要求，MES要与质量管理系统实现对接，以打通质量管理环节的各个业务流程，避免出现信息孤岛现象。

本节重点介绍MES质量管理系统中的追溯管理系统、防错系统和质量检查系统等重点功能系统。

2.4.1　追溯管理系统

追溯管理是质量管理中比较重要的一环。追溯主要是指事后质量信息的查询和验证。在车间零件装配过程中，有两类关于追溯的信息MES必须要进行记录，一个是零件或原材料的追溯，另一个是扭矩结果的追溯。

1. 零件或原材料的追溯

零件追溯是指记录哪个零件或原材料、哪批零件或原材料装配在哪些产品上或者最终被加工成什么产品，如图2.15所示。原材料被运输上线时应记录该材料的系列号或者批次号，同时需记录由该原材料生产的产品的编码，以此确定原材料和产品之间的对应关系。

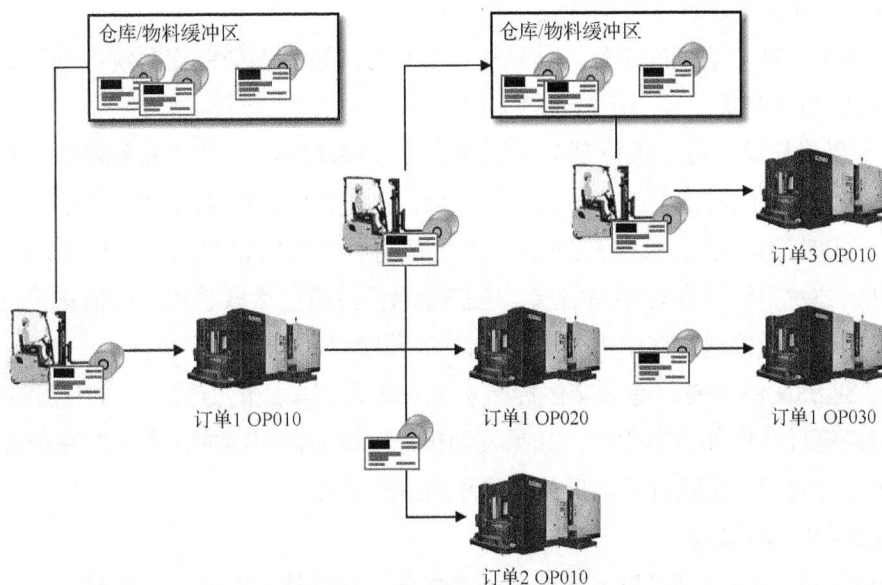

图2.15　零件或原材料追溯示意图

零件或原材料追溯包含以下3种形式。

（1）直接追溯。直接追溯是追溯的最高级别，是指供应商送来的每个零件或原材料上都有一张条码，条码标识了该零件的编码，称为系列号。在安装或生产每个零件或原材料时都需要扫描条码，每个零件或原材料都针对单个产品。也就是说，如果供应商供给的某些零件有问题，企业可以迅速找出相对应的问题产品。

直接追溯有定位准的特点，但是成本较高，不仅包含条码的费用，而且每个零件或原材料都需要耗费工时进行扫描。直接追溯主要应用于关键零件或原材料，尤其是涉及安全的零件，如汽车的安全气囊、飞机的安全带锁扣、燃油发动机的活塞和连杆等。

（2）间接追溯。间接追溯也就是批次追溯，在每个零件或原材料上，在最小的零件或原材料包装上，都会有零件或原材料的批次号，而非系列号，批次号代表供应商生产零件的批次。批次号并不需要每次都扫描，只在切换零件或原材料批次的时候才扫描。因此间接追溯比直接追溯低一个级别，所需的成本也相应减少。

间接追溯的零件或原材料一般为次重要的零件或原材料，如水泵的轴承、汽车的油管及油箱、减振弹簧等。

43

（3）实物追溯。实物追溯是最低级别的追溯，零件或原材料信息并不进入系统，因此不需要扫描，只是在零件或原材料上打刻上批次信息或者生产日期，这样在维修时可以查找该零件或原材料的生产时间、生产厂家等信息，最终为供应商的评级和后续产品改进提供必要信息。

3种零件或原材料追溯方式的选择，依据企业管理标准的不同而不同，需要追溯的零件或原材料的数量也不同。有些企业追溯的零件可能只有十几个，但是有些对产品品质要求较高的企业追溯的零件可能达上百个。

MES承担了零件追溯的工作，信息通过多种方式进入系统并在系统中进行记录。信息录入有以下3种方式。

（1）直接扫描。每个工位都会配置扫描枪（移动终端），在设备终端上安装软件客户端，工人在装配时需要扫描条码进行记录，软件会反馈记录成功与否。

（2）实时消息获取。这种方式是系统之间进行的即时消息集成。例如产品中涉及电控部分，芯片中已经含有相关信息，电控检测设备通过读取芯片中的信息，将号码传递给MES即可，在传递过程中需要保证信息的一致性和完整性。

（3）追溯文件传递。追溯文件传递也是一种系统集成的方式，主要应用于关键零部件的质量管理。例如汽车生产，如果发动机是向供应商采购的，则生产系统应该与供应商系统进行对接，以获得发动机关键零件的追溯信息。

2. 扭矩结果的追溯

扭矩结果是MES追溯管理系统的另一个信息。在零件装配时，有些螺栓拧紧是需要达到一定的扭力值要求的，以确保装配具有一定的稳定性或者接触的地方有一定的密闭性，如减速机油底壳的安装。

在实施紧固工艺的工位，工人需要用扭力扳手进行紧固。扭力扳手按照动力源划分可以分为电动扭力扳手、气动扭力扳手、液压扭力扳手及手动扭力扳手4种。

（1）电动扭力扳手。电动扭力扳手有定扭力和可调节扭力两种，一般在对作业效率要求较高、对工况需要的扭力值要求较高的企业中使用较多，同时它还能方便地调节扭力值，对实时扭力值进行记录并传递给MES。电动扭力扳手如图2.16所示。

图2.16　电动扭力扳手

（2）气动扭力扳手。气动扭力扳手的作业场所要求有能够满足气动扭力扳手正常工作的气源，同时它具有生产效率较高、对扭力值的要求较低（相较于电动扭力扳手）、调节扭力值的频率较低等特点。相较于电动扭力扳手，气动扭力扳手成本低。在当今制造企业中气动扭力扳手和电动扭力扳手多混合使用，即在要求相对较高的工位或工序，使用电动扭力扳手，在要求相对较低的工位或工序使用气动扭力扳手。气动扭力扳手如图2.17所示。

（3）液压扭力扳手。液压扭力扳手针对的是比较高的扭力需求，手动扭力扳手最大扭力不超过3000N·m，超过这个值就需要考虑使用液压扭力扳手。

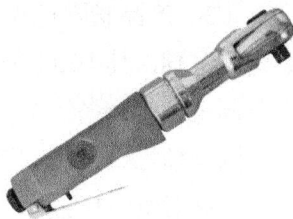

图2.17　气动扭力扳手

（4）手动扭力扳手。在当今制造企业中，由于要追求生产的高效率，手动扭力扳手一般只作为其他几种扭力扳手的备用方案，其成本也相对较低。同时在一些维修工位或者维修区域，也会使用手动扭力扳手。

上述几种扭力扳手，与MES集成最紧密的为电动扭力扳手。MES在扭矩追溯方面有一些不可替代的作用。

（1）防错（Error Proofing）。MES与电动扭力扳手的集成可以防止人工操作时出现拧紧方面的错误和遗漏，具体介绍见2.4.2小节。

（2）记录实时扭力数据。图2.18是一颗螺栓两次拧紧的扭力曲线。对于电动扭力扳手控制器而言，输出扭力数据至MES是一种比较经济的方法，原因在于单机的控制器中存储卡的存储空间是有限的，电动扭力扳手使用一段时间后，数据会占满存储卡的存储空间，这时新的数据会覆盖原来的数据，一般制造企业产生的扭力数据只能保存4～10天，可根据实际产品的生产节拍来进行计算。因此，如果设备维护人员想查找10天以前的扭力数据，只有定期对存储卡中的数据进行备份，如果生产现场的电动扭力扳手较多，数据备份的工作量会非常大。

通常来说，市场上主要的电动扭力扳手品牌都提供有标准的数据交互接口，MES可以通过标准的接口协议获取数据，并完成扭力数据的追溯。

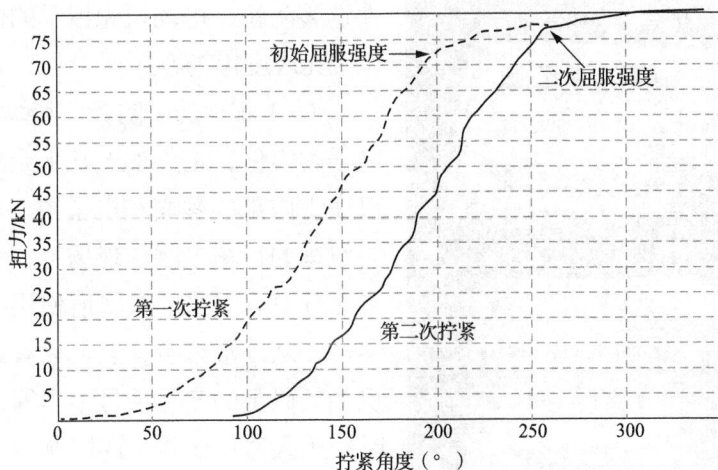

图2.18　扭力曲线举例

（3）产品紧固记录。除了扭力数据以外，MES还需要对产品生产过程中的其他内容进行追溯，其中就包括产品紧固记录。产品紧固记录是指产品在生产线上生产时，每个紧固工位的每条工艺，都应该有当时的紧固结果记录。例如，在某工位，2条工艺对应紧固10颗螺栓，1条工艺紧固4颗螺栓，另1条紧固6颗螺栓，那么在系统中应该存在该产品在该工位的2条分别紧固4颗螺栓和6颗螺栓的工艺的合格信息。

具体方式为当工人操作一条工艺时，系统应记录该工人在操作时紧固了几颗螺栓，实际紧固数量应大于或等于要求的数量，这是由于有些时候有第一次紧固螺栓时可能出现扭力没有达到要求，需要第二次或第三次紧固才能成功的情况发生。当系统中有不合格的记录时，系统会在产品最终下线时提示该产品有质量缺陷。

2.4.2　防错系统

防错，从字面上看，就是防止错误的发生，日文称"POKA-YOKE"，英文称"Error Proof"或"Fool Proof"（防呆）。这个概念首先由丰田汽车公司提出，并成为精益生产（Lean Production）中的一部分，"POKA-YOKE"的概念就是日本的质量管理专家、著名的丰田生产体系创建人新江滋生提出的。

虽然随着自动化程度的不断增加，工人慢慢减少，但是在一些行业或者企业，有些工作暂时还没有办法用机器代替，有人参与的地方，就容易发生错误。错误的原因是多方面的，人有时会遗忘，有时会有理解上的偏差，或者在产生疲劳的时候会发生疏忽等，不论哪种原因，最终都会导致不好的结果。

制造企业的防错包含很多方面，比如零件设计时考虑工人可能反向安装而产生的不对称设计，再比如现场工装为了防止工人上错零件而设计成可以按照产品型号自动调整相对位置等。MES的防错系统则专注于零件相似度较高且从物理上很难实现防错或者防错成本较高的应用场合，其防错措施包括零件选装防错、电动扭力扳手的监控和防错、工艺完成度检查等。

图2.19　汽车的行车电脑外形对比

（1）零件选装防错。某些零件，特别是电子类零件，在外形上几乎无法区分，区别仅在于内部的程序和电子器件不同。图2.19为汽车的行车电脑，现场工人在安装时，很难区分不同型号的车辆所使用的不同型号的零件，从外形来看，它们只有细微的差别，例如条码上的产品编号不同等，这会在安装时给工人造成比较大的困扰。区分零件会花费较多的工时，且如果出错会造成比较严重的后果——需要拆卸周边零件才能进行更换和测试。

　　MES的防错系统可以将零件按照不同的型号进行排列，并在料箱上部安装一个小型的光幕、发射器和接收器，如图2.20所示。当产品进入工位时，如果需要使用来自该零件架的零件，则发射器和接收器将闪烁绿色。当操作者从该箱中拾取一个零件时，他的手

图2.20　线边的零件选装防错

将打开光柱并向MES发送正确的零件拣选信号。如果操作者从错误的箱子中取出零件，MES将报警并显示提取零件错误。

　　零件选装防错可以使用多种方式，例如可以利用扫描枪扫描零件上的条码，通过和产品的BOM进行对比，判断零件是否准确。防错功能硬件选择或者安装的设计取决于现场的条件和成本的要求，不同的零件往往有不同的防错方案。

　　（2）电动扭力扳手的监控和防错。MES将与电动扭力扳手的控制器进行连接，如图2.21所示，并且MES还需要监控生产线的生产情况，根据实际产品的位置和产品的型号信息来确定哪个工位该进行几次拧紧，并且在工人操作时和电动扭力扳手控制器进行实时通信，获取电动扭力扳手的扭力值和是否拧紧成功的信息。当实际拧紧操作小于工艺要求的数量，并且工人确认操作完毕后，系统将报警并提示工人有操作错误的情况；在拧紧的扭力不达标时也会进行提醒，防止工人操作时出现错拧或漏拧的情况。

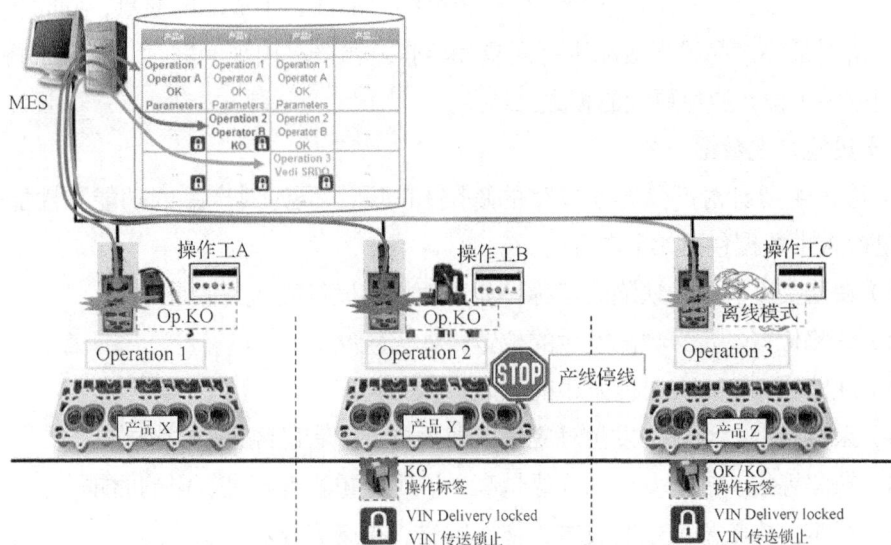

图2.21　电动扭力扳手的监控和防错

（3）工艺完成度检查。自动化设备在制造企业应用得较多，这就存在一种可能，即通过PLC将所有设备连接起来。如图2.22所示，PLC将压装设备、电动扭力扳手及扫描设备连接起来实施控制，PLC可以获取设备是否正在运作，运作结果是否合格的信息。通过PLC对设备的控制也可以实现在工人忘记操作时进行提醒，同时可以将操作结果反馈回MES，并形成报表。

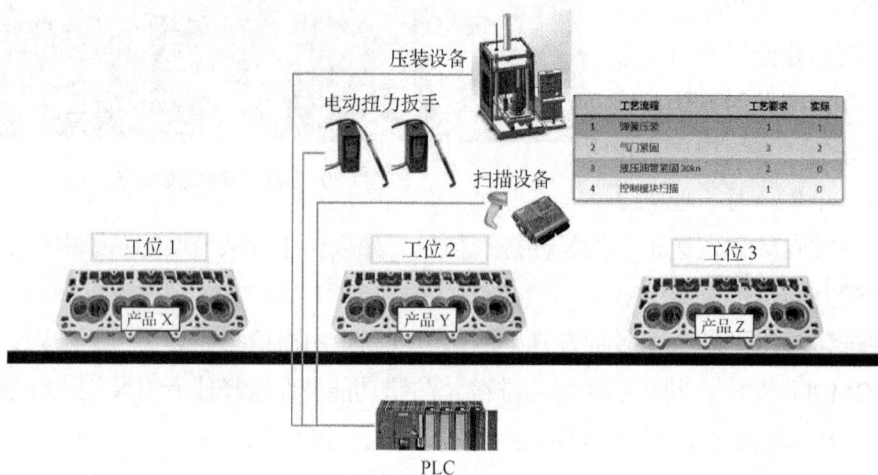

图2.22　工艺完成度检查

通常线边都会有一个操作工人查看的触摸屏，当MES提示时，操作工人通过查看屏幕显示的报警信息，可以很直观地看到操作错误或者失误的项目，并及时进行调整。

2.4.3　质量检查系统

除了在整个生产过程中对质量进行监控和收集信息以外，在生产线的末尾，一般是产品下线位置，都会有一个或多个工位检查最终产品或者半成品的质量，同时也可能会有检测设备对最终产品或半成品进行测量和检查。当产品出现问题时，应及时将质量问题反馈到相关工位，避免更大的损失。

1.　质量检查主数据

质量检查主要针对产品容易发生的缺陷和问题，同时对产品的功能和性能进行验证。质量检查主数据包括如下内容。

（1）缺陷类型。定义缺陷的名称，如表面粗糙度过高。

（2）缺陷位置。定义缺陷发生的位置，如齿轮端面。

（3）缺陷原因。定义可能发生的原因，如刀具磨损。

（4）采取措施。当缺陷发生时应该采取的措施或者已经采取的措施。

（5）缺陷等级。缺陷发生的等级越高，说明严重程度越高、影响面越大。

（6）成本。由缺陷产生的成本，包括维修、报废等成本。

质量检查主数据应该以时间和产品为索引，在系统中建立结构化的数据结构进行存储，并应该能够被所有相关人员查询到。同时系统也应定期生成产品质量报告，生产部门领导会定期查阅现场产品质量，例如查询一段时间内发生率较高的十大质量问题等，最终目的为提高产品的一次合格率。

2. 利用FMEA和控制计划来指导系统数据定义

失效模式和影响分析（Failure Mode and Effect Analysis，FMEA）是一种用来确定潜在失效模式及其原因的分析方法。通过实行FMEA，企业可在产品设计或生产工艺真正实现之前发现产品的弱点，可在原形样机阶段或在大批量生产之前确定产品缺陷。对于工艺流程中的每一项工艺，应确定可能发生的失效模式；对于每一种失效模式，应列出一种或多种可能的失效影响；对于每一种潜在的失效模式，应列出一种或多种可能的失效原因。

控制计划主要是指提供过程监视和控制方法，从而控制产品生产过程中的各种特性，包括关键特性SC、特殊特性CC及其他普通特性。编制控制计划的重点在于表明产品的重要特性和工程要求。每种零件都必须有控制计划，但在许多情况下，"系列零件"控制计划（通用控制计划）可适用于相同的过程生产出的许多零件。

FMEA和控制计划能够定义MES质量缺陷，通过对产品潜在失效模式的分析，制订产品及工艺过程的控制计划，确定该类型产品可能具有的缺陷，以及在何时何地进行有效检查，从而确保最终产品的质量。

3. 过程质量检验

过程质量检验是保证产品质量的有效手段，质量检验并不是必须发生在产品最终下线之后，它也存在于生产过程中。制造企业通常采用以下几种方式设置过程质量检验的标准。

（1）产品生产过程中的检验。在一些关键工位或者关键工艺之后，通常会设置测试及检验工位，例如机械加工生产线的磨床数控加工中心后面的工位，可测试并检查产品的表面粗糙度、同轴度等参数，由于机械加工过程中刀具会出现磨损，因此通过这种方式来检查产品的合格程度，判断是否需要进行刀具补偿或者更换刀具。通常来说这种检验采取抽检的方式，但也需要花费比较长的时间。

（2）产品下线前的检查。在一段生产线的末尾，通常会设置检查站点，方式可能是自动的也可能是人工的，通过检查产品表面或者重量等信息，确定产品是否可以交付到下一个生产单元或者车间。这种检查通常要求全检，检查工位一般应配备足够的人员，例如在产品的喷漆工艺之后，需要人工检查漆面是否有划伤、气泡等缺陷。

（3）产品下线后的检验。在产品下线后，还需要对其进行比较全面的质量检测，以发动机为例，一般分为静态检验和动态检验两种。

在以上这几种过程质量检验方式的物理位置，应该都有MES过程质量数据收集的站点，操作工人应将相应的人工检查的结果及时录入系统，同时MES也应与自动化检测设备进行集成，获取质量数据，系统将数据统计后与质量标准进行对比，可以发现明显的质量问题，也可以了解现场质量问题的发展趋势。产品质量问题统计举例如图2.23所示。

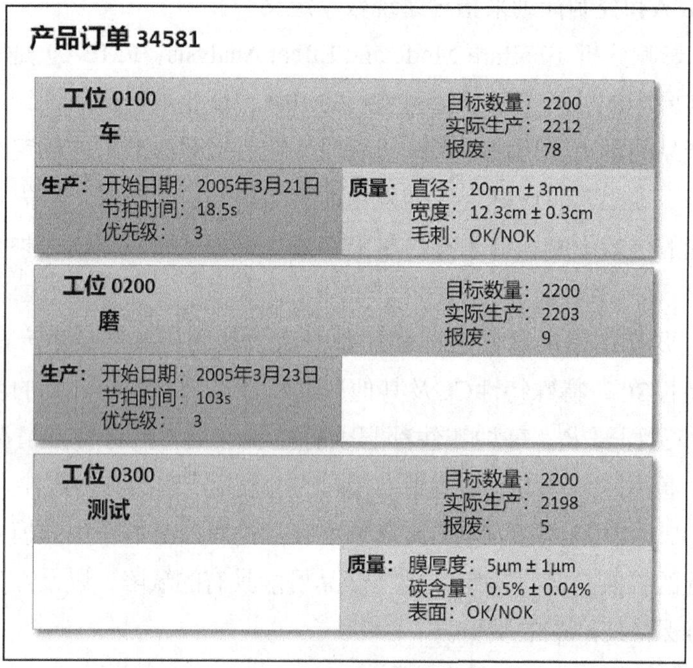

图2.23　产品质量问题统计举例

使用MES进行现场质量管理并与周边系统和设备集成还具有以下好处。

（1）可以在一个系统中查看实际下线产品数量、有质量缺陷产品数量和报废产品数量之间的关系，可以实时查看现场产品故障率，及时避免更大范围缺陷的发生。

（2）可以实时查看生产订单、产品型号和质量缺陷之间的关系。

（3）采用大数据分析的思路，可以将从现场收集的设备运行数据、现场检验数据和生产情况数据等进行综合分析，以了解这些变量和质量之间的关系。例如可以统计不同颜色的产品与质量问题的相关性。

（4）与生产监控的集成及与生产线的集成，可以规避因为某种原因而对产品漏检的情况；在产品全检工位实施预防措施和报警措施，可以增加产品质量的可靠性。

（5）可以通过质量问题的反馈对现场生产进行控制。例如当检验发现重大的质量缺陷时，可以立即停线，相关生产部门一起检讨该质量问题的影响范围及是否可以继续生产。

2.5　物料配送系统

制造企业的物流是个很大的概念，既包括运送产成品的成品物流，也包括零件配送和仓储系统的场外物流和场内物流。场外物流是指从供应商处到工厂库房或者到工厂收货确认点的物流过程，包含采购、运输、转储等环节；场内物流是指从工厂的仓库或者物流收货点到线边的物流过程，在工厂内进行操作，包含装车、运输、配送等环节，主要目的为保证现场生产的顺利进行。

MES由于是生产执行环节的管理，因此主要针对的是场内物流，具体包括场内物料配送组织方式、现场物料叫料及配送管理、零件排序区管理和Kitting捡料区管理4个方面。下面分别进行叙述。

2.5.1　场内物料配送组织方式

对于场内物料配送组织方式，应根据需求决定业务模式，业务模式决定作业方式的原则，采用先调研场内物料配送需求，再结合物料自身的特点的方式确认生产线所需物料的具体补料模式，再根据补料模式确认对应的场内物料配送组织方式。

1. 场内物料配送需求

场内物料配送是为现场生产服务的，而生产具有一定的复杂性，例如生产线较长，产品型号众多导致物料种类较多、数量较大等。如何将合适的物料在合适的时间配送到合适的地点，就是场内物料配送需要考虑的问题。场内物料配送的特点如下。

（1）流水线生产。在大批量制造企业中，流水线指劳动对象按一定的工艺路线和统一的生产速度，连续不断地通过各个工位，按顺序进行加工并生产出产品的一种生产组织形式。产品在不断流动，而工人在固定工位进行重复性的操作，物料则需提前摆在固定的位置，物料也会以一定的数量配送到线边，以便随时取用。在生产过程中，生产线停线是比较严重的生产事故，加工或装配不能间断，必须连续作业，所以就要求线边有一定量的库存，以满足定期物料配送的要求。

（2）生产线物料存储空间有限。为了保证最优的ROI，厂房在设计时除了考虑生产线本身的要求以外，同时也要兼顾成本，因此厂房内有限的场地，在布置时应最大限度地向生产作业倾斜，线边库存尽量占用最小的空间。这就要求物料在容器的设计、配送批量等方面充分考虑场地占用的要求。

（3）物料放置区域需在对应工位。生产线工人操作需要计算工时，工人操作工时越少意味着成本越低，这就要求线边物料的摆放应以方便工人操作为第一原则，应尽量减少操作工人用于走动、转身、弯腰等不增值作业的时间。

（4）尽量减少不增值环节。现场物料配送除了占用场地以外，还存在人工费用和库存费用，物料配送过程（配送、装卸、摆放、拆包、交接等）都是增加成本的过程，因此在设计线边物料配送模式时，应尽量减少线边库存、减少配送次数及用最少的配送人员。

物料配送模式的设计过程就是如何用最小的库存来满足连续的生产。用丰田汽车公司的管理方式来描述，即对于必需的产品，在必需的时候，仅按必需的数量制造出来（配送过来）。

2. 物料叫料方式

物料叫料方式是指如何将线边的需求或者生产计划传递给物料配送部门，从而让物料配送人员知晓线边物料的需求信息。物料叫料方式有以下几种。

（1）物料看板。这里说的看板，是指领取看板，而非生产指示看板。看板一词来源于日本，是一个单元化包装的外部标签，承载了品种、单元化包装数量、存放地、上序或供方、下序等物流作业的相关信息。所以，从本质上说，看板是补货信息的一种可视化的体现，是补货信息的一种承载方式。物料看板一般挂在线边货架上，巡线人员巡线时，将看板收回，并将相对应的物料按照看板的需求配送至线边合适的位置，如图2.24所示。

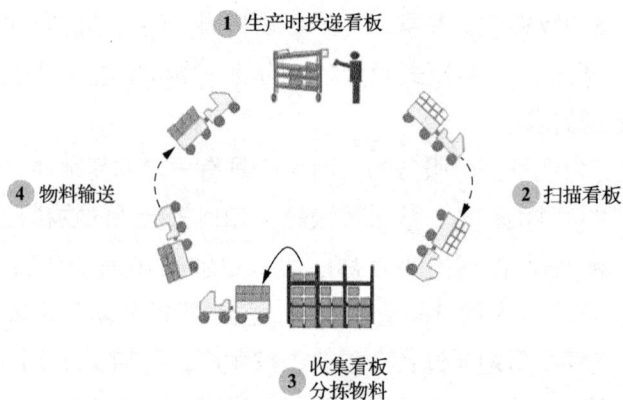

图2.24　看板示意图

（2）空箱拉料法。其补货模式与工序内领取看板并积存到一定数量后发出订货信号类似，都属于定量不定期的订货模式，只不过用物料箱替代了看板，作为补货信息的载体，即订货信号。空箱的适用范围与看板类似，更倾向于体积较小的通用性零件空箱会在零件使用完后自动转移到下层，物料配送人员看到空箱后，会在下一次配送时配送同样箱数的零件到该工位。线边货架示意图如图2.25所示。

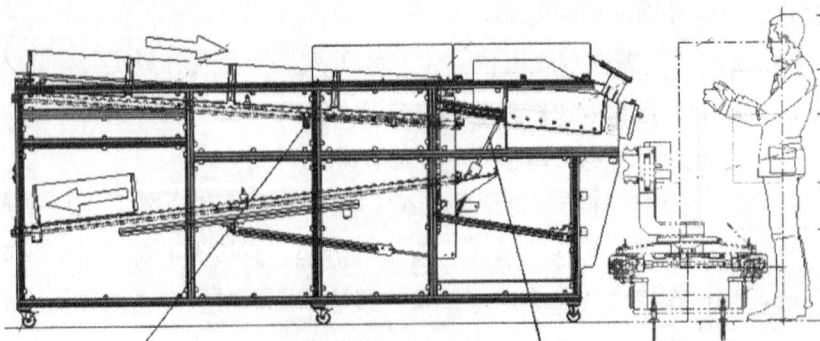

图2.25　线边货架示意图

（3）安灯拉料法。这里所说的安灯，应区别于线边用于停线和报警的安灯模式，这里专指物料配送需要的安灯模式，如图2.26所示。相对来说，安灯的信息传递速度快于看板的信息传递速度，因此，同样的作业环境下，安灯对于订货点的设定要比看板更低，即用更低的库存满足生产，但同时，物流成本，特别是硬件设备的投入也更高，需要考虑RDI。

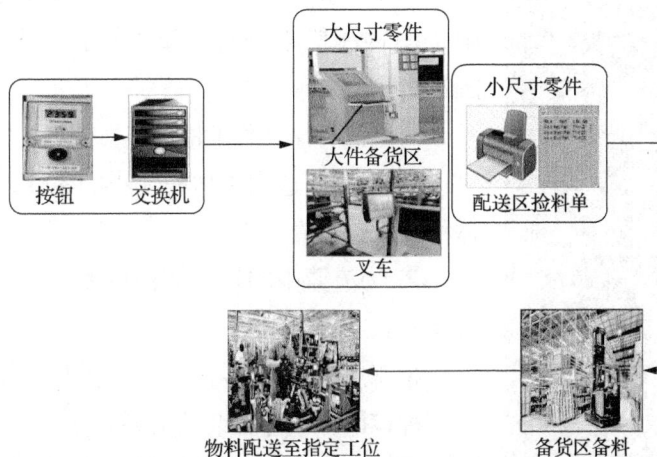

图2.26　安灯拉料配送示意图

（4）排序配送法。排序作业是供方按照顾客订单需要的品种和数量，排序生产、装载和运输的一种补货模式，如图2.27所示。排序作业可以实现同步生产，大幅度减少单元化包装的数量，减少在制品库存和多余的转载作业，同时也可以节省线边的场地。如果采用排序配送方式，则不需要在线边放置多种物料来满足装配要求。排序作业计划的下达方式，多数采用长期预测计划与滚动计划相结合的手段：长期预测计划有利于供方准备物料；滚动计划使供方只生产顾客需要的产品，可以最大限度地降低库存，有利于整体降低供应链成本。

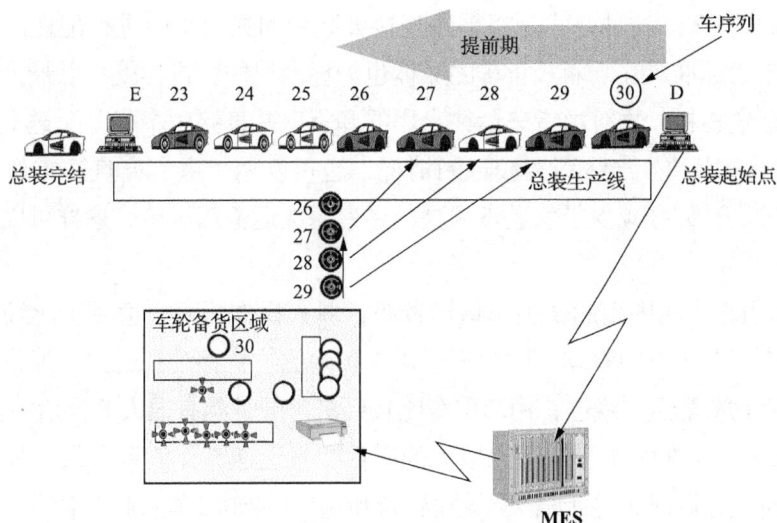

图2.27　排序配送示意图

图2.28　发动机物流篮配送实例

（5）物流篮。物流篮又称成套模式（Kit to one），是按照生产线上车型的排列顺序，把某些零件组合按照台套定额，放置于一个单元化包装或物流小车内，随生产线同步运行的一种补货模式。例如在发动机装配过程中，用物流篮来配送活塞、连杆、凸轮轴等零件，如图2.28所示。

物流篮和排序作业的区别如下。

① 物流篮适用于体积较小的零件，排序作业适用于体积较大的零件。

② 物流篮中的零件品种较多，排序作业中的零件品种单一。

③ 物流篮中的零件之间存在装配关系，排序作业只有一种零件，不存在装配关系。

④ 物流篮属于平行投料，随生产线运动，排序作业属于纵向投料，相对于生产线而言，物料静止存放。

（6）传感器自动触发。对于一些液态或者气态的物料，通常的做法是使用传感器识别液态物料的液面线或者识别气态物料的压力值，当液面线或者压力值达到设定值时，触发物料拉动的需求。例如咖啡机的外壳的喷漆工艺或者涂胶工位的粘胶都适用于这种方式。

3. 物料配送方式

物料配送方式是配送人员得到物料拉动信息后，把物料配送到线边的过程。因为是场内物流，所以配送方式比较简单，主要有以下几种。

（1）厢式货车。这种方式是将零件直接装载到厢式货车中进行配送。零件运输的台车或者货架为标准尺寸，厢式货车的厢体也为标准尺寸，这样就可以最大限度地利用厢体的空间运送物料。物料由货车运往专用的卸货口并直接由牵引车配送上线。这种厢式货车适用于仓库和生产线距离较远的情况，也可以用于供应商直送零件到线边的情况，但成本较高，最好减少紧急送货频次，尽量每次运输都满载，这样可以最大限度地节省成本。

（2）牵引车。场内用的牵引车体形较小，单人操作即可，适用于比较狭窄的线边物流通道，牵引车由电池驱动，因此只适用于场内的物料移动和配送。通常企业从场内物料缓冲区将物料配送到线边，用牵引车比较经济，同时具有很大的灵活性。

（3）叉车。叉车适用于搬运比较大的零件，且运送零件的台车尺寸较大，并不方便由牵引车牵引，同时运送距离又不是很远的情况。例如汽车的侧围面板，从冲压车间经过一扇门就可以到达焊装生产线的侧围焊接工位，这种情况下一般用叉车配送。

物料配送方式的选择与零件、包装、运送距离、运送路线的路况等条件密切相关，同时物料配送人员也需要考虑现场物流的成本，进行总体规划和设计。

2.5.2　现场物料叫料及配送管理

工厂的物流模式确定后，就需要MES和现场物流操控相结合完成线边物料的叫料和配送。MES提供了用于该过程的工具，使正确的信息传递能够替代部分人工，从而达到节约成本和提升效率的目的。现场物料叫料及配送管理包括物料配送管理主数据、产品跟踪与物料扣减和物料的备货与配送3个方面。

1. 物料配送管理主数据

制造企业的物料配送管理主数据一般在ERP中进行管理，物料配送管理主数据是企业业务运作的最重要的基础数据。MES只关心物料的叫料和配送过程，并不关心ERP中物料的采购属性、财务属性等数据，因此在MES中物料配送管理主数据通常并不与ERP进行集成，而是通过接口自动获取，且只作为MES基础数据的一部分存在。物料配送管理主数据主要包含以下几个部分。

（1）零件落点。零件落点是指零件在线边的具体位置，需要精确到某个货架的某个位置，通常落点编码中应包含车间、物流通道或者运输路线、物料配送节点（有时也用工位号表示）、货架编号、货架层级、物料在货架层级的位置等信息。通常企业中也会将该落点编码设置成条形码，以便库存盘点、拉料时使用。

（2）物料信息。物料信息为物料基本信息，通常一个零件落点只能关联一个物料编码，但是存在同一个物料编码对应多个零件落点，二者并非一对一的关系。物料信息包括重量、尺寸、单箱收容数等物料基本信息。

（3）拉料方式。拉料方式决定物料叫料需求的来源，可以是线边的按钮或者传感器等硬件，也可以按照产品BOM进行扣减，例如从产品BOM中查询到该产品在该工位需要6颗螺栓，那么在该工位该产品完成安装时应在线边库存中减少6颗螺栓作为物料扣减的量。

（4）容器。物料所用的容器，包括现场常用的标准料箱、台车、托盘等。不同企业所使用的容器也可能不同，名称也会有所区别。一种物料只能对应一种容器，并且需要确定一个容器可以装载多少数量的该种物料。

（5）库存仓位。库存仓位是指物料在物料缓冲区或者仓库中的具体位置。通过该位置，信息系统可以将线上该物料的叫料需求发送给该区域的配送人员，通常在物料缓冲区或者仓库中存放的物料是以区域为单位进行操作的。

（6）配送方式。每种物料都应对应一定的配送方式，一种物料可以对应多个环节的配送方式。例如某物料应先由叉车将料箱运送至牵引车上进行装车，然后再由牵引车运送到线边，在该过程中就有两种配送方式。

（7）产品BOM。大型产品应该是一个产品对应一个产品BOM，但对于大批量生产的标准产品来说，可以是一种产品对应一个产品BOM，产品BOM中包含了该产品所需的物料。

物料配送管理主数据在系统实施时可以进行文件的导入，以节省系统配置的时间，提升效率，减少单个信息配置时产生的错误。

2. 产品跟踪与物料扣减

实施MES的企业若只想单独实施场内物流的叫料和配送功能，无疑是有较大挑战的，这是因为通常来说企业的一条生产线上一般不太可能只生产一种产品，即使生产是基于生产批次的，也应该是多种产品的混线生产。只要是多种产品同时生产，某些物料存在变化时就需要按照产品的需求进行扣减，这就涉及产品生产情况的跟踪。产品跟踪功能在生产执行模块中讲过，详细描述见2.3.3小节。

这里要强调的是，在生产中可能会存在由于质量问题或者常规抽检而导致的产品生产顺序改变的情况。产品生产顺序改变后，MES应增加站点或者在现有站点增加创建实际生产顺序的功能，这样才能保证后续物料扣减数量的正确性。

物料扣减有两种设计方案。

（1）基于单箱的扣减。该扣减方式不计算线边库存，物料扣减只按照实际消耗扣减单箱的数量。单箱数量扣减完后，MES中会产生一条单箱的叫料需求，但是在叫料需求产生时并不立刻进行配送，配送的频率由物料准备或配送区域的人员掌握。通常情况下，当达到一定时间或者达到一定的物料需求的量时，物料配送人员才开始配送。

（2）基于线边库存的扣减。该扣减方式是在当前线边库存的基础上进行扣减，通常应在系统中确定该物料的线边安全库存数量，当线边的库存达到安全库存规定的量时，产生叫料需求，该叫料需求一般包含多个料箱。物料配送人员接收到叫料需求后，立即开始进行配送。

二者的区别在于以下几个方面。

（1）采用基于线边库存的扣减方式，物料配送人员可以实时查看线边库存的量，这样就存在一种可能：长期监控某种物料线边库存的波动，可以根据实际情况最大限度地减少线边的库存，从而在满足生产或者不会引起缺料停线的情况下尽量减少线边库存，进而减少库存成本。

（2）基于线边库存的扣减方式是以线边实际所剩余的物料的量来拉动物料配送的过程；而基于单箱的扣减的配送过程是物料配送人员根据经验或者固定时间进行控制的。基于线边实际剩余的量来触发配送行为，可以避免因为现场出现的特殊情况而导致的物料供应异常，或者由于物料配送人员的疏忽而导致现场缺料的情况发生。

（3）基于单箱的扣减方式的系统逻辑比较简单，实施较容易，开发成本较低。场内物流业务并不复杂的企业可以选择使用这种方式。

3. 物料的备货与配送

通常物料的备货过程由捡料单驱动，在物料备货区域有物料拉动客户端及打印机。物料拉动捡料单示例如图2.29所示。

物料拉动捡料单

单号：JL0000001   创建人：XXX   创建日期：2019-01-15 16:00

物料落点编码	物料编码	物料描述	叫料数量	叫料时间	路径	仓位
CF01.01.001.01	3044551901	气门弹簧	24	2019-01-15 15:01	R01	A01-001-001
CF01.01.001.01	3044551901	气门弹簧	24	2019-01-15 15:01	R01	A01-001-001

图2.29　物料拉动捡料单示例

捡料单信息包含物料配送人员需要的信息，包括物料落点编码、物料编码、物料描述、叫料数量及叫料时间等。捡料单中的物料是以区域或者配送路线进行划分的，每个区域的物料配送人员管理一定范围内的物料。

物料配送人员将零件配送到位时，需要增加线边的当前库存数量，这主要适用于基于线边库存进行扣减的情况。线边补货数量的改变可以有以下几种方式。

（1）捡料单打印后自动更新线边库存数量。这种方式基于对物料配送人员的信任，MES系统默认捡料单打印后物料一定会在规定的时间内配送上线，这种方式的缺点是一旦物料配送人员犯错，例如捡料单丢失，就可能会造成现场停线。

（2）叫料需求被接收后自动关闭。这种方式适用于没有捡料单的情况，例如2.5.1小节的车辆侧围的例子中，使用叉车进行物料运送的情况。通常在叉车上配备物料拉动客户端，当叫料需求被叉车司机确认后，叫料需求自动关闭，且自动变更线边物料的库存数量。

（3）物料配送人员配送到位后确认关闭。这种方式通常用于看板或者空箱拉料的情况，配送环节与前面叫料等环节构成闭环，只有物料配送人员将物料配送上线，在手持终端上进行确认后，整个循环才会关闭。

（4）物料配送到位后触发自动化设备，关闭叫料需求。这种方式存在于全自动化工厂中，当物料自动配送上线后，货架上固定式的扫描枪会检验料箱上的条码，确认无误后，放下挡板，物料自动到位后，关闭叫料需求。这种方式不易出错，但是成本较高。

2.5.3　零件排序区管理

零件排序主要适用于多种型号的产品进行交叉生产的情况，或者有多种颜色的产品进行生产的情况，如图2.30所示的汽车车门的运送上线。

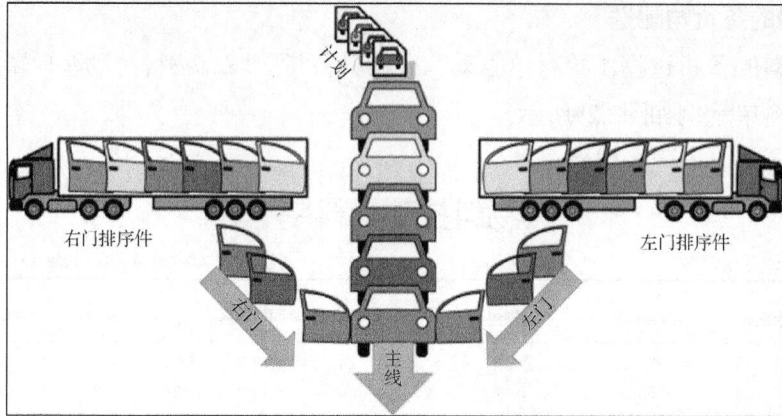

图2.30　汽车车门的排序区管理

零件排序区主要用于管理排序件，通常企业中的排序件可以在以下几个地方进行管理。

（1）场内。由供应商将各种零件运送至工厂，在工厂的生产线旁边划出单独的区域，一种零件对应一个区域，在该区域内将各零件按照主线生产的顺序进行排列，将相应的零件按次序放入货架中。

（2）仓库。仓库中也可以进行零件排序，一般针对尺寸较大的零件，这样的零件一般需要较大的空间和起重设备或者叉车等辅助进行排序，最后由货车配送上线。

（3）供应商。这种方式适用于已经和供应商签订排序协议的情况，供应商接收到排序指令，按照装配线的生产顺序进行排序后，运送上线。通常来讲，供应商的位置都在主机厂的旁边，远距离运输应不用这种方式。

零件排序区获得主线排序的方式有排序单打印和系统接口两种，排序单打印主要应用于场内和仓库，系统接口一般应用于从供应商端获取信息的情况。如图2.31所示，打印的排序件捡料单是根据主线上的生产顺序，结合MES中的产品BOM，将产品序列直接转换为物料编码等信息，再按照产品过点时间进行排列的。该单据应随对应的容器直接送到线边，直到容器内零件用完才可作废。

排序件捡料单

单号：PX0000001　区域：AQ　单箱收容数：20　　　　　　打印日期：2019-03-15 16:01

序号	物料编码	物料描述	叫料数量	过点时间	工位	仓位
1	3044551901	后视镜左(红色)	1	2019-03-15 15:01	TRIMOP070	A01-001-001
2	3044551902	后视镜左(蓝色)	1	2019-03-15 15:01	TRIMOP070	A01-001-001
3	3044551901	后视镜左(红色)	1	2019-03-15 15:01	TRIMOP070	A01-001-001
4	3044551902	后视镜左(蓝色)	1	2019-03-15 15:01	TRIMOP070	A01-001-001
5	3044551901	后视镜左(红色)	1	2019-03-15 15:01	TRIMOP070	A01-001-001
6	3044551902	后视镜左(蓝色)	1	2019-03-15 15:01	TRIMOP070	A01-001-001
7	3044551902	后视镜左(蓝色)	1	2019-03-15 15:01	TRIMOP070	A01-001-001

图2.31　排序件捡料单示例

2.5.4 Kitting捡料区管理

Kitting捡料区主要用于完成物料篮的捡料操作。采用传统手工的方式，工人容易漏捡或者错捡零件，为了提升物料的捡料效率且防止人工捡料的错误，制造企业通常会应用MES管理捡料过程，如图2.32所示。

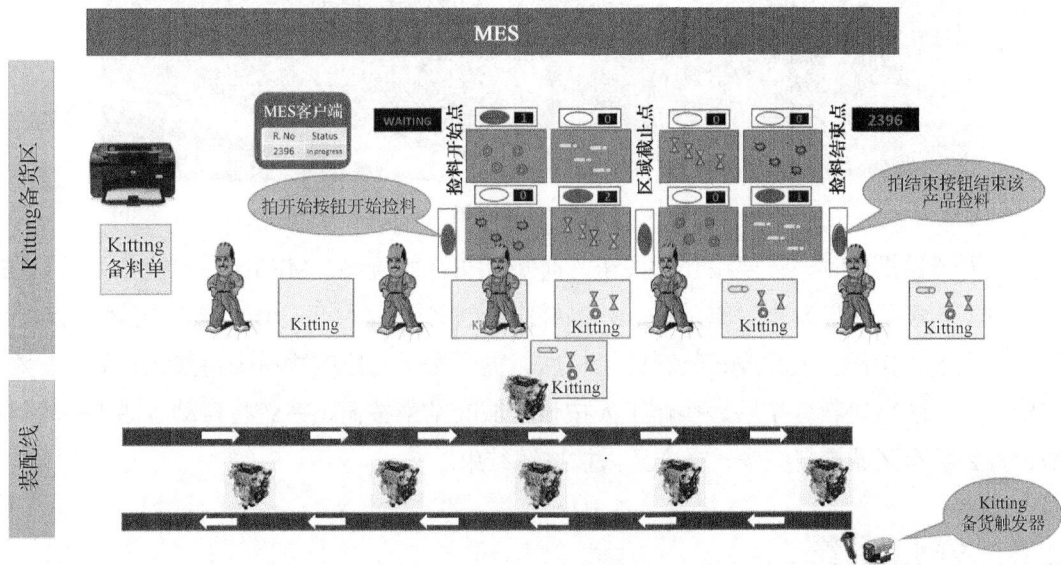

图2.32 kitting捡料区管理

（1）Kitting备货触发器。在生产现场，可能存在多个Kitting捡料区，每个Kitting区对应不同的生产线，装载不同的零件，这就要求在临近Kitting备料提前期的主线上设置备货触发器。生产时，如果一段生产线的产品生产顺序不会变化，则可以用上游生产线末尾站点来充当触发器，触发器与实际Kitting配送上线的时间点之间应具有一定的提前期，提前期时长应大于备货和运送物料的时长。

触发器可以是MES生产线上的一个站点，也可以是单独的硬件设备，通过读取产品上的条码或者RFID，获取产品信息，进而把产品信息按照队列的方式发送给MES服务器，MES会建立Kitting捡料队列。

（2）MES客户端。当MES生成备货队列后，MES会将该队列传送给相对应的客户端，通常客户端都连接了打印机，打印机可以自动打印该产品对应的相关物料信息（物料信息与产品的对应关系来自BOM），待打印完毕后，现场捡料人员随时可以取用。捡料单应同时包含产品信息和所需物料信息，所需物料信息按照备料的顺序进行排序。

（3）捡料防错。捡料防错过程由一系列的硬件所控制。首先整个Kitting会被划分成几个区域，每个区域对应一个捡料工人。在各个物料的货架上安装按钮和灯，如图2.33所示。

图2.33　捡料防错

工人开始操作时，需要按开始按钮，通知MES开始捡料，MES会提示捡料人员扫描捡料单上的条码，以防止拿错单据。扫描并由系统校验后，第一个区域的待捡物料对应的灯会亮起，操作工人完成该物料的捡料后，需要按下对应的物料绿色按钮，确认捡料完毕。一个区域捡料完毕后，操作工人按该区域的结束按钮，系统将自动激活下一个区域，直到所有区域捡料完毕，操作工人按按钮结束。

2.6　安灯系统

2.6.1　安灯系统的定义

安灯系统亦称"Andon系统"。"Andon"为日语的音译，意思为"灯""灯笼"。安灯系统是指企业用分布于车间各处的灯光和声音报警系统收集生产线上有关设备和质量等信息的信息管理工具，起源于丰田汽车公司，主要用于实现车间现场的目视管理。在一个安灯系统中，每个设备或工作站都装配了呼叫灯，如果生产过程中发现问题，操作工人（或设备自身）会将灯打开引起注意，使生产过程中的问题得到及时处理，避免生产过程的中断或减少问题重复发生的可能性。

安灯系统是企业为了能够使发生的问题得到及时处理而安装的系统。为了避免生产中断或减少问题复发的可能性，有的企业用灯光系统发出问题信号，即每个工作岗位安3个灯，绿灯表示没问题，黄灯表示一名员工稍微有点落后，红灯则表示问题严重。安灯系统使同一系统里的员工互通信息，使员工和主管能尽快找出问题的根源。安灯系统由于其特殊性和实用性，在汽车行业中使用得最广泛。事实上，安灯系统不仅仅在汽车行业中使用，很多行业中都有安灯系统的影子。

2.6.2　安灯系统的分类

可能多数人了解的都是操作安灯，例如汽车组装车间中，生产线上的每个工位都装有拉绳和灯，工人一拉绳，灯就会亮，安灯板上就会显示灯由哪个工位触发，并且会有音乐响起。事实上，这就是人们常见的操作安灯。随着现代制造业的不断发展，安灯系统已不仅仅限于操作，如图2.34所示。

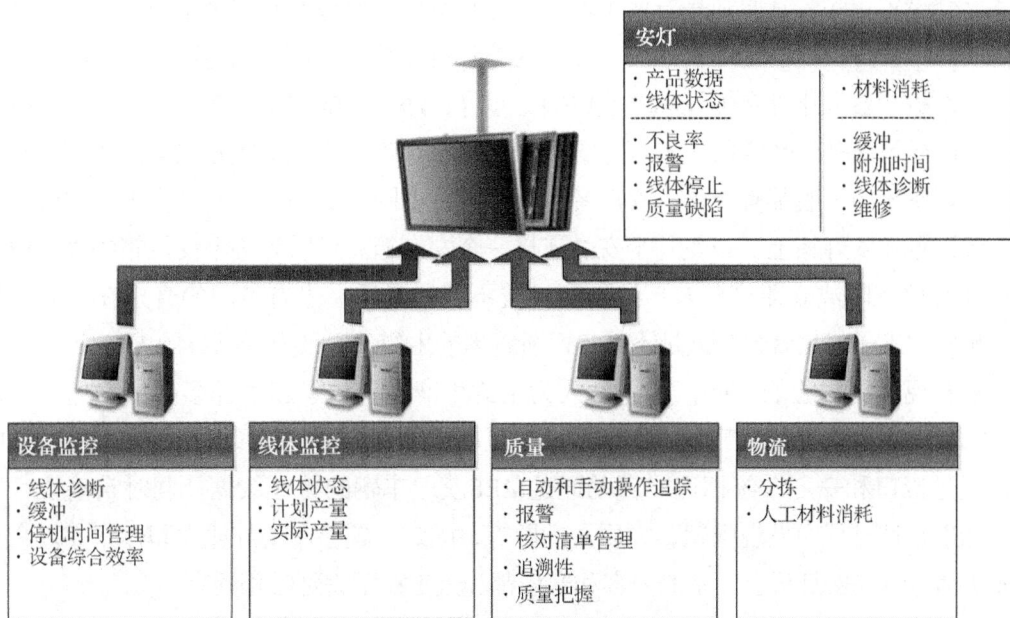

图2.34　安灯系统的信息集成

大致来说，根据实现的功能，安灯系统可以分为以下几大类。

（1）操作安灯。操作安灯就是人们通常所看到的安灯，主要用于操作密集的流水线式的车间或生产线。如在汽车行业的生产线中，其生产线一般都是自动按照生产节拍和一定的速度运转的，也就是说生产线在不停地运转，但生产线上的工人是按照生产工位来安排的，将一条生产线划分为一定数量的生产工位，每个工位有一个或多个工人，在车辆进入生产工位后，工人开始该工位的操作，如装配仪表盘、安装座椅、轮胎等。在工人安装的过程中，生产线在不停地移动，如果车辆进入到下一个工位，新的车辆就会进入当前的工位。因此，如果工人不能在一定的生产节拍时间内完成所需完成的工作，后续的工作就会受到影响。为了避免这种问题的发生，工人可以通过拉安灯的方式来让生产线暂停，这样可以继续完成当前的工作，避免一个工位的问题扩散。以上是对操作安灯的简单描述，事实上，操作安灯分为固定位置停车安灯和立即停车安灯。固定位置停车安灯拉下后，生产线只有到了一个生产节拍位置后才停止。通常工人在操作的过程中，如果觉得有必要，可以拉下此安灯，同时工段组长也会立即看到安灯信号，并立即协助解决问题，往往在到达固定停止位置之前问题就解决了，这时可以立即释放停止信号，生产线事实上并没有真正停止，但却真正提高了生产效率和解决问题的速度。立即停车安灯拉下后，生产线会立即停止，这种立即停车安灯通常只有在比较紧急，需要立即停止才能解决问题时才拉下。一般立即停车安灯设计为红色，固定位置停车安灯设计为黄色，立即停车安灯的级别比固定位置停车安灯的级别高。

为配合操作安灯，一般在每条生产线上都设置了一个到两个安灯板，如果生产线比较长，会设置更多，其原则是方便工段组长在其负责的位置看到哪个工位拉下了什么类型的安灯。安灯板以前是灯箱式的，显示的信息量比较少，信息的内容也比较固定。现在，安灯板一般采用等离子显示屏或LED显示屏，通过电脑驱动，其显示的信息更多元化，可以显示很多生产信息。车间现场的管理人员浏览安灯板就能获得需要的信息。

安灯系统中一般都有音乐，安灯音乐一般内置不同音调的扬声器来实现。安灯扬声器一般设置在安灯箱上，一般几个安灯连接一个安灯箱。可以为每个安灯箱的固定位置停车安灯拉下时或立即停车安灯拉下时设置不同的音乐，当有不同的音乐在车间响起时，相应的工段组长就会知道是不是自己所管理的工段，以及有什么样的安灯拉下。

随着现代制造业的发展，原先以人为主的生产线集成了越来越多的自动化生产设备，如加注机、检查设备等，还有传送链等自动化设备，这些都和操作安灯集成。这些设备通过接口和安灯系统相连，自动通过MES获取车辆的特征数据，同时自动执行操作，如果在这过程中发现问题，如质量问题等，固定位置停车安灯或立即停车安灯会立即发出信号，在安灯板上显示的内容和音乐都和人工拉下安灯时相同。

（2）质量安灯。质量安灯是在一些关键的工位设置的安灯。有的厂家在设计安灯系统时，将质量安灯和操作安灯集成在一起，在安灯系统的处理器上进行区分。这种设计通常在硬件设计上和操作安灯是一样的，通过不同的定义和配置，实现不同安灯盒的不同功能，这种设计将质量安灯和操作安灯统一，只是后台通过配置来实现，从成本和效益上来说是更好的。丰田汽车公司的车间通常是按照这种设计模式进行设计的。还有的采用的是一套独立的安灯盒来实现，其功能会更多，如加入质量类别的选择等。戴姆勒股份公司的制造车间就采用了这种设计模式的质量安灯。质量安灯主要是发现前端加工或装配的质量问题，及时对问题进行反馈并需要前端人员的协助解决。

（3）物料安灯。物料安灯主要是对物料进行拉动，保证现场物料的及时供应。物料安灯和操作安灯与质量安灯最大的不同在于，操作安灯和质量安灯一般是按照生产线或工段来划分的，物料安灯则一般是按照物料供应的方式来划分的，并不是每个工位都需要设置安灯盒。由于物料供应的模式是按照区域来供应，因此有可能几条线的一部分工位都在同一个物料供应区域，同一条线又可能处于不同的物料供应区域，因此设计安灯板时要参考车间的物料供应模式。物料安灯的安灯盒一般和操作安灯的安灯盒不同，操作安灯的安灯盒多数采用的是拉绳的方式（一些特殊工位由于生产线限制，可能采用按钮的方式），物料安灯的安灯盒一般采用的是按钮的方式，而且物料安灯的安灯盒的按钮通常安装在物料架上，方便操作工人在取物料的时候进行操作。

（4）电子看板安灯。电子看板是装配行业拉动物料时使用最多也是最有效的一种模式。现代制造业一般使用电子看板自动拉料，但也会使用纸制看板拉料。使用看板拉料，一般要定期收集看板，看板安灯的作用是提醒看板收集人员按周期收集看板。看板收集人员收集看板后，复位看板安灯。

上面这几大类都是在制造业中，特别是汽车制造行业中使用得比较广泛的安灯类型，主要是从实现不同功能的角度进行大致的划分。以上这些安灯类型的共同目的都是发生问题立即暂停生产线或减缓生产速度，迅速地就地改进质量，以提升生产力。

2.6.3　安灯系统的架构

安灯系统由硬件和软件两部分组成，其中，硬件完成信息实时显示，软件则完成数据获取、汇总、计算和显示模板的定义等。下面分别就这两部分进行介绍。

1. 硬件结构

安灯系统的硬件大致包含以下几个部分，如图2.35所示。

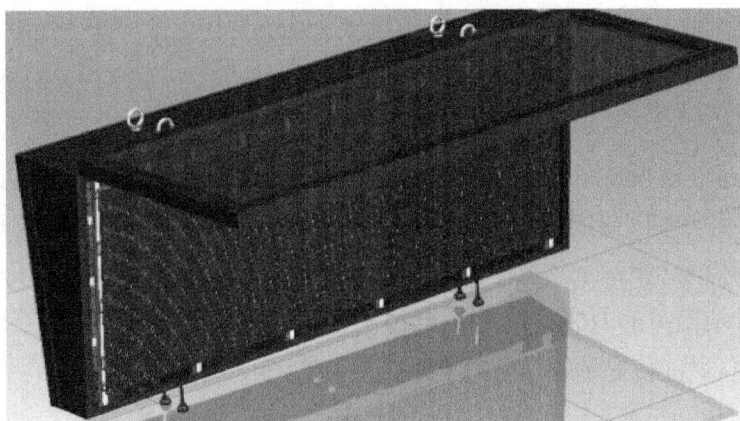

图2.35　安灯系统的硬件外形示意图

（1）安灯盒。以操作安灯为例，安灯盒一般包含两个开关。一个是常开开关，主要用于固定停线，其信号连接到控制箱的I/O模块，当拉下固定停线拉绳后，开关闭合，通过控制箱获得拉绳的工位位置。另一个是常闭开关，主要用于立即停线，开关有两幅接点，一副接点连接到控制箱的I/O模块，另一幅接点和同一条生产线上其他的立即停线开关串接，串接的信号作为生产线停线的硬接点，无论控制箱是否工作，如果立即停线拉绳拉下，生产线都必须停线，这主要是从安全的角度来考虑的。除了这两个开关，安灯盒还包括两个灯，一个红色的灯，当立即停线拉绳拉下时，红色的灯亮；另一个是黄色的灯，当固定停线拉绳拉下时，黄色的灯亮。灯的信号和开关串联或并联，不和控制箱的I/O模块连接。有些供应商提供标准的安灯盒，企业在设计时可以直接采购使用。使用标准的安灯盒的好处主要是在维修更换时只需要使用标准产品，而且设计时也比较方便。

（2）安灯集结箱。安灯集结箱里主要有一些I/O模块，可以通过硬接线，也可以通过一些标准的I/O连接器和安灯盒连接。通常在多数的制造企业中，安灯集结箱和安灯控制箱是整合在一起的。使用安灯集结箱的好处是将安灯硬件标准化和模块化，便于维护。通常安灯集结箱通过现场总线的方式和安灯控制箱连接，这种方式可以减少安装线的数量和节约安装维护成本。一般安灯集结箱上还安装了播放音乐的扬声器，是否需要蜂鸣主要由控制箱控制。

（3）安灯控制箱。它是安放控制器的箱体，控制器主要为PLC，PLC会内置一些判断逻辑，实现安灯操作的信息收集和传递。如判断是哪个工位的什么类型的安灯拉下，安灯的功能配置等。安灯控制箱通常还有一个人机接口界面，主要用来显示和配置安灯。

（4）安灯显示板。安灯显示板一般以悬挂的方式设置在生产线上方或走道上方，通常都是双面的，双面显示的信息可以不同，最为明显的特征就是按颜色区分其使用功能，就像交通信号灯一样简单明了。黄色区域灯亮代表生产处于求助状态；红色区域灯亮代表生产线上某个或某几个工位已超时，生产需要停下来，这需要管理者做出判断后在一个生产节拍的时间内做出决定并立即解决问题；其他颜色代表生产线的其他工作状态。

一条生产线可以根据实际需要设置若干个安灯显示板，生产复杂程度越高，相应安灯显示板设置得就越多。不管是主线还是分装线，每条生产线都必须设置一个以上的灯箱盘，便于管理者掌握每条线的生产状态，以控制全局。安灯显示板可以采用简单的灯箱模式，灯箱由一些固定的区域组成，每个区域内一般有3个灯，通过安灯控制箱控制不同区域内的不同灯来指示信息。近年来，采用得越来越多的是LED显示板或等离子显示屏，通过PC或简单的内嵌式PC和安灯控制箱通信，采用HMI软件或简单的编程设计一些界面，这样做能使显示的信息更全面、更丰富。

2. 软件架构

安灯系统软件由两部分组成，即服务端软件和客户端软件。服务端软件就是MES本身，负责安灯系统数据的获取、汇总和计算。客户端软件则是定义数据显示的模板样式，如图2.36所示。模板样式可以自定义，用户可以灵活地定义字体大小、字体颜色，或者针对区域进行操作，更改区域数据源、区域颜色和大小等。

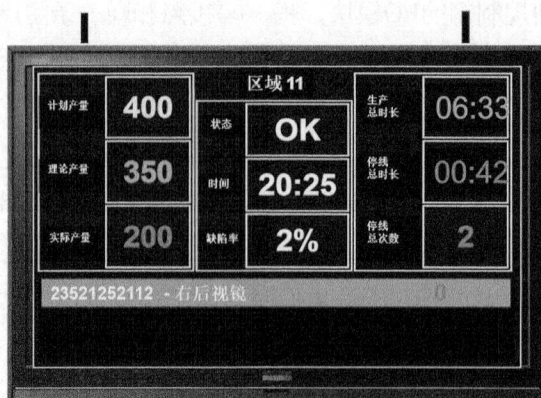

图2.36　安灯系统的显示模板举例

2.7 产线管理与工厂维护系统

产线管理和工厂维护是保障生产线能够正常运作的必要条件。产线管理和工厂维护是紧密联系在一起的。说得准确一点儿，产线管理应该叫作生产线设备管理，包括生产线中的设备监控、故障报警、设备使用率（Overall Equipment Effectiveness，OEE）计算等方面。这个过程需要信息系统的支持，信息系统将数据收集到MES中，进而进行一系列处理，并对生产线及生产过程进行优化。产线管理主要关注生产设备当前及未来的状态，是对生产线的整体把控。工厂维护是指保障工厂顺利生产的关于设备维护的一系列流程的管理，如设备巡点检、设备故障维修、设备大修、领料及工时计算等。工厂维护关注的是与设备相关的后台管理流程，会进行记录并汇总成本。

2.7.1 产线管理系统

产线管理系统覆盖整条生产线，对整条生产线的状态进行监控，这就要求MES必须与生产线实现高度集成。

1. PLC集成接口及系统架构

图2.37描述了MES与生产线的集成架构。图2.37中的粗实线代表了生产生产线的现场总线，一般为PROFIBUS或者PROFINET。现场总线是一种网络形式，是由工业网线及工业交换机等设备组成的网络，它将生产线所有的设备，如机器人、PLC、传感器、HMI等连接在一起，互相通信。而对生产线进行控制的则是PLC设备，一条生产线上可能有多个PLC，PLC之间可以设置主从关系，对于MES来讲，只需要连接每条线的主PLC即可获得该条生产线所有PLC中的信息。

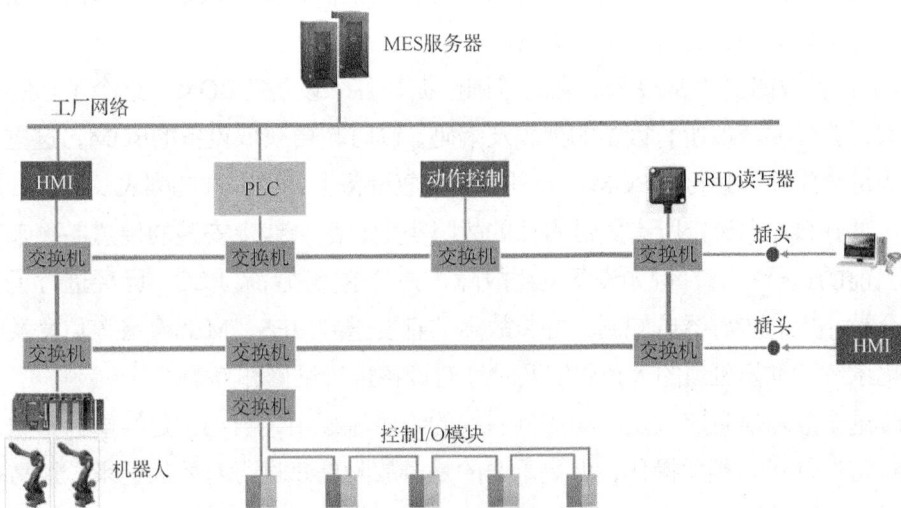

图2.37 MES与生产线的集成架构

针对生产线和设备，系统需要收集不同的数据。

（1）生产线状态。生产线状态反映该条生产线目前的实际状态，它不是由一个参数来进行控制的，而是收集该条生产线上所有工位的实时信息，并汇总所得出的最终结果。生产线状态主要有以下几种。

① 休息时间。在休息时间生产线会自动停线，通常在上午或下午各有10～15分钟的休息时间及午饭时间等。

② 故障。生产线设备出现故障，导致停线。PLC一般能够自动判断设备的故障类型，并将其反馈到MES中。

③ 紧急。紧急是指生产线某处有维修人员打开安全门进行故障的维修，或者有人误操作打开安全门，造成生产线紧急停线。

④ 满量。满量是指由于下一条生产线或者中间传动链出现问题，导致该条生产线无法流动而造成的停线，也就是通常所说的"堵车"的情况。

⑤ 欠量。欠量是上一条生产线或者上一条生产线到该条生产线之间出现问题，导致产品不能正常运送到该生产线。

⑥ 生产。生产属于正常的状态，一般显示为绿色。

⑦ 设备更换。更换设备时，需要停线，如焊装车间需要更换焊枪的接触点等。

⑧ 线边停止。线边停止是一种人为的操作，是线上的工人发现问题，为了防止有问题的产品流入下一道工序而采取的措施——按停止按钮停线。

⑨ 手动。手动通常是指车间的机器人操作，有时要进行特殊操作或者更换机器人程序时，需要将PLC生产线调整为手动模式。

⑩ 超时。超时是个非常有用的概念，指某一工位的工作时间超出生产线规定的统一的生产节拍，如果某一工位经常显示超时，那么该工位就成了该条生产线的瓶颈工位，所有的优化工作应该先针对该工位进行。

（2）设备故障。设备故障信息的基础数据是各个设备的BOM。这个工作的工作量非常巨大，首先要获取所有设备的列表及编码，同时也要获取设备的BOM，这里并不需要细化到每个螺栓、螺母的BOM，而是需要获取设备上关键零件的列表及它们的层级关系；其次要在PLC中设定所有关键零件的故障类型，配合线上安装的传感器，来实时监测设备当前的运行状态，例如设备发生故障，并且这类故障在PLC中已经进行了定义，那么就会被相应的传感器感知到，并将故障信息发送到MES，MES会将该信息及时反馈给可视化系统，维修班组的人员就能及时地对设备进行维修和养护。

同时这个故障信息应该及时集成到后续的维修流程中，自动创建维修的单据，以便后期进行备件领料等相关操作，但更重要的是对故障信息进行有效的记录。通常在整车厂中，设备出现故障后，带来的直接后果就是停线维修，这对于流水线来说是比较严重的，这意味着所有的工人都有可能停下手中的工作，等待该设备恢复正常。因此维修人员并不能也没有时间先将故障信息录入，然后再进行维修，因此系统自动记录相关故障信息是非常必要的。

如果发生的故障并不是PLC中已经定义的，也就是临时的突发性故障，系统就只能记录当前状态，并由维修人员事后录入系统。通常是在下班前的10～20分钟进行集中录入。

2. 统计报表及OEE的计算

统计报表对生产线具有非常关键的作用，通过结构化的数据，企业往往能够在众多现象当中发现本质，并且快速定位优化点及确认优化方案。在MES项目实施得较好的企业中，曾经出现过MES通过对海量数据的分析，实现了优化生产线及工艺，从而带来了5000万元的成本节约及其他长期效益的例子，因此MES在该层次的系统上应该属于企业战略性投资的内容。

对于统计报表，每个企业都有各自的具体要求和形式，此处只介绍统计分析的标准化内容，即OEE的计算。

一般每一个生产设备都有自己的理论产能，要实现这一理论产能必须保证生产过程中没有任何干扰和质量损耗。OEE是一种严格的机器总体性能的衡量手段，提示时间浪费存在于哪里，统计各种时间浪费的目的在于改进生产流程。实施OEE会给企业带来以下效益。

（1）可以为企业规划提供客观科学的决策依据。

（2）可以为企业提供很多的增值意见和建议。

（3）能收集到生产线的实时数据，以便建立车间监控管理系统。

（4）能分析或跟踪生产线设备的有效利用情况，以便最大化地挖掘设备生产潜力。

（5）能分析或跟踪生产线的潜在风险和损失，以便降低生产成本，提高生产力。

（6）能为企业精益生产管理提供可视化的生产报告。

（7）降低设备故障的可能性及维修成本，加强设备管理，以延长设备的使用寿命。

（8）通过明确操作程序，提高劳动者的熟练程度和有效的工作业绩，从而提高生产效率。

（9）通过解决工艺上的瓶颈问题，提高生产力。

（10）提高产品直通率（First Pass Yield，FPY），降低返修率，降低质量成本。

OEE是一个独立的测量工具，它用来表现设备的实际生产能力相对于理论产能的比率。

$$OEE = 时间开动率 \times 性能开动率 \times 合格品率$$

注：

（1）时间开动率 = 开动时间/负荷时间；

（2）负荷时间 = 日历工作时间−计划停机时间；

（3）开动时间 = 负荷时间−故障停机时间−设备调整初始化时间（包括更换产品规

格、更换工装模具、更换刀具等活动所用时间）；

（4）性能开动率＝净开动率×速度开动率；

（5）净开动率＝加工数量×实际加工周期/开动时间；

（6）速度开动率＝理论加工周期/实际加工周期；

（7）合格品率＝合格品数量/加工数量。

在OEE计算公式里，时间开动率反映了设备的时间利用情况；性能开动率反映了设备的性能发挥情况；而合格品率则反映了设备的有效工作情况。从另一方面来说，时间开动率度量了设备的故障、调整等停机损失；性能开动率度量了设备短暂停机、空转、速度降低等性能损失；合格品率度量了设备加工废品的损失。

2.7.2　工厂维护系统

工厂维护系统主要对设备出现问题之后的管理流程和维修记录进行管理。工厂维护系统主要包括设备故障维修、设备巡点检、项目大修、资本化维修、设备停复役、设备报废、备件管理及领料等功能模块。工厂维护系统作为业务的有力支持，主要是对现场维修和养护进行有效的记录，并形成知识库，为维保团队的可持续发展提供数据支持；同时也可以通过管理流程，有效减少设备备件的库存，从而节省成本。

工厂维护系统各功能模块描述如下。

（1）设备故障维修。设备故障维修是对维修过程的管理，其中最重要的是故障通知单（如表2.1所示）和维修工单。故障通知单是故障发生时由发现者（通常是线边操作人员或者维修人员）填写的，其中描述了故障的现象及发现的时间等信息。PLC可以自动发送信息给MES，由MES自动创建故障通知单，而另外一部分不能由PLC自动发送的信息只能手动录入系统。

维修工单的内容大部分与故障通知单相同，唯一的区别就是由于维修时发生了领料或者外协等情况，维修工单上要体现出除了现场人工以外的成本，该单据是财务报销和统计成本的依据。

（2）设备巡点检。设备巡点检是预防性维护的通俗说法，是在设备或生产线还没有出现问题之前对问题进行防范的措施，对主要设备及关键点进行周期性的排查，如表2.2所示，检查是否有隐患存在。

系统需管理各种设备的周期性维护计划，并及时对用户进行提醒。对各种自动化设备进行集成后，如对某个设备或者某个空间内温度的测量和监控，就可以通过移动终端设备的无线功能与MES进行集成，实现数据自动获取。

（3）项目大修。项目大修是指比较大型和复杂的维修工作，在该功能模块中通常利用工作分解结构（Work Breakdown Structure，WBS）进行管理。如冲压的一个模具严重破损，就需要项目大修功能模块来管理。

表2.1　故障通知单示例

故障通知单

生产线	故障描述		故障类型	维护人员人数 / 维护人员	故障发生时间 h	呼叫时间 h	等待维修时间 min	故障诊断时间 min	组	故障设备拆解时间 min	班次	等待备件时间 min	日期	设备装配时间 min	重新启动时间 min	SAP 编号	故障排除时间 h
	工位	设备	全部/局部														

问题描述（如果可能，请尽量使用简图）

维修作业描述（如果为临时措施，请安排解决计划）

若为临时措施，须画圈

所用备件：

要因分析

问题分析	5W+1H 分析		潜在要因
	What		1
	When		2
	Where		3
	Who		4
	Which		5
	How	车型/版本	
	循环时间	标准节拍/实际节拍	Y/N

续表

故障通知单

故障描述	维护人员人数	组	班次	日期	SAP 编号
	维护人员				

问题分析

要因

外部因素	设备稳定性不足		专业维护不足不当	设备压力过大			自然老化		
	维护人员技能不足	设备操作员技能不足	设计缺陷	使用环境恶劣	自主维护 AM不足	生产材料不合规格要求—几何问题、开关问题、杂质过多	备件质量过差、耐用性过差、备件制造错误（未按规格要求）	供应商设备装配错误	供应商安装、编程、调试错误
	维护人员失误（非技能不足）	设备操作员失误（非技能不足）							

SMP 确认

- 是否有 PM 或 AM 的预防性任务以提前发现此类故障?
- 是否能够在此类故障发生前检查到隐患?
- SMP 中是否描述如何排查此类故障?
- 此项维护/检查的计划执行日期是何时?
- 此项维护/检查的上次实际执行是何时?
- 此项维护/检查的下次计划时间是何时?

消除要因行动

	时间	人员
1		
2		
3		
4		
5		

解决方案的及时标准化与执行措施

	反馈给 EEM	PM 日程表	反馈给供应商（厂内其他部门或厂外供应商）	AM 日程表	时间	人员
1						
2						
3						
4						
5						

圈出要使用的工具/方法	针对维护人员或操作人员的 OPL（单点课程）培训	视觉教具等	反馈给供应商（厂内其他部门或厂外供应商）	关于操作条件的 OPL

结果

分析人	确认人	签名	日期

表2.2 周期性点检表示例

性质	点检 ▲	保养 ■	正常 A	异常 B	确认 O

总装科设备定期点检保养实施表

设备名称	内饰一线尾线升降机	设备编号	FFA_VGA_EQ_020_002	分类编号	FA_VGA_MOD.021	班次	01	生效日期	2020.3.15
使用单位	内饰1工段	实施年月							

序号	项目内容	性质	实施要领	判断标准	周期	实施日期（日） A	B	A	B	A	B	A	B	A	B	实测值、修复措施、备注	异常修复 已	未
						保全班长				设备技术员		设备组长						
1	检查升降机内部行程开关、光电开关的固定螺栓是否松动	▲	手动操作	螺栓紧固、无松动	1月													
2	检查焊接部分有无脱焊	▲	目视检查、手动操作	焊接牢靠无裂痕	1月													
3	检查升降机伸缩叉动作是否灵活	▲	目视检查、手动操作	伸缩叉动作灵活	1月													
4	检查联轴器链条是否完好，有无异常	▲	目视检查、手动操作	联轴器链条完好、无异常	1月													
5	检查开合机构、停止器、推进器的动作是否灵活	▲	目视检查	动作灵活，无卡滞	1月													
6	检查压力表指针是否偏高	▲	目视检查	指针无偏高	1月													
7	检查气动三联件有无漏气、气管快速接头是否完好	▲	目视检查、手动操作	无漏气，接头完好	1月													
8	检查网络接头是否可靠	▲	目视检查、手动操作	网络接头连接可靠	3月													
9	检查网线、气管、电源线固定是否松动	▲	目视检查、手动操作	捆绑紧靠，无松动	3月													
10	检查皮带固定螺栓有无松动，皮带张紧是否适中	▲	目视检查、手动操作	螺栓无松动，张紧适中	3月													

续表

设备名称	内饰一线线尾升降机			总表科设备定期点检保养实施表												分类编号	FA_VGA_MOD.021	生效日期	2020.3.15
使用单位	内饰1工段		设备编号	FA_VGA_EQ_020_002														班次	01

性质	点检 ▲	保养 ■	正常 A	异常 B	确认 ○

序号	项目内容	性质	实施要领	判断标准	周期	A	B	A	B	A	B	A	B	A	B	实测值、修复措施、备注
						实施日期（日）										
11	检查升降机皮带是否有裂纹及异常磨损	▲	目视检查	皮带无裂纹、无异常磨损	3月											
12	验证各面板按钮及开关功能	▲	手动操作	各按钮及开关功能正确	3月											
13	检查柜内电气件	▲	目视检查	各电气元件外表完好	3月											
14	检查升降机摩擦轮	▲	目视检查、手动操作	轮面无异常磨损，撑杆无弯曲	3月											
15	检查所有螺栓的紧固状态	▲	目视检查、手动操作	检查各螺栓的记号，若错误则加以紧固	6月											
16	设备润滑	■	设备加油润滑详见《升降机维护手册》	从设备上所有的加注口加油	6月											
17	更换所有电机减速机中的齿轮油	■	按照《电机操作说明书》进行	更换相同牌号的齿轮油	2年											

保全班长	设备技术员	设备组长	异常修复	
			已	未

实施者签名：

备注：
总装设备组制作

注：周期未到的点检保养项目，在相应单元格内画红，以示无须确认

保存期限：10年

（4）资本化维修。资本化维修是指维修时增加了设备的残值，主要是从财务的角度来定义和划分。如维修时更换了一个新的设备或者部件总成，设备残值的改变会导致财务上出现一系列的手续和单据。资本化维修主要针对比较大型的维修，小的零件不会计入其中。

（5）设备停复役。设备停复役是指设备使用到达一定年限或者长期不使用，就需要对设备进行停复役操作，类似于在系统中管理设备的有效性。注意，虽然设备停役，但是只要没有报废，就需要管理该设备的巡点检工作。

（6）设备报废。设备报废主要管理设备报废流程。从财务的角度来看，设备报废时仍需要管理设备的残值，即是否还有零件可以作为备件使用等。

（7）备件管理及领料。备件管理是工厂维护中比较重要的一个功能模块，MES项目实施的好与坏，将直接影响到备件的库存水平。举例来说，西门子的PLC有多种型号，各个车间都在使用，但是存在一物多名的情况，如同一个零件可能叫Siemens 300-S，也可能叫PLC SEIMENS 300，这就会造成重复购买备件的情况，从而增加备件库存。除这种情况外，还可能存在备件管理不透明，申领流程不明确，备件不能及时进行入库、出库，对备件没有定期盘点等情况，这些情况都可能会引起备件管理成本的增加。

2.8　MES与其他系统的接口

MES虽然业务范围相对独立，但仍需要与周边业务系统传递数据，以保证企业信息流畅通，避免出现信息孤岛现象。对于MES来说，构建与周边系统标准接口的重要性不言而喻，理由如下。

（1）MES与ERP有着不可分割的联系。ERP为上游系统，会将与制造相关的主数据、生产计划等信息定期发送给MES；MES也会将实际生产情况、产品状态、质量状态等上报给ERP。信息交流频繁，对数据正确性、实时性和完整性要求较高。

（2）MES与下游生产线的设备，如PLC、RFID读写器、数控加工中心、检测设备等，进行实时交互。交互失败也可能立即引起生产线停线的严重后果。

（3）MES与其他系统也存在交互。如MES需要将产品和零件追溯信息传递至售后系统，作为售后维修或者更换零件的依据，并且在做产品召回时可以节省大量成本。同时MES也可以将物料的质量和到货情况反馈给采购系统，作为供应商评价的基础数据。

MES的接口包含两部分内容，一部分是接口所用到的通信协议和技术方案，另一部分是接口数据的定义。接口数据因不同的企业有不同的需求而存在差别，因此本节重点介绍第一部分的内容。

2.8.1 MES与上游系统的接口

区别于下游生产线，上游系统主要是企业信息管理系统。MES与上游系统的接口如图2.38所示，从技术上来说，各通信协议或者接口方式的区别较小，主要有以下几种方式。

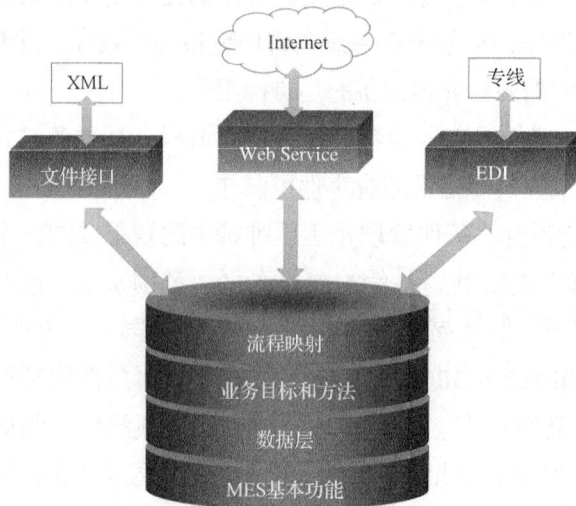

图2.38 MES与上游系统的接口

（1）文件接口。基于文件的数据传输是指MES与其他系统之间通过文件来传输数据，这些文件的格式包括TXT、CSV、XML等。通过文件进行数据传输是比较传统的一种方式，具有高稳定性、可追溯性等特点，所以至今仍然在大量使用。文件中的数据是结构化的数据，由MES和其他系统一同约定数据格式和结构，并对每一段数据进行详细定义，一方发送另一方接收，文件名往往会包含传输的时间戳和传输序号，以保证传输过程中数据的正确性。

MES与上游系统都应规定文件传输的时间频率和读取规则，如BOM数据每天由ERP传递一次，时间定在凌晨5:00点，因为一般情况下该时段不会进行生产，所以不会对MES造成影响。MES读取包含多个文件的文件时，还需要定义读取规则，如ERP会下发生产计划，有可能该计划中会包含多个文件，MES应按照时间先后顺序进行读取，并在读取后将文件存入指定位置备份，同时应删除公共空间的交互文件。

文件传输的缺点是，当传输文件数量过大，并且接口出现问题需要分析原因时，比较难以快速定位到文件，同时也有可能因程序错误而引起文件丢失，因此通常文件传输接口应设立防错机制，如当文件传输序号跳变时，应予以警示。同时由于交互文件需要长期备份，因此也会占用服务器管理资源及硬盘空间。

（2）Web Service。Web Service是一个独立的、低耦合的、自包含的、基于可编程的Web的应用程序平台，是可使用开放的XML（标准通用标记语言下的一个子集）标准来描述、发布、发现、协调和配置的应用程序，是用于开发分布式的互操作的应用程序。

Web Service技术使得运行在不同机器上的不同应用无须借助附加的、专门的第三方软件或硬件，就可相互交换数据或集成数据。对于Web Service中规范实施的应用，无论它们所使用的语言、平台或内部协议是什么，它们都可以相互交换数据。Web Service是自描述、自包含的可用网络模块，可以执行具体的业务功能。Web Service很容易部署，因为它们使用的是一些常规的产业标准及已有的技术，诸如标准通用标记语言下的子集XML、HTTP。Web Service减少了应用接口的花费，Web Service为整个企业甚至多个组织之间的业务流程的集成提供了一个通用机制。

Web Service提供了一套MES与其他系统的接口的标准，MES与其他系统的每一次对话都会包含一个标准格式的请求（Request）和标准格式的反馈（Answer），这个标准格式以XML的形式呈现。以会话的形式传递数据可以更好地实现数据传输过程的控制，保证数据的完整性、安全性。通常情况下MES都会提供标准的Web Service接口，少量的定制化开发就可以实现MES与其他系统的数据交换，因此这种方式应用得越来越广泛。

（3）EDI。EDI全称为Electronic Data Interchange，可译为电子数据交换。EDI是由ISO推出使用的国际标准，是指一种为商业或行政事务处理，按照一个公认的标准，形成结构化的事务处理或消息报文格式，是从计算机到计算机的电子传输方法，也是计算机可识别的商业语言。国际贸易中的采购订单、装箱单、提货单等常用EDI。

EDI通常被认为是商业数据交换的标准，具有一定的法律效力，因此常被用作MES与供应商系统的直接对接。如汽车主机厂会将车型序列发送给轮胎供应商，轮胎供应商会将轮胎按照生产线实际生产的顺序运送至固定地点，其中EDI就成为主机厂和供应商之间送货和结算的凭证。

2.8.2　MES与下游生产线的接口

MES与下游生产线的接口包括线上的设备、设备组或者生产线的控制单元PLC等。MES主要从这些生产线设备中收集实际生产的数据，并对生产线上的关键工位进行控制，同时对数控加工中心等编程数据进行备份。收集的数据的种类和数量，视企业具体需求而定，这些数据包括设备生产节拍、计数信号、操作信号、设备状态、测量结果和工艺数据等。

MES与下游生产线的接口主要有以下几种形式。

（1）用于过程控制的OLE（OLE for Process Control，OPC）是一个工业标准，管理这个标准的国际组织是OPC基金会。OPC基金会现有会员已超过220家企业，其会员遍布全球，包括拥有主要的自动化控制系统、仪器仪表及过程控制系统的企业。基于微软现在的Active X（原为OLE）、部件对象模型（COM）和分布式部件对象模型（DCOM）技术，目前OPC包括了一整套接口、属性和方法的标准集，用于过程控制和制造业自动化控制系统。

OPC是连接数据源（OPC服务器）和数据使用者（OPC应用程序）之间的软件接口标准。数据源可以是PLC、DCS、条形码读取器等控制设备。根据控制系统构成的不同，作为数据源的OPC服务器既可以是和OPC应用程序在同一台计算机上运行的本地OPC服务器，也可以是在另外的计算机上运行的远程OPC服务器。

OPC是MES和PLC通信的主要方式，利用该接口标准，MES可以实时监控PLC DB的数值，同时也可以将一些数据直接写入PLC DB中。例如，MES可以实时监控设备的状态，该设备状态可以在PLC中进行设置，当设备为故障或者闲置状态时，MES可以通过DB的数值变化，获取实时的设备状态。另外，MES也可以通过OPC将订单、产品型号等信息传递给PLC。

（2）专用接口。一些专用设备，在生产线架构中并没有专用的PLC与其相连，在这种情况下，MES只能通过设备专用的通信协议和标准接口，并且采用定制开发的手段，获取设备数据。例如发动机的专用热试设备，MES需要直接通过网线连接热试设备工控机，再利用专用接口获取测试数据，并上传至MES服务器。专用接口成本高、柔性差，一旦发生更改，就需要重新投入开发成本进行升级。

小　结

MES的主要功能模块包括制造BOM、生产计划与生产排产、生产执行、质量管理系统、物料配送系统、安灯系统、产线管理与工厂维护系统及与其他系统的接口8个部分。其中制造BOM是MES的核心数据，整个生产过程中的生产执行、物料拉动、质量管理等都按照产品的制造BOM进行组织和运行；生产计划与生产排产和生产执行有助于根据企业的需求、按照一定的时间将产品生产并下线；质量管理系统则用于保证车间生产的产品符合客户的要求；物料配送系统、安灯系统、产线管理与工厂维护系统则是保证生产线能够顺利运行的必要手段。

通过本章的学习，读者应该对MES的功能详细特性及其中涉及的业务过程有了理论性的了解和实践认知，并能够将企业MES的功能模块进行细化分解，最终规划出一个完整的、符合企业实际要求的MES。

练习题

一、填空题

1．BOM在生产制造过程发挥着关键的纽带作用，BOM的使用贯穿了企业的多个部门，如_____、_____、_____、_____等部门。

2．_____是制造企业最为核心的数据，各个业务环节、各个部门都会用到它。

3．生产排产优化的目标是_____，即生产能力达到最高和生产成本降到最低。

4．_____是MES运行的基础，MES运行离不开现场实时数据。

5．随着工业化技术的进步，MES数据采集可以使用的终端设备有很多，其中有传感器、_____、_____、_____、产品上或零件上的条码和手持式扫描枪等。

6．安灯系统是指企业用分布于车间各处的灯光和声音报警系统收集生产线上有关设备和质量等信息的_____工具，起源于_____。

7．安灯系统由两部分组成，即硬件和软件，_____完成信息实时显示，_____则完成数据获取、汇总、计算和显示模板的定义等。

8．_____和_____是保障生产线能够正常运作的必要条件。

二、简述题

1．在生产过程中，MES与PLC通信主要有哪几种方式？

2．MES承担了零件追溯的工作，信息通过多种方式进入系统并在系统中进行记录。信息录入有哪几种方式？

3．生产线状态反映该条生产线目前的实际状态，它不是由一个参数来进行控制的，而是收集该条生产线上所有工位的实时信息，并汇总所得出的最终结果。生产线状态主要包括哪些？

第3章
MES项目实施

本章着重阐述MES项目的实施方法，在项目实施准备阶段需要分析MES的成本构成、衡量实施过程中容易出现的风险和挑战、明确MES项目实施的步骤。在此基础上，分析项目实施组织架构。在项目实施过程中，明确项目实施范围文档，进行项目实施计划制订与控制、项目风险控制、系统验证跟踪、项目变更管理及项目成本管理，最终进行项目交付过程管理。

3.1 项目实施准备

"三分系统、七分实施"，一个好的实施团队是保证MES能够产生价值的最重要的一环，不但要有好的产品，同时实施团队也要对企业进行充分的分析和调研，并依照企业的实际情况和需求量身定做系统实施方案，这样才能让MES发挥最大的价值，保证企业MES的ROI。在MES项目实施之前，企业需要明确MES项目实施的战略及方法论等内容，前期系统规划得越好，企业对MES项目实施的思路越清晰，则MES项目实施的最终效果越好。

3.1.1 MES项目实施思考

不了解或者没有实施过MES的企业，在理论上会简单地认为MES项目实施就是从软件供应商处购买一个软件，然后直接使用即可。这种想法可能存在于使用部门，甚至有些企业的高层管理者也会这样认为，这种想法是比较危险的，有可能直接导致企业对MES的投资失败，或者只有部分简单的功能得以使用。

下面列举企业在实施MES前应该做的一些思考，这些可能最后会成为企业MES项目实施的原则。

（1）MES和ERP一样，是个比较复杂的系统。除了表面上能够看到的软件功能以外，MES还会在实施过程中优化企业的生产模式、管理流程，并建立企业的生产运营标准，最终达到使企业生产制造更顺畅、更有效率的目的。

（2）MES项目实施是甲方企业和软件实施方共同的任务，甲方企业需要将企业的问题、面临的挑战、对未来的规划，都放在桌面上进行开放式的讨论和设计，不应对公布自身的弱点或者敏感的利益关系而有所顾虑。企业管理层也应该有决心做出一些切实的改变，以增强企业竞争力。

（3）甲方企业除了需要就实施MES的目标和软件实施方充分地沟通以外，还需要详细倾听软件实施方的建议和方案，同时也应该了解软件实施方在其他企业所获得的经验教训，取长补短。

（4）MES的需求应结合企业实际情况，模块化、分步实施可以比较好地平衡成本和效率的关系。

（5）MES的实施目标制定应该充分结合现场的实际环境。新建的工厂可以按部就班地实施MES，但如果是旧工厂改造，就应充分考虑空间和时间上的要求，特别是旧生产线还有生产任务，或者允许停产时间非常短，这都会给MES项目实施带来较大的风险。

（6）软件实施方应该提供专业的服务。双方签订的合同中应该包含MES所需的软件使用许可（License）及软件实施方提供的后续系统维护和升级服务。

（7）甲方企业拟定的合同中，应对项目实施范围和交付质量做详细要求，同时也需要规定MES需要使用的硬件、服务器、操作系统和中间件等。另外对与其他系统的接口部分，也需要提出详细的要求，包括现有系统的名称、接口协议、接口方式等。合同中还应包含甲乙双方的实施责任划分，以免在后续的实施过程中产生纠纷。

（8）需要特别强调软件使用许可，在现有市场中很多软件License除了需要付一次性费用以外，还需要付年维护费用，MES本身也可能产生该费用，主要用于后期使用过程中的软件升级、问题解决等。

（9）MES需求提出过程需要将生产部门、物流部门、质量部门等相关人员纳入讨论组中，甚至还需要将流程或者生产模式上报给企业管理层，以做出最终正确的决定。

（10）项目启动后，各业务模块需要有专人来配合系统实施，甲方企业需要提前将人员安排列入年度计划，同时也需要分配一定的预算来支持系统实施。

以上这些思考并不一定是MES项目实施所需考虑的全部，依照企业的实际情况，考虑的事项会有所不同，但是项目规划时期应尽量考虑全面，并做出相应的安排。对于MES项目实施来说，这是成功的必要保证。

3.1.2　MES成本构成

任何软件都需要成本，即使这个软件是由企业在职人员自行开发的，也需要相应的人力配备进行开发和实施，同时软件运行所需要的服务器、网络等也都需要成本投入。下面列举了MES的成本构成。

（1）MES前期规划成本。这个成本主要包括企业自发的相关调研、会议评审、项目立项、项目招投标等的人力成本，有些大型企业也可能请专业的咨询公司来进行上述工作，以得到第三方客观、中肯的意见。这个成本在企业中往往是不可见的，也是最容易被忽视的。

（2）MES本身的成本。其主要是MES本身的价格，一般由软件供应商以软件使用许可的方式提供。如果MES是由企业自行开发的，则需要计算持续的人力投入成本。MES本身的成本还应包含显示屏、扫描枪、打印机、PC等MES需要的硬件的成本。

（3）MES运行需要的环境成本。该成本包含MES运行所需的服务器、磁盘阵列、服务器操作系统、数据库软件等，同时还包含机房中一些共享硬件及环境搭建的成本，如UPS、机柜和管理成本等。

（4）MES运行所需的其他软件License成本。MES与现场设备或者PLC集成，通常需要企业购买中间件，如西门子的OPC Server等，有些设备甚至需要到国外购买软件License，采购和通关也需要成本。

（5）MES项目实施成本。软件实施方（大部分情况是软件供应商）会提供实施服务，其中包含人力、差旅等成本，也有可能包含根据企业要求出现的接口定制开发、软件系统新功能开发等成本。

（6）MES后期维护成本。该成本包括解决MES运营过程产生的问题、满足新需求及软件版本升级等的成本。

（7）软件功能或者实施范围变更成本。该成本往往会被企业忽略，通常出现在企业通过紧急采购和例外采购的方式补充合同的情况下，这增加了实施成本。由于前期需求调研不充分或者过程中出现严重问题而导致项目范围和系统功能发生变更，规避这种问题需要在前期引入专业人员或者机构，进行详细、全面地调研和系统规划。

了解MES的成本构成，有利于在项目前期可行性分析时充分掌握所需要的投资和成本超出的风险，从而保证项目能够顺利实施。

3.1.3　MES项目实施风险和挑战

企业或者项目的情况不同，项目实施过程中出现的风险也不同，但是企业实施MES的过程也有一些共性。接下来就实施过程中可能出现的风险及应对方案做出一些说明，希望能够给读者提供一些经验和参考，如表3.1所示。

表 3.1　实施过程中可能出现的风险及应对方案

序号	风险描述	应对方案	上报管理层所需条件	应对措施
1	生产线建设计划延迟或者IT机房设施建设延迟可能导致MES项目实施延期	根据风险发生时的实际情况制订解决方案。例如，如果服务器没及时上架，可以使用临时的PC服务器进行现场部分站点功能的测试	当有证据证明有两种延迟发生时	及时上报管理层寻求支持

序号	风险描述	应对方案	上报管理层所需条件	应对措施
2	甲方企业的系统需求不明确或者项目前期范围定义不清晰导致的额外实施工作及额外的成本	甲方企业应提前提供初版的需求并且在规定的计划时间内提供项目范围和系统需求。另外甲方企业还需要在项目实施过程中召集相关人员定期审阅项目需求，提前预知系统功能或者项目范围的变化	当有证据证明有两种延迟发生时	及时上报管理层寻求支持
3	甲方企业提供的支持不够，例如生产部门人员不配合等情况所引起的系统实施延期	每个业务部门都需要有专员参与MES项目实施，根据项目要求按时参与项目会议，保质保量完成实施工作	由于业务人员不配合而引起任务延迟时	及时上报管理层寻求支持
4	任何项目实施范围的变更都会引起MES项目实施的延期或者成本的增加	要求在项目需求调研阶段明确详细的系统需求，并且每个部门的联系人能够代表部门陈述意见和建议。实施团队也应定期审阅需求或者范围的变更，以尽早发现项目中存在的问题并及时做出变更	项目范围变更或者预计很可能会变更时	及时上报管理层寻求支持
5	甲方企业采购流程的延期会导致MES项目实施延迟。例如，MES所用现场RFID读写器到货延期，可能会导致现场站点无法调试	甲方企业应保证采购订单及时下发并能够按时到货	当延期情况发生时或者预计很可能会发生时	及时上报管理层寻求支持
6	甲方企业硬件安装延期也将导致MES项目实施延期或者失败，例如，服务器安装不到位导致无法对服务器和现场站点进行联合调试	甲方企业应该按时完成硬件安装和调试工作	当延期情况发生时或者预计很可能会发生时	及时上报管理层寻求支持
7	其他系统供应商不配合或者不能按时参与开发与调试工作，也有可能导致MES与其他系统的接口无法按时完成开发或者调试，从而导致项目整体延期	所有需要接口的各个业务软件供应商或者甲方人员应参与到项目中来，按时完成接口开发和调试工作	由于供应商或甲方人员不配合而引起任务延迟	及时上报管理层寻求支持

序号	风险描述	应对方案	上报管理层所需条件	应对措施
8	由于乙方权限不够而导致某些地点不能进入或者不能操作，从而引起系统实施延期，例如，实施人员由于没有权限而无法进入生产线区域	实施团队需提前完成人员的安全培训及准入批准	当延期情况发生时或者预计很可能会发生时	及时上报管理层寻求支持
9	由于合同双方履行合同不到位而导致项目无法继续进行，进而导致 MES 项目实施延期或者失败，例如，乙方不能按时完成实施任务，或者阶段性交付质量不符合标准，而甲方拒绝付款	双方需在合同中详细约定解决办法，例如，如果对方违约而导致合同履行失败或者延期的解决方法	当延期情况发生时或者预计很可能会发生时	及时上报管理层寻求支持
10	如果双方人员没有良好的计划而导致关键人员无法及时到岗或者延迟出差，将导致实施任务延期（这点在跨国企业中比较容易出现）	在项目周会中增加人员安排议题，提前讨论人员安排计划。如果确实有紧急事件，需要走紧急流程	人员没办法按时到现场，而又不能远程工作或者远程支持时	及时上报管理层寻求支持
11	由于甲方企业的生产安排等原因导致现场没有足够的产品生产，从而团队成员无法按时调试并验证 MES 功能，例如，设备监控数据是否正确，依赖于一定数量的产品是否能够按照正常状态进行生产	提前并定期审阅现场生产计划，遇到风险提前告知	当延期情况发生时或者预计很可能会发生时	及时上报管理层寻求支持
12	各种不可抗力而导致 MES 项目实施失败，例如，机房被烧毁	很少发生，但是在实施过程中应充分考虑灾备等方案，尽量减少因为不可抗力而导致的损失	当不可抗力发生时	项目组及高层及时沟通，尽快寻找替代方案

3.1.4　MES项目实施步骤

MES项目实施没有标准的流程，针对不同的企业和业务的实际情况，我们可以定义不同的实施流程，但是从大的层面上来讲，实施的基本步骤具有共性。本小节从通用的角度出发，阐述MES项目实施的一般流程，以供参考。

MES项目实施通常来说分为4个步骤，即项目准备、项目定义、系统实施及项目交付，如图3.1所示，下面就对每个步骤进行详细阐述。

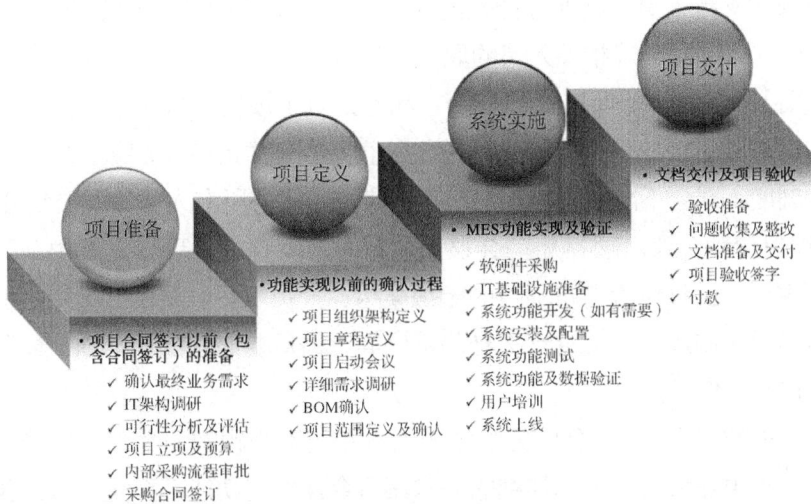

图3.1　MES项目实施步骤

1. 项目准备

（1）确认最终业务需求。业务需求是MES项目实施的重要输入，也是制定合同和确认最终成本的重要条件。这一过程由甲方企业内部确认，需要由一个经验丰富的业务人员牵头，由IT部门配合，双方合作才能使业务需求得到最终的确认，也能够保证确认的需求充分代表企业的意愿。

（2）IT架构调研。这项任务主要集中在IT部门内部，主要是对IT部门现有环境进行调研，内容包括目前机房硬件的使用情况，例如，服务器、磁盘阵列、UPS等。对于其他有可能和MES有接口的业务系统，需要了解这些系统的供应商，以及是否有标准接口等信息。

（3）可行性分析及评估。业务部门和IT部门的牵头人员明确需求，并确定好MES的预算等信息后，就应该将方案上报给企业的管理层，让管理层来决定是否需要实施该系统，报告中要计算ROI。

（4）项目立项及预算。可行性分析通过后，就应该在企业内部立项，并请管理层批复足够的预算。通常相关人员只会申请采购硬件和软件的预算，但通过之前对MES成本构成的分析，最好将变更费用和软件维护费用一并算入，这样才能在后续项目实施中占据主动。

（5）内部采购流程审批和采购合同签订。该过程的最终结果是采购订单的释放。采购流程审批是确定企业将采购MES及其服务的过程，采购合同签订是甲乙双方共同协商实施及付款的过程。

2. 项目定义

（1）项目组织架构定义。在项目准备期有可能只有业务部门和IT部门的两个牵头人共同工作，但从项目开始时算起，就应该让企业管理层、其他业务部门的关键联系人、其他系统软件供应商及MES软件实施方等众多人员加入。在有些跨国公司中，有可能还包括总部的支持人员及其他分公司的人员等。确保所有相关人员都能够在项目组织架构中有所体现，同时明确相关人员的职责和任务。

（2）项目章程定义。项目章程是甲方和乙方对于项目实施过程中的关键点的一致意见，例如，需要将MES项目实施情况汇报给企业管理层的哪个层级，或者项目实施中的一些规章制度（开会不准缺席等），也包括实施团队中所有人员的职责划分等。

（3）项目启动会议。项目启动会议是项目中最重要的一环，一般由项目组中的高层管理人员主持，会议包含宣布项目的组织架构、人员职责、项目计划等，甚至有些企业还会宣布项目实施成功后会有什么样的奖励等，最重要的是要调动项目团队的积极性与主动性，提升工作热情。

（4）详细需求调研。这个任务主要以乙方专业实施顾问为主，项目准备期的需求调研较宽泛，集中在大的方向，详细的需求调研会详细到功能甚至是一些细化的业务流程上，例如企业正在运行中的设备维护检修单的具体项目等。需求调研越详细，后续实施项目的风险就越小。

（5）BOM确认。这里的BOM主要是乙方实施团队提供给甲方企业的需要购买的软硬件清单，其中还包含软硬件的安装服务，以便甲方企业能够很快地购买。有些合同包含所有的软硬件，也叫交钥匙工程。BOM存在于乙方操作内部流程中，也是必要的一环。

（6）项目范围定义及确认。项目范围定义了企业的需求，以及MES功能的详细描述，同时也包括各种接口等，主要描述了MES项目实施后所展现的最终样式。有些项目范围的文档中还包含项目计划和实施所需注意的风险等，主要依据企业管理流程而制定。

3. 系统实施

（1）软硬件采购。这里需要强调的是企业应该特别关注软硬件的采购周期，因为软硬件采购如果出现问题，会直接影响整个项目实施的进度，因此把控采购流程中的每一环节，是保证软硬件能够顺利到货和安装调试的必要条件。

（2）IT基础设施准备。由于MES是一个IT系统，因此所有MES的现场客户端、所需要连接的设备和机房中的环境条件，都需要做好充足的准备，尤其是生产现场需要用到的电源和网络。某些企业的提前期长达半年，提前期根据企业的具体情况而定。

（3）系统功能开发。这个步骤为软件开发环节。如果企业采购的是MES成品，那么可以跳过这个步骤，但是如果在实施过程中有新需求或者新接口，则企业需要进行开发和测试的环节。

（4）系统安装及配置。这个过程是将MES安装在服务器中，包括服务器的环境准备、数据库初始化、数据库备份策略配置等。

（5）系统功能测试。系统服务器配置和客户端或站点的配置完成后，就可以开始进行功能测试。通常软件实施方会提前准备测试计划和测试方案，业务人员需要进行配合，发现问题也要做到及时跟踪和记录。

（6）系统功能及数据验证。数据验证过程是指利用线上实际生产的产品来验证系统功能是否稳定，数据是否正确。数据验证需要通过一定量的产品生产才能进行数据统计分析，如设备的节拍时间等。单次的测试并不能反映数据是否正确，需要大量的数据统计分析才能发现其中隐藏的问题。

（7）用户培训。通常在实施过程中需要进行多次用户培训，主要是因为用户从零开始接受一个新事物，需要时间和反复的操练。有些乙方只在项目最后完结时进行一次用户培训，这被认为是不负责任的表现。

（8）系统上线。当系统验证完毕后，应确定一个时间点为系统上线的时间。从这个时间点开始，系统正式投入使用，同时生产部门也应该按照新的模式和规则来进行生产活动。

4. 项目交付

（1）验收准备。这主要是乙方的工作，在系统上线后，乙方首先需要和甲方沟通，确定系统验收的方式和时间点，确定验收的规则和特殊情况的处理，乙方同时也负责验收文档的准备。

（2）问题收集及整改。系统上线后，由于大范围地使用，可能会出现一些异常情况，这时应该把系统问题、业务人员的诉求和意见都记录下来，之后一一解决。出现系统变更的时候，需要严格遵守变更流程，切不可随意改动系统配置，变更后还需要进行验证，验证通过方可认为该问题得到解决。

（3）文档准备及交付。这主要是指甲方应根据之前约定好的文档列表验收乙方交付的文档，具体包括服务器安装配置手册、系统使用手册、灾难处理、异常问题应对等。

（4）项目验收签字。项目执行委员会和关键用户确认签字。

（5）付款。付款是项目实施最后的环节，一般标志着项目实施结束。通常甲方会在最后留一定比例的金额不付，充当保证金，作为系统售后服务的保证。

3.2　项目实施组织架构

项目实施组织架构并没有标准，定义适合企业或者MES项目实施实际情况的组织架构，促使项目实施成功才是最终目的。本节以一个大型制造企业为背景来讲解如何定义项目组织架构，如图3.2所示。

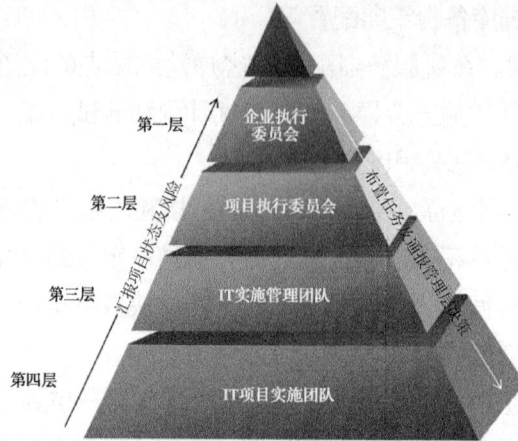

图3.2　MES项目实施组织架构

各层级的主要工作职责及人员构成如表3.2所示。

表 3.2　MES 项目组各层级的主要工作职责及人员构成

项目组层级	主要工作职责	主持人	人员构成
第一层：企业执行委员会	企业关键董事会成员，具有 MES 战略决策的最高权限，对 MES 项目实施的成败负全部责任。 ● 确定 MES 项目实施的战略方向 　－定义最高级别的 MES 投资策略 　－定义各部门总监的职责 　－保证基础设施建设标准及时间进度 　－定义 MES 项目实施成功的标准和目标的优先级 ● 对第二层级上报的风险和问题做出重要指示和决策	按需要由项目执行委员会主持人牵头	企业高层管理人员： ● 生产部门的执行董事 ● 新产品项目的总负责人 ● 工厂厂长
第二层：项目执行委员会	各相关部门或者新产品项目的总负责人，具有部门或者项目管理权限，确保高层战略意图能够充分得到实现。 ● 审议并通过 MES 所有的交付范围和实施预期 　－审阅详细的各系统模块蓝图 　－相关基础设施建设计划及交付保证 ● 定义项目组的汇报关系及流程，确保实施资源和预算充足 ● 快速批准 MES 各项合理的费用 ● 定期审阅 MES 项目实施项目的进度报告，确定风险和问题的解决方案 ● 审阅和批准项目变更申请 ● 不定期向第一层级汇报项目状态，以及实施过程中出现的风险和问题	MES 项目实施项目总负责人	各相关部门总监及新产品项目总负责人： ● 生产部门总监 ● 质量部门总监 ● 物流部门总监 ● IT 部门总监 ● 新产品项目总监

项目组层级	主要工作职责	主持人	人员构成
第三层：IT 实施管理团队	IT 副总监或高级经理，具有 IT 项目管理权限，对 MES 项目实施负主要责任。 ● 制定 MES 项目实施蓝图及 IT 基础架构的设计方案，确保系统蓝图和技术架构方案满足企业要求，并定期向第二层级汇报 ● 准备 MES 项目实施预算及采购订单等，并提交给第二层级或者第一层级进行审批 ● 审阅项目实施范围文档，并交由第二层级审阅或审批 ● 审阅详细的预算申请及预算变更申请 ● 审阅总体项目的状态报告、问题及风险和变更申请 ● 将项目状态报告汇报给第二层级 ● 确保项目实施能够满足企业对蓝图、预算和时间计划的要求 ● 将重大风险及问题上报到第一层级 ● 审阅项目各阶段付款条件的满足情况	IT 副总监或高级经理	● MES 项目负责人 ● IT 分管生产系统副总监或经理 ● IT 基础架构经理 ● MES 项目实施方项目经理 ● 各业务部门项目业务模块经理
第四层：IT 项目实施团队	MES 项目实施方项目经理及甲方企业 IT 部门的项目经理及各模块负责人，具有实施和管理 MES 项目的权限和职责。 ● 起草 MES 项目实施蓝图并交由更高层级审阅 ● 制订和管理项目实施计划，跟踪控制项目进度，保证项目的范围可控、质量可控 ● 及时发现并管理项目实施过程中出现的问题、风险和变更需求，并决定哪些问题、风险和变更需求需要上报给更高层级进行决策 ● 定期进行项目状态汇报会议 ● 定期参与工作层面的会议和上层会议，及时发现风险点，并将上层的指示下达到工作层面 ● 制订并跟踪项目付款计划	实施方项目经理	实施双方项目经理及各模块负责人： ● 甲方 MES 项目经理 ● 乙方实施项目经理 ● 各模块实施负责人（包含甲乙双方）

3.3　项目实施过程管理

　　项目实施过程管理就是应用合适的工具对项目范围、计划、风险等进行管理和控制的过程。在这一过程中会产生各种文档和报告，每个企业的文档及报告的格式都有所不同。本节以一些实际项目中产生的文档和报告为案例，并尝试使用比较通用的方式介绍MES项目实施过程管理。

3.3.1　项目实施范围文档

项目实施范围文档通常也叫工作范围文档（Scope Of Work，SOW）。该文档在MES项目实施中占有非常重要的地位，是MES项目实施合同双方基于项目业务需求调研而做出的对采购技术协议的修订或者细化，也是整个MES项目实施的指导性文档。通常该文档需要甲乙双方的管理人员签字确认，具有一定的法律效力。

项目实施范围文档包含的主要内容如下。

1. 企业现有情况描述

通过面对面询问或者问卷的方式收集企业现有情况，尽量将所有与MES相关的情况都了解清楚，减少在实施过程中出现风险的可能性。这里列出了一些主要的内容作为参考。

（1）现有生产模式。生产模式对MES的影响是根本性的，包括计划的制订与发布、是否应用延迟策略、物流如何配合生产等。

（2）现场生产线布局。目前现场生产线布局包括车间的整体布局、设备列表、PLC、设备布局情况、产线长度、特殊工艺及工位、产线缓冲区情况、物流通道布局、线边物料的摆放位置等。

（3）机械加工设备部署情况。这主要应用于有机械加工的情况，包括加工中心布局、零件搬运方式、检测工位部署、刀具应用情况等。

（4）现场生产情况。这包括生产节拍、订单下达、单件或者批次生产、过程防错方案等。

（5）质量控制情况。这包括质量检测工位、检查项目、返修区布局、质量信息显示及反馈、停线处理等。

（6）零件追溯。追溯的内容包括零件种类、现有信息收集方式、是否有关键件需要特殊处理等。

（7）生产数据显示及监控。这包括设备状态监控、现场质量监控、故障报警、生产报表等。

（8）生产管理。这包括异常呼叫、缺陷处理、班次设计、生产日历等。

（9）物流操控情况。这包括物料种类、叫料及配送方式、线边库存数量、物料缓冲区、物料配送人员配备等。

（10）库存管理。这包括库房分布、平面仓库或者立体仓库、区域设置、库存水平、盘点流程等。

（11）现有的问题。这包括对现有模式所存在的挑战、问题和风险提出的见解和建议。

（12）IT系统应用情况。这包括现有系统列表、需要与MES接口的系统列表、软件品牌或者供应商信息等。

（13）IT基础架构情况。这包括现有网络点布局、交换机机柜布局、机房环境条件、现场IT设备布局、无线覆盖区域等。

2. 业务需求分析

通过调研所掌握的情况,有针对性地对问题产生的原因进行分析,并提出基于MES的解决方案。解决方案包括以下几个部分。

(1)MES站点布局图。根据车间的生产线布局,定位MES所有的站点。MES站点布局图包括生产控制站点、零件追溯站点、质量检测站点、防错站点、异常呼叫站点、跟踪站点等,如图3.3所示,方框代表跟踪站点。

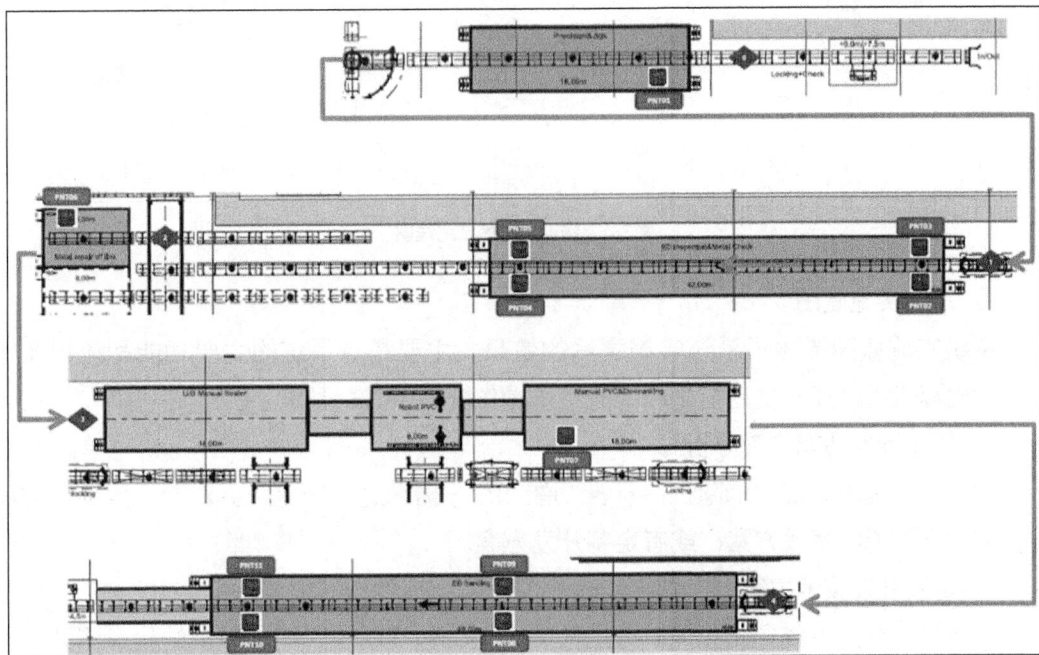

图3.3 MES站点布局图

(2)站点方案列表。站点方案列表包括每个站点具备的功能及简要的操作流程,例如在一个站点,首先应该扫描产品系列号,其次应该记录零件信息。如果有特殊情况,也需要写清楚,例如有些工位可能导致的产品生产顺序的变化,对后续产生的影响怎么处理等。

(3)站点建设职责划分。这里指要将站点的建设工作进行明确,如甲方企业、乙方实施方、生产线供应商等,职责明确后才能建立更好的沟通和运作机制。

(4)软硬件采购BOM。应包含所有软硬件(包含软件使用License)的型号、版本号、购买编号及一些特殊的说明,可以以列表的方式提供。

(5)IT基础架构图。IT基础架构图标识了服务器、交换机、现场设备的交互方式,同时也应该明确相关职责。

(6)物流配送区域路线图。图中会标识物流配货或者捡料区域,区域的位置、大小的变更都会对项目范围和成本产生影响,如图3.4所示。

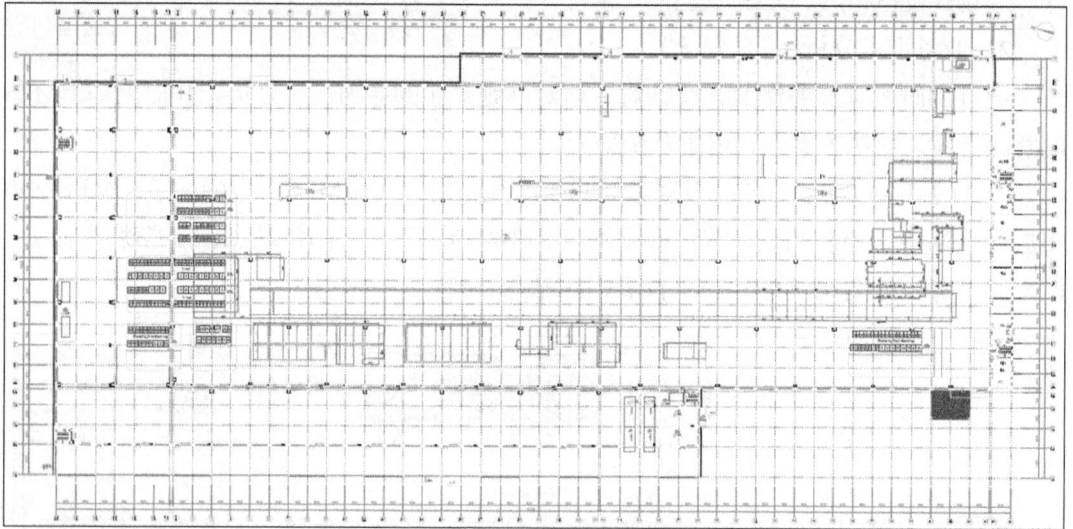

图3.4　物流配送区域路线图

3. 系统实施蓝图

系统实施蓝图描述了系统实施之后的效果，主要是对系统的主要功能和流程及输入、输出等进行描述。发动机生产线的系统操作流程如图3.5所示。

4. 产品标准功能应答分析

对于用户需求，需要消除产品标准功能和用户需求之间的差距。对于不能满足的项目，需要详细说明替代方案，或者定制开发方案。

5. 定制开发技术方案

需要详细描述系统定制开发部分的技术方案，包括功能说明、数据结构、测试方案等。

6. 项目组织架构定义

项目组织架构如图3.2所示。

7. 人员职责定义

需要定义项目组中的角色，定义每个角色的工作职责，工作职责按工作优先级进行排列。

8. 项目实施计划

这里的项目实施计划体现关键里程碑即可，项目团队需要针对关键里程碑达成一致意见，关键里程碑也可以作为付款条件的一部分。

9. 项目风险分析

分析项目可能存在的风险，除了分析常见的风险以外，还要基于充分的调研，列出项目可能遇到的实际风险，并提出解决方案。

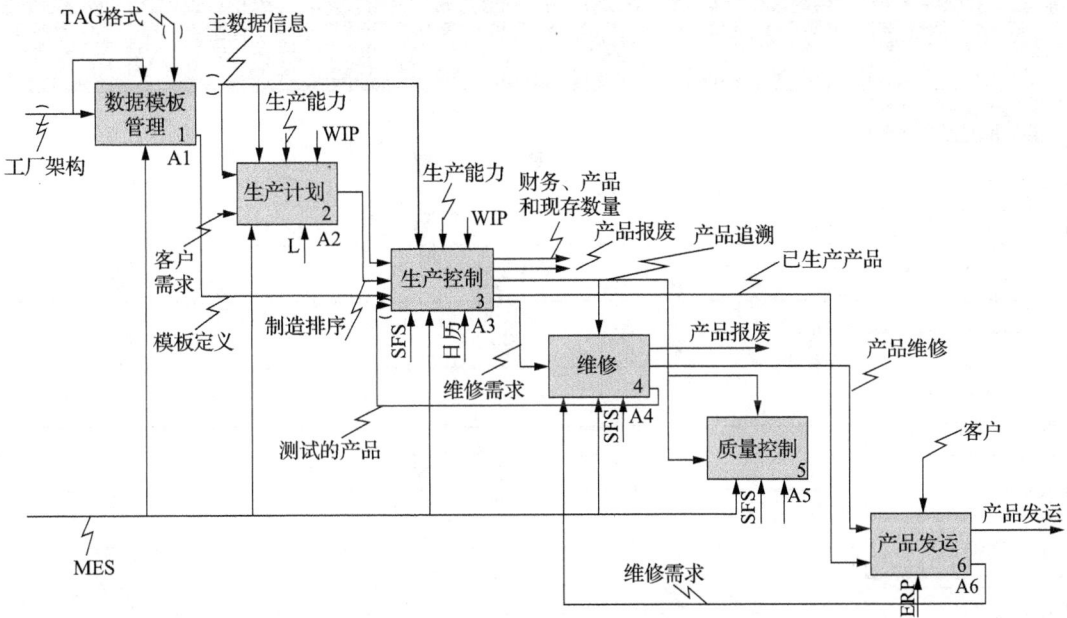

图3.5 发动机生产线的系统操作流程

10. 文档审批记录

文档需要审批，要为管理人员预留审签栏。

3.3.2 项目实施计划制订与控制

项目实施计划可分为两个层级，主要面对不同的人员。第一个层级为项目关键时间节点计划，或者叫关键里程碑计划，这一层级主要用于团队检讨实施进度和给更高层级汇报，特点为简洁易懂；第二个层级为详细项目实施计划，包含每个功能模块具体实施的每一个步骤，需要定义到天或者小时，这一层级主要供各功能模块实施人员使用。

1. 关键里程碑计划

关键里程碑计划，如图3.6所示。

其中有几种图形的节点标识，表示不同的关键里程碑状态。

（1）▼。表示团队已经批准，正在工作中的关键里程碑。

（2）▽。表示团队认可，此处有风险。

（3）▽。表示团队认可，此处已经发生问题，亟待解决。

2. 详细项目实施计划

详细项目实施计划又称为WBS，在这个环节中，我们一般会用到Microsoft Project软件，任务定义举例如图3.7所示。

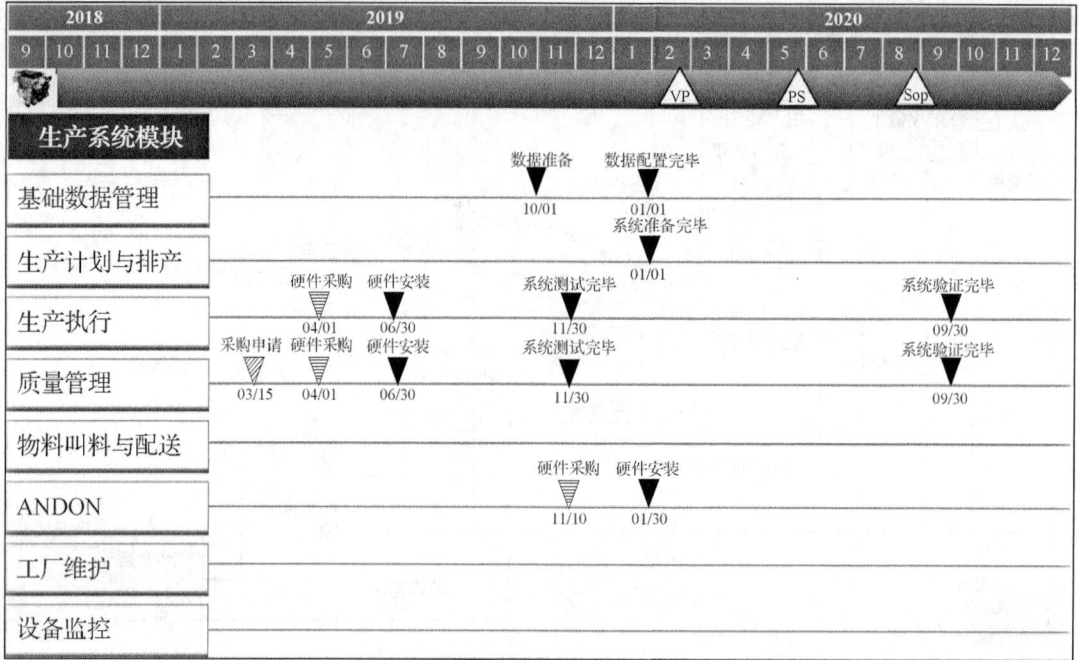

图3.6 关键里程碑计划

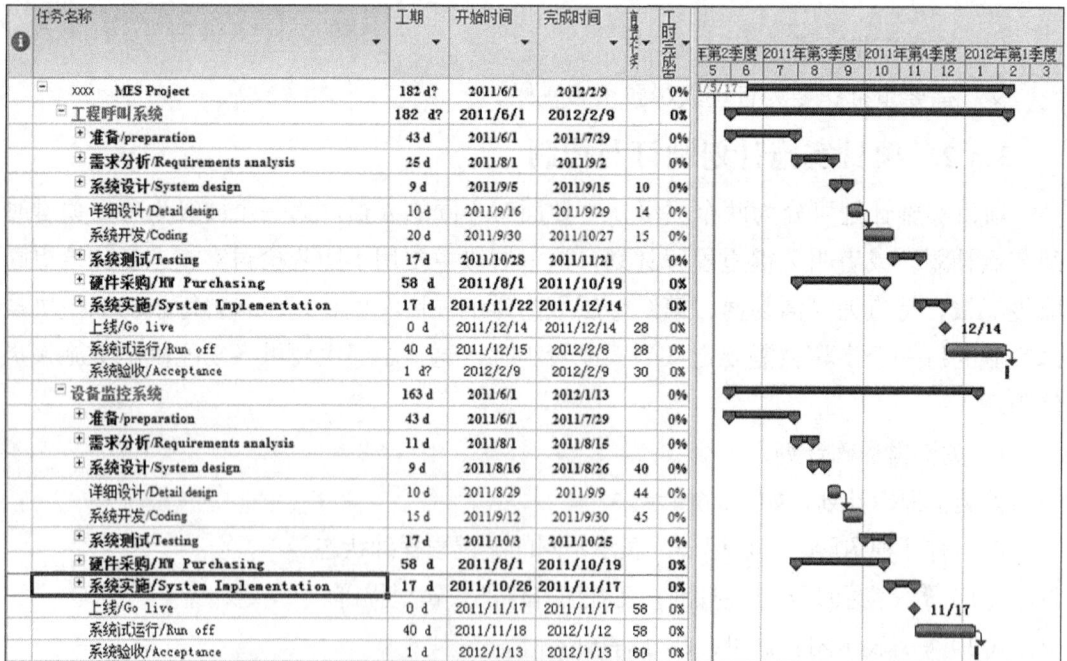

图3.7 详细项目实施计划

这里用到的是标准工具，因此对于内部的控件及甘特图部分不再做详细介绍。

3.3.3 项目风险控制

根据风险情况，项目可分为3个层级，即开放项目、风险项目和问题项目。这3个层级为递进关系，问题在一定时期内未被解决就上升1个层级。所有的项目都应该被记录，并作为项目实施过程的一部分，具体关系如图3.8所示。

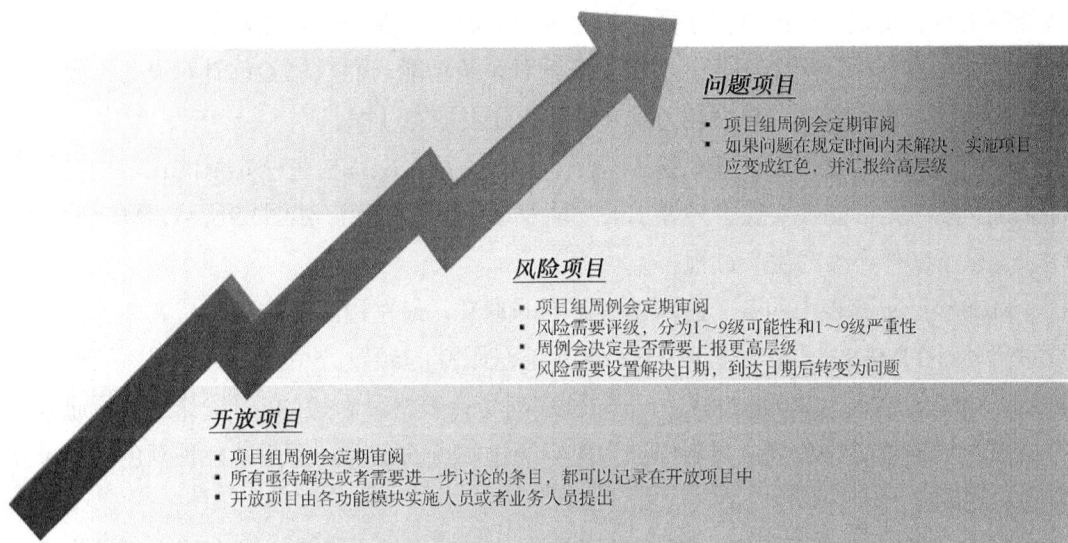

问题项目
- 项目组周例会定期审阅
- 如果问题在规定时间内未解决，实施项目应变成红色，并汇报给高层级

风险项目
- 项目组周例会定期审阅
- 风险需要评级，分为1～9级可能性和1～9级严重性
- 周例会决定是否需要上报更高层级
- 风险需要设置解决日期，到达日期后转变为问题

开放项目
- 项目组周例会定期审阅
- 所有亟待解决或者需要进一步讨论的条目，都可以记录在开放项目中
- 开放项目由各功能模块实施人员或者业务人员提出

图3.8　项目风险管理

1. 开放项目

在项目实施中，并不是所有问题一出现就是风险，有的时候可能只是一个任务的待办项，但是随着项目实施的进行，有些待办项慢慢地在时间进度上、流程上，或者在预算上就会变成风险。任何有可能需要注意的事情或者实施人员感觉有问题的任务，都可以被认为是开放项目。在项目组周例会上，应该增加一个讨论开放项目的议题，由所有与会人员报告上周所遇到的比较棘手或者比较重要的事情，由项目经理决定哪些是新增的开放项目，同时需要审阅之前已经存在的开放项目，直到问题解决。

2. 风险项目

风险项目可以定义为确实可以引起项目任务延期、项目失败，或者增加成本等后果的任务或事件。在项目组周例会中，项目经理应该决定哪些开放项目需要升级为风险项目，并且从两个维度对风险进行评级，即1～9级可能性和1～9级严重性，最后由两个维度的级别来决定该风险是否应该上报更高层级的执行委员会。每个风险项目都应该有应对方案，如果没有应对方案，应该直接升级为问题项目。

3. 问题项目

问题项目是指已经对项目造成一定影响的任务或事件，并且到创建时间为止，已经超过任务计划完成的时间或者没有任何解决方案。在整个实施过程中，问题项目是最需要关注的点，需要至少汇报至项目组织架构的第三层，甚至直接汇报至第一层企业执行委员会，以寻求企业最高管理层的帮助。

3.3.4　系统验证跟踪

在项目实施过程中，系统验证跟踪是非常重要的一个环节，系统验证跟踪是保证系统能够正常、稳定运行的重要手段，也是项目验收的必要条件。通常验证过程需要经过功能验证和数据验证两个部分，功能验证针对系统功能，而数据验证针对设备监控和报表的正确性。本小节以功能验证为例来说明验证跟踪的过程。

系统功能验证是指通过在系统上线正式运行之后，跟踪检查一定量的正常生产的产品来确认系统是否能够实现客户要求的功能及系统是否稳定。如图3.9所示，MES验证跟踪表记录了50件产品的生产过程。

MES验证跟踪表中的各个区域都有不同的意义，最左边的两列为站点名称列，即需要进行验证的MES站点；最上面的3行表示的是跟踪的50件产品，产品都用系列号进行表示，这里的格式为"0000001"，即7位序列号；表格最右边的6列统计了产品通过各个站点的各种情况的数量；表格中部为实际通过站点的记录。下面就几种颜色的记录分别进行说明。

（1）绿色。这种颜色的记录代表产品通过该站点时无异常，没有造成现场停线，同时系统中的过点记录信息正确。

（2）蓝色。这种颜色的记录代表产品通过该站点时，由于某些情况的发生而导致手动通过，系统中也有过点记录，而且记录数据正常。这个问题发生的原因不一定是系统问题，有可能是现场操作人员不熟练，或者设备有异常情况出现而只能将该工位设置为手动状态等。通常情况下，某个站点功能不工作，需要启用备用方案，如手动扫描枪扫描或者人工输入等，以减少数据丢失。

（3）黄色。这种颜色的记录代表产品通过该站点时失败，系统中也没有相应的记录。这个问题有可能由多方面的原因引起，需要具体问题具体分析。

（4）橙色。站点处于Bypass状态，可以理解为现场没有启用该站点。这种情况发生时，实施人员应第一时间到现场查看原因。

实施人员需要和业务部门联系人一同制定出系统通过验证的标准，实施项目组通过该标准每天出一个系统验证跟踪报告，如图3.10所示。该报告反映了站点被验证跟踪的情况，同时还需要增加现场发现的问题列表。该报告应定期汇报至该项目组织架构的第三层级。

XXXXXX企业SOP产品跟踪验证

站点名称	Total Scheduled	Passed	Manually recorded	Failed	Bypassed	% Passed
OP010	50	43				86%
OP020	50	47			3	94%
OP030	50	50				100%
OP040	50	50				100%
OP050	50	50				100%
OP060	50	47			3	94%
OP070	50	50				100%
OP080	50	50				100%
OP090	50	50				100%
OP100	50	47			3	94%
OP110	50	48			2	96%
OP120	50	48			2	96%
OP130	50	50				100%
OP140	50	50				100%
OP150	50	48	2			96%
OP160						
OP170	50	48	2			96%
OP180	50	50				100%
OP190	50	50				100%
OP200						
OP210						
OP220	50	50				100%
OP230						
OP240	50	50				100%
OP250	50	50				100%
OP260	50	44				88%
OP270	50	6				12%
OP280	50	7				14%

图3.9　MES验证跟踪表

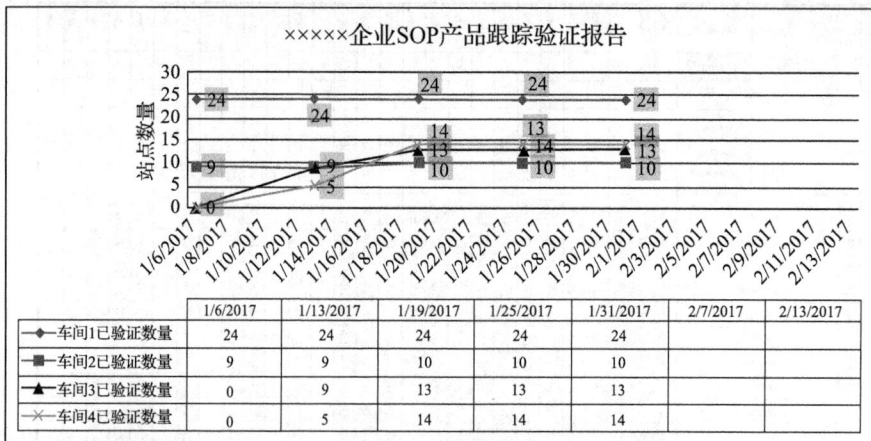

图3.10　系统验证跟踪报告

3.3.5　项目变更管理

MES功能配置测试通过以后，就需要引入项目变更管理流程。通过项目变更管理流程，企业可以很好地管理在实施过程中发生的一些意外，例如，车间1因为某个原因修改了配置，但是车间2并不知晓，同时车间1修改配置还造成车间2的功能无法正常使用。项目变更管理流程就是为了规范各种随意更改系统的行为，减少对系统实施的冲击和干扰。

项目变更管理流程如图3.11所示。

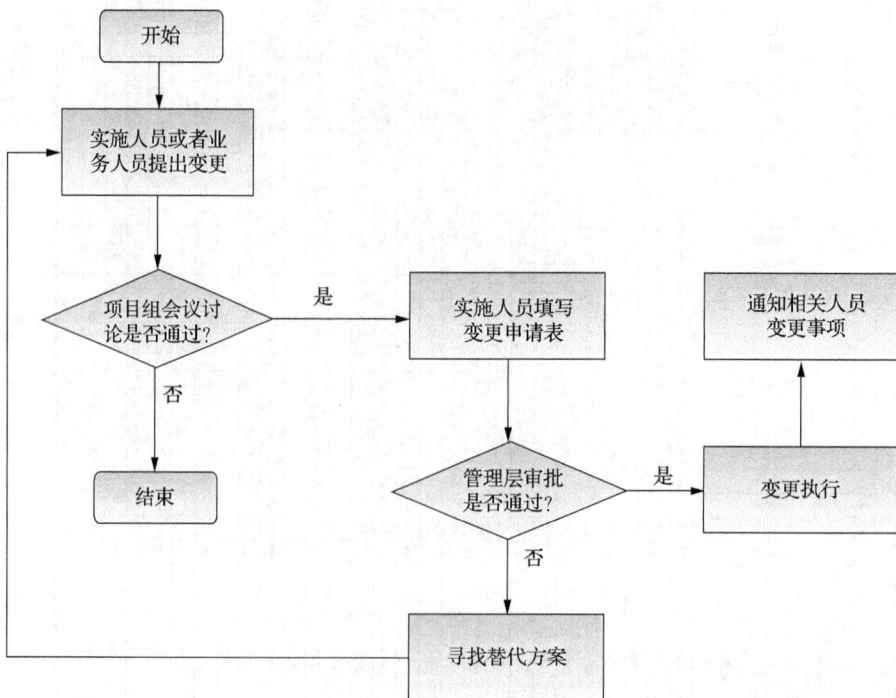

图3.11　项目变更管理流程

变更单贯穿了整个项目变更管理流程，下面阐述变更单应该包含的主要内容。

（1）基本信息。主要包含项目名称、变更单ID、变更名称、优先级、创建人、创建时间、希望实施完成的时间和变更类型等。

（2）详细变更内容。需要详细描述变更的步骤及每一步的详细操作，以确保该变更操作不会影响到其他模块或者业务单元。

（3）变更原因。给出管理层必须审批通过的理由。

（4）变更的影响。这项应该由项目组所有人参与制定与评估，确定变更的影响范围，不全面的分析将导致严重的后果，影响包括以下几个方面。

① 成本影响。项目组应该讨论并评估成本的变化情况，如实填写需要增加的成本。

② 系统交付影响。是否对系统功能的交付结果有影响，如果与范围文档定义的蓝图不同，则需要说明。

③ 人力投入影响。是否需要特别或者额外的人员支持，例如有可能需要其他工厂的技术人员的支持。

④ 交付时间影响。变更实施是否会延期交付某些功能，需要详细描述。

⑤ 组织架构影响。变更实施是否会引起甲方企业的运作模式或者组织架构的调整。

3.3.6 项目成本管理

MES项目实施的项目成本，按照3.1.2小节的分析，包含了多个部分。本小节主要强调在项目实施过程中如何控制成本，将项目实际花费控制在合理范围内，以免超出项目总体的预算。

项目经理在项目开始初期，应准确估算该项目产生的成本，除了软硬件等固定费用以外，还应测算项目在整个生命周期中的人员成本，之后每个月月初确定下一个月的预算。人员成本应包含以下方面。

（1）项目团队成员人力成本。将人员总成本折算至每个小时，按照每个小时进行统计，计算团队预算。而实际花费则通过系统或者表格进行收集，即收集每个人在该项目上每天花费的小时数。

（2）供应商人力成本。通常实施方可能还存在外购人力的情况，供应商人力成本计算方法与项目团队成员人力成本的计算方法相同。

（3）差旅成本。团队成员及供应商人员制定差旅预算时可应用标准值或经验值进行估算，实际值应以实际发生或者报销的数值为准。

成本控制的思路为将预算与实际花费进行对比，偏差控制在10%以内，则可以认为项目成本控制完成目标。10%是企业定义的标准，不同的企业有所不同。

3.4 项目交付过程管理

项目交付不仅包括项目完结后最后的交付与验收，同时也包括项目实施过程中阶段性的交付，阶段性的交付主要针对合同的阶段性付款而进行。在项目完结后，也需要关注系统维护期的平稳过渡，即明确维护期间各团队的职责，还需要将MES的异常情况处理等考虑在内，确保实施方离开后系统还能持续、稳定、无风险地运行。

3.4.1 项目阶段性总结

阶段性总结主要依据项目交付关键节点进行安排。一般来说项目交付关键节点有以下几个。

（1）服务器安装配置完成。

（2）系统配置测试完成。

（3）产品试制阶段验证完成。

（4）产品正式投产验证完成。

（5）项目交付验收完成。

阶段性总结主要针对客户要求及合同付款条件而组织评审。下面以"系统配置测试完成"这个节点为例，列举一些在阶段性总结中需要关注的内容。

（1）系统配置测试完成情况总览。这是指到总结时间为止系统完成情况一览，通常用表格的形式表示，蓝色代表任务完成，如图3.12所示。

生产系统模块	车间1	车间2	车间3	车间4
基础数据管理	C	C	C	C
生产计划与排产	C	C	C	C
生产执行	C	Y	C	C
质量管理	C	C	C	C
物料叫料与配送	C	C	C	C
ANDON	C	C	Y	C
工厂维护	C	C	C	C
设备监控	G	G	G	G

G 进行中	Y 有问题，但有解决方案	R 有问题，没有解决方案	C 完成

图3.12　系统配置测试完成情况总览

在实施过程中，项目组需要共同定义项目实施的阶段性目标，以及实现阶段性目标所需要的条件。有些功能模块，如设备监控模块，有可能在系统配置测试完成时设备还没有完全就位，因此就不能将"设备监控模块完成功能测试"定义为阶段性目标，但也应将该模块状态如实反映在总览表格中。

（2）各功能模块实施情况总结，包括以下几点。

① 软硬件购买和安装情况。

② 已经完成的配置情况。

③ 已经完成的测试情况。

④ 用户培训完成情况。

⑤ 问题及风险情况。

⑥ 下一步任务。

⑦ 需要管理层支持的内容。

⑧ 实施经验教训总结。

（3）项目风险及问题。列出项目中还没有解决的问题和风险。

（4）项目财务状况总结。主要列举预算和花费，以及实际花费和总费用的对比。

（5）项目付款情况。包含已经付款条目和金额及该阶段需要付款的金额。

3.4.2 明确维护职责

系统实施并且验证完成后，需要将业务部门和IT部门的相关人员组织起来，共同商议交付后的系统维护职责。职责划分应较详细，需将后续维护过程中所有可能出现的情况和任务尽量列举，并与相关人员进行讨论。

维护职责有4个级别，即拥有者（Accountable）、执行者（Responsible）、支持者（Consultant）和参与者（Informed）。

（1）拥有者是指确保相关任务被正确、及时执行的人，通常是为任务失败直接担责的部门或者人员。

（2）执行者是拥有专业知识，并且能够完成该项任务的人。例如现场网络问题，就需要IT部门的专业人员检查并维修。

（3）支持者是具有非常专业的知识或者深度了解产品或技术的人，排查和解决疑难问题，为维护任务提供必要的支持。通常为MES产品或者软硬件提供商。

（4）参与者需要参与到维护任务中，并且需要被告知整个问题发生、检查、分析、解决的过程，同时还需要被告知做了哪些变更及对后续系统运行产生的影响。

维护任务包括与系统相关的各个方面，防错系统的维护职责列表如图3.13所示，维护内容主要包括常规维护、日常容易出现的问题及一些可能发生的问题。

该文档需要相关负责人签字确认，可以作为系统长期运营的标准文档，同时相关负责人也需要管理文件版本的更新与发布。

R - Responsible A - Accountable C - Consultant, I -Informed 维护任务或场景	车间生产组	IT基础架构	IT网络组	软件供应商	质量系统维护人员	IT应用组	零件追溯维护人员	车间设备维护组
防错系统权限分配	I	-	-	-	-	R	-	-
服务器问题——DB Server, Web Server	I	R, A	I	I, C	-	I	-	-
服务器问题 - 数据库问题，数据日志相关问题	I	R	I	I, A	-	I	-	-
网络问题（网络端口、网线、IP地址、通讯问题）	I	I	R, A	I	-	I	-	-
客户端硬件问题	I	I	R, A	I	-	I	-	I
与其他系统的接口问题	I	-	-	R,A	-	I	C	I
上游系统产品信息未收到	I	-	-	C	-	R,A	C	I
客户端与服务器丢失连接	I	-	R	R,A	-	R	-	I
服务器显示某个站点丢失连接	I	-	R	C	-	A	-	C
产品跟踪失效	A,R	-	-	C	-	R	-	-
客户端无法储存和发送日志	A,R	-	-	I	C	C	-	I
报表中无数据或数据不正确	I	-	C	R,A	-	I	-	-
应用系统无法登录	I	-	C	R,A	-	I	-	-
客户断电	A,R	-	I	-	-	I	-	I
产品跟踪过程中产品缺失	A,R	-	-	I	-	-	-	C
产品跟踪过程中顺序错乱	A,R	-	-	I	-	-	-	C
产品信息错误	A,R	-	-	-	-	-	-	I
现场客户端条码扫描错误	A,R	-	-	-	-	-	-	I
新功能需求	R	-	-	I	-	A,R	-	R
客户端显示屏失效	I	-	-	I	-	R	-	A,R
客户端被锁定	I	-	-	I	-	-	-	A,R
PLC错误	I	-	-	I	-	-	-	A,R
客户端相关硬件错误	I	-	-	I	-	-	-	A,R
电枪与系统连接失效	I	-	-	I	-	-	-	A,R
扫描枪失效	I	-	-	I	-	C	-	A,R
电枪被锁定	I	-	-	I	-	-	-	A,R
站点无法放行	I	-	-	C	-	-	-	A,R
系统用户创建、变更和删除	A,R	-	-	I	-	I	-	I
应用服务器报警	I	-	-	A,R	-	I	-	I
IT 系统维护								
应用服务器维护	I	-	-	A,R	-	I	-	-
应用服务器脚本维护	I	-	-	A,R	-	I	-	-
数据库版本更新	-	A,R	-	C	-	I	-	-
数据库备份策略	-	I	-	A,R	-	I	-	-
服务器操作系统版本更新	-	A,R	-	C	-	I	-	-
现场支持	R	-	-	If funded	-	C	-	A,R
客户端站点配置	A,R	-	-	-	-	-	-	R
相关PLC编程	A,R	-	-	-	-	-	-	-
客户端硬件问题	A,R	-	-	C	-	R	-	A,R

图3.13　防错系统的维护职责列表

3.4.3　MES异常情况处理

MES异常情况处理（Business Control Plan，BCP）是指在MES运行过程中出现问题时进行应对。它是系统维护阶段的重要文档，它定义了各种异常情况出现的场景描述及应对办法，是系统实施和维护阶段的经验总结，也是MES项目实施方以往经验的总结。它可以作为企业的知识资产加以保留，也可以在新员工培训中作为标准文档进行详细讲解和分享。它可以减少企业MES在运营过程中人为造成的不必要的错误和系统故障，同时当问题发生时可以快速解决，从而减少损失。

图3.14为企业异常情况处理流程举例，该企业制定了发生异常情况时如何在最短的时间内获取到相应的支持的方法，从而快速解决问题。

问题场景及解决方案举例如下。

场景：减速机下线，站点报警并停线。

采取动作：操作人员确认HMI并尝试发现原因，如果产品系列号已经被生产过，操作人员需要按下HMI上的"重置"按钮，清除当前的所有数据，然后操作人员需确认产品条码上的系列号，用产品系列号手动进行站点请求，如果MES服务器返回数据为"1"，代表正确生产数据被接收到，生产可以继续。

备用方案：保持停线状态，联系IT部门负责人，获取支持。

（IT部门负责人：×××，手机号码：×××××××××××）

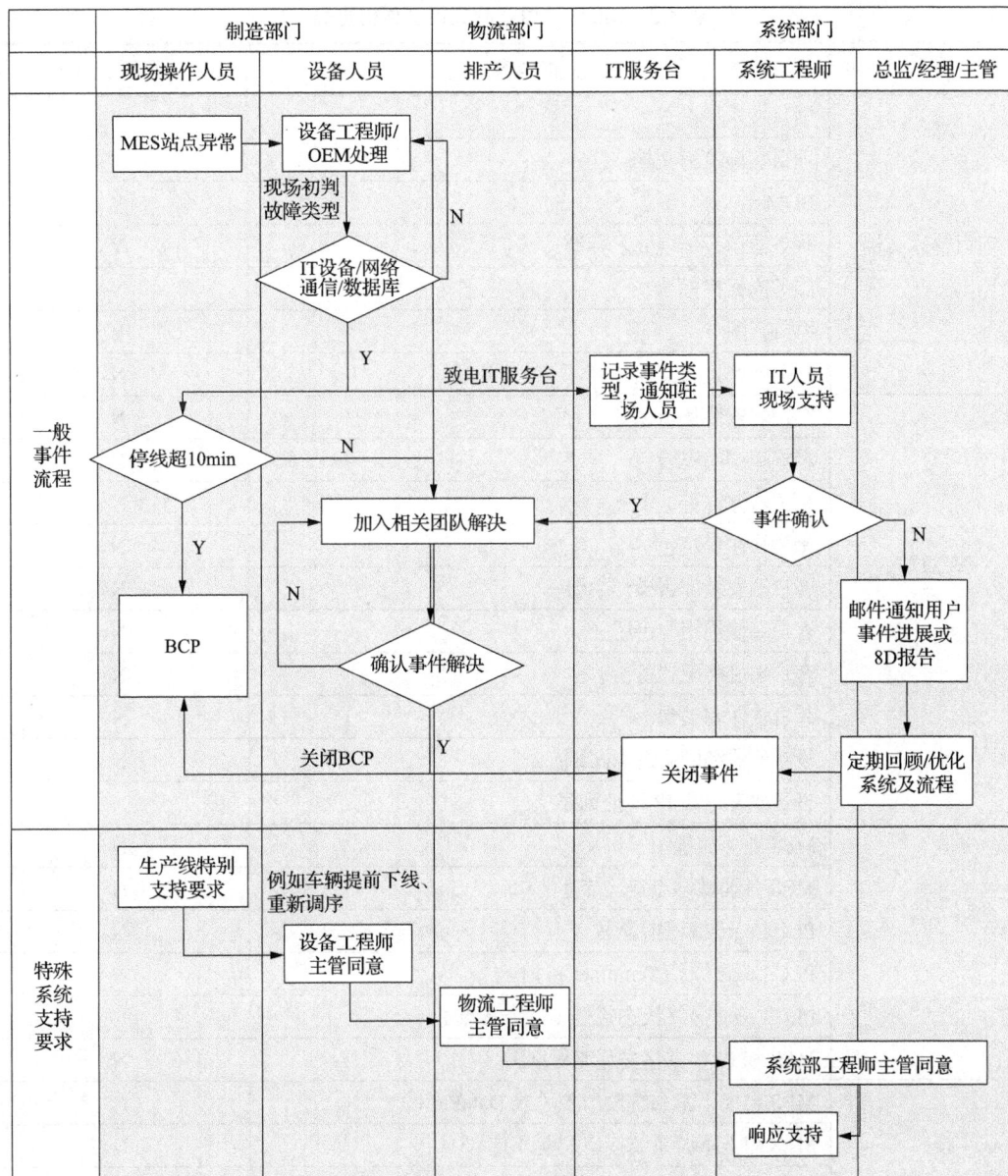

图3.14　企业异常情况处理流程举例

以上是一个标准的问题场景和解决方案，包含场景描述、现场人员立刻采取的动作和备用方案，另外还需要提供IT部门负责人的联系方式等。

3.4.4　交付文档列表

交付文档为乙方实施方交付给甲方企业的文档，提供完备的文档可以支持系统的长期运行，也可以提升甲方企业维护和实施系统的技术能力，减少乙方在系统运营期间的出差及维护费用，同时可避免长时间停线而造成的产品损失。MES项目实施文档交付检查表如表3.3所示。

表 3.3　MES 项目实施文档交付检查表

分类	文档内容	是否交付
项目整体文档	项目技术规格书	Y
	项目实施范围文档	Y
	BOM	Y
	服务器运行环境要求标准	Y
	服务器架构标准	Y
	系统蓝图	Y
	其他初始设计文档	N
客户端	客户端软件备份镜像	N
	客户端初始安装包	N
	相关软件许可证书	N
	相关软件安装包	N
	客户端安装部署操作手册	N
	客户端使用指导手册	N
	客户端最终配置备份	N
	杀毒软件安装包	N
系统设计	设备位置和网络选点图纸	N
	设备或客户端 IP 地址列表	N
	MES 业务流程图	N
	MES 各区域站点定义描述清单	N
	PLC Logic 编程指导书	N
	PLC Logic 原始 Template 备档	N
	PLC Logic 最终状态备档（每个站点）	N
	MES 和 PLC 完整交互流程框图	N
接口	MES 与上下游系统接口表（或 DataFlow）	N
	MES 与上下游系统接口配置和定义	N
	数据交换格式说明文档	N
职责定义	服务器安装职责文档	N
	系统权限设置表	N
	用户权限申请表	N
	系统维护职责定义文档	N
	BCP	N
培训	培训记录（操作工、设备工程师、IT 工程师）	N
	培训材料	N
	用户操作指导手册	N
	站点特殊操作指导手册	N

小　结

MES项目实施包含实施范围文档制定、计划制订与控制、风险控制、系统验证、变更管理和成本管理等过程，每个过程或者每个阶段都应该有标准的产出，如项目文档、跟踪表、计划书、变更流程审批文件等。

读者通过对本章的学习，可以从项目甲方和乙方的双重角度了解和学习MES项目实施的方法和注意事项。读者也可以按照本章所介绍的实施过程实施MES，在实施过程中可以总结实际经验，从而形成自身的知识体系和经验积累。

练习题

一、填空题

1．MES项目实施通常来说分为4个步骤，即_____、_____、_____及_____。

2．_____对MES的影响是根本性的，包括计划的制订与发布、是否应用延迟策略、物流如何配合生产等。

3．生产数据显示及监控包含设备_____、_____、_____、_____等。

4．MES项目实施计划可分为两个层级，面对不同的人员。第一个层级为_____，第二个层级为_____。

5．MES项目中遇到的问题需要有3个层级的管理，包含_____、_____和_____，3个层级为递进关系。

二、简述题

1．企业在实施MES前应该围绕哪些问题做思考？

2．一般来说，项目交付关键节点有哪几个？

3．MES功能配置好后需要引入项目变更管理流程，变更单贯穿了整个流程，变更单一般包含哪些内容？

第4章
项目实战：一家小型机械加工企业的系统设计

根据企业需求，MES的系统功能可以非常复杂，如跨国汽车生产企业，而对于小型企业来说，MES可以变得比较经济实用。本章以一家小型机械加工企业为例，从零开始设计MES，为读者提供一个设计MES的思路。首先分析现有生产流程及生产线布局，其次定义用户需求，设计系统功能，最后形成一个完整的机械加工企业可用的MES产品。

4.1 生产流程及生产线布局

以某小型机械加工企业为例，该企业现有的机械加工生产线3D示意图如图4.1所示。

图4.1 生产线3D示意图

该企业的生产线平面布局图与生产工艺流程图如图4.2、图4.3所示。

下面对该企业生产线的具体工艺流程进行分析。

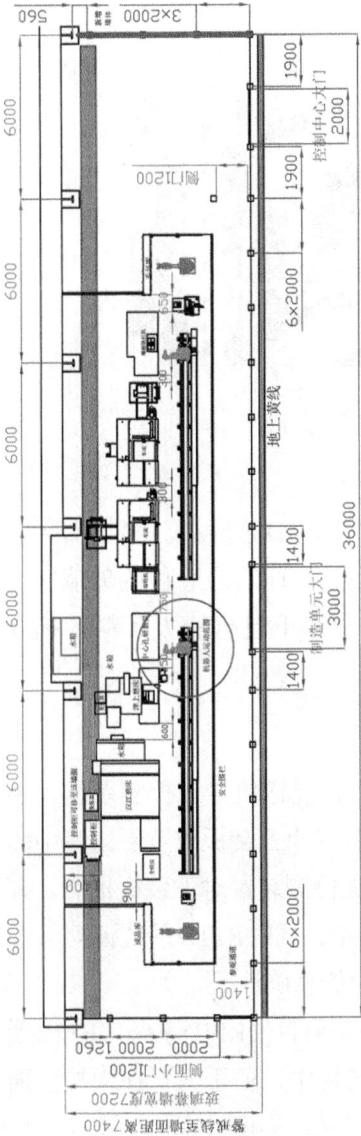

图4.2 生产线平面布局图

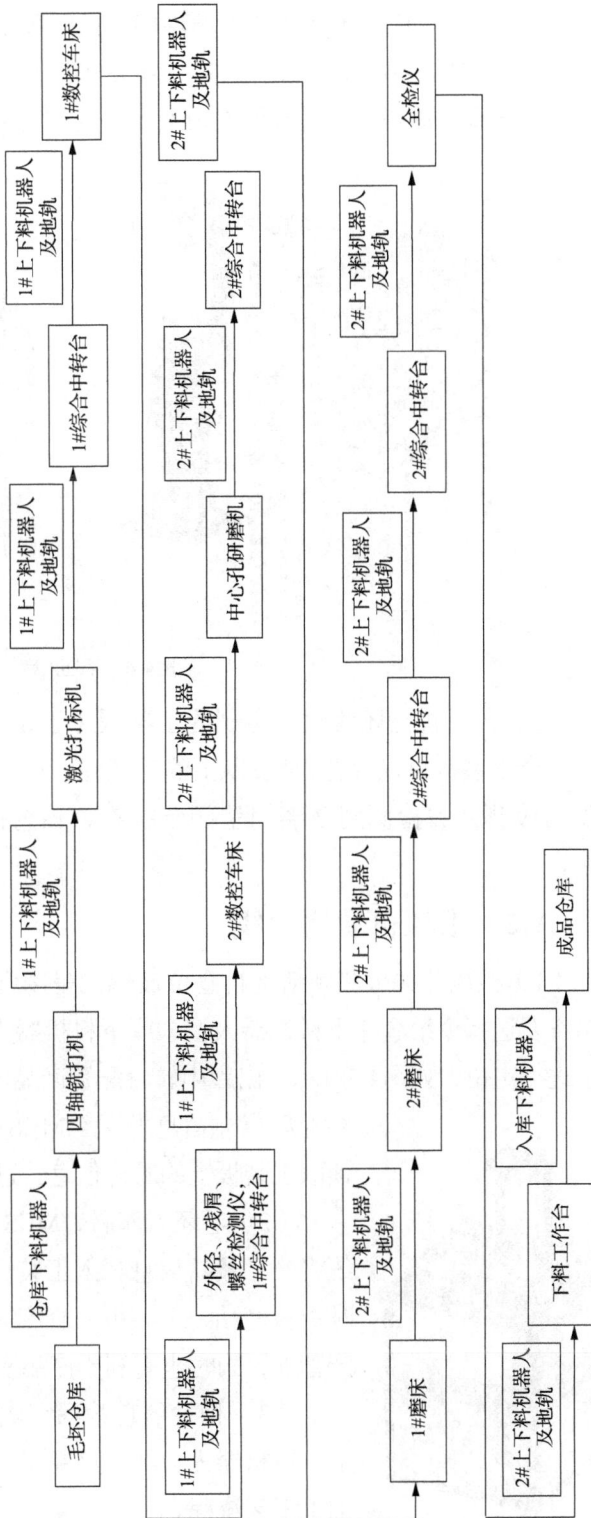

图4.3 生产工艺流程图

4.1.1　毛坯入库

（1）人工打开毛坯立体仓库玻璃门，此时玻璃门对应的检测开关检测到玻璃门呈打开状态，如图4.4所示，发送信号至控制系统，控制系统暂停给毛坯仓库下料机器人发送运动至该仓位的指令，以确保人员上料时候的安全。

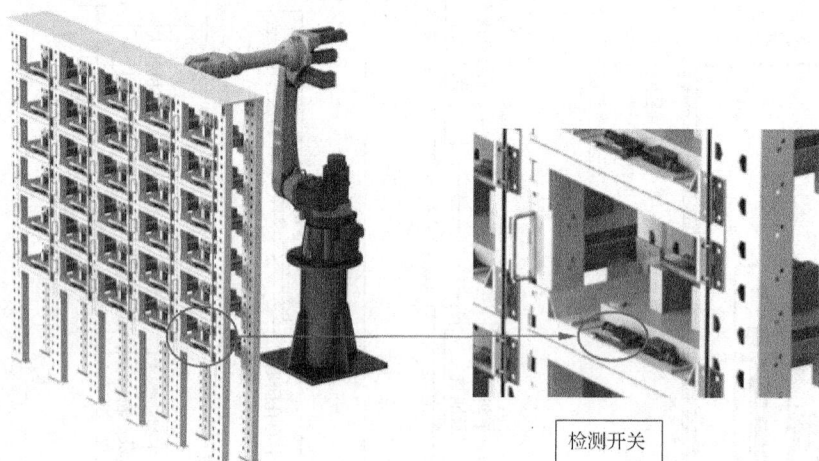

检测开关

图4.4　毛坯入库

（2）人工将毛坯件放入定制的工装板（工装板配置了RFID芯片）。根据实际需要，一个工装盘可以放置5个及以上的毛坯件，放料完成后，关闭对应仓位的玻璃门，玻璃门检测开关检测到玻璃门呈闭合状态，该仓位暂停仓库下料机器人下料的指令解除。

4.1.2　毛坯自动化上线

（1）检测开关检测到新上料仓位玻璃门呈闭合状态后，发送信号至控制系统，控制系统发送指令给仓库下料机器人，仓库下料机器人将该仓位的工装板放置于出库中转台上进行定位，如图4.5所示。出库中转台配置产品规格视觉检测装置对工装板拍照，并将毛坯尺寸信息发送至MES进行入库，同时RFID系统读写头会读取工装板上的芯片信息，进行双向信息确认。

（2）毛坯入库后，MES发送相关信息给RFID系统，RFID系统将产品最新信息写入工装板上的芯片中，便于人员在中控室随时查看产品、工装板、仓库等相关信息，实现可视化、智能化生产管理，同时也有利于产品质量追溯。

（3）相关信息读写完成后，控制系统发送指令给加工线1#上下料机器人，抓取产品工装板上所需加工的产品，并进入实际加工工艺流程。

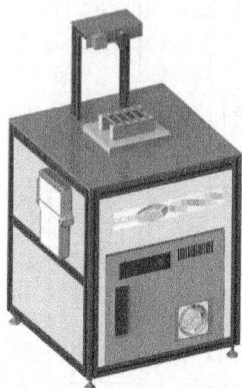

图4.5　出库中转台

（4）完成毛坯自动化上线工作后，仓库下料机器人将产品工装板放置于仓库对应的毛坯仓位，并等待下一步控制指令。

4.1.3　轴端面铣、打孔

（1）1#上下料机器人从出库中转台取料后，1#地轨将1#上下料机器人运送至四轴铣打机设定的位置，1#上下料机器人向四轴铣打机发出信号。

（2）四轴铣打机接收到1#上下料机器人信号后，气动门打开，1#上下料机器人将毛坯件放置于四轴铣打机工装板进行定位，进入待加工状态，四轴铣打机发送信号给1#上下料机器人。

（3）1#上下料机器人接收到四轴铣打机的相关信号后，进入复位状态，四轴铣打机的气动门关闭，开始进行毛坯件两端面铣面、中心孔打孔工艺。

（4）完成打孔工艺后，四轴铣打机的气动门开启，发送信号给1#上下料机器人，让其将零件从工装夹具上取下来，并放置另一个毛坯件，以便四轴铣打机进行下一个毛坯件端面铣削、打孔工艺。

机器人抓手如图4.6所示。

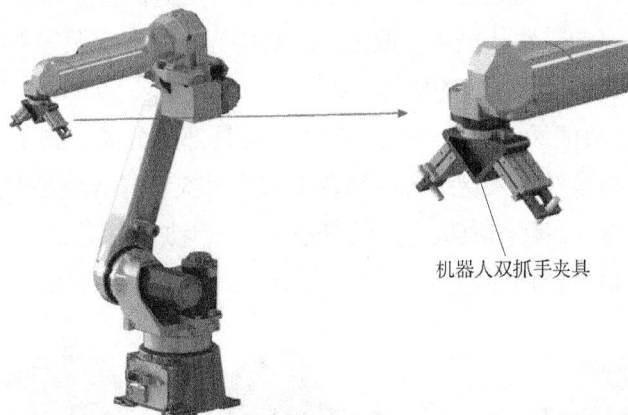

机器人双抓手夹具

图4.6　机器人抓手

4.1.4　零件打标

（1）1#上下料机器人将端面铣削好、中心孔打好的零件从四轴铣打机器人上取下后，1#地轨将1#上下料机器人运送至激光打标机对应的位置。

（2）1#上下料机器人将零件竖直放置于激光打标机对应的工装板定位孔内，并发送信号给激光打标机。激光打标机运行，将MES中对应的产品编号、信息等数据写在零件端部。

（3）打标完成后，控制系统发送信号给1#上下料机器人，1#上下料机器人将零件从激光打标机工装板上取出，准备进行下一步加工工艺，同时放入另一个需要打标的零件。打标机外形如图4.7所示。

图4.7　打标机外形

4.1.5　零件中间细轴加工及一端螺纹加工

（1）1#上下料机器人从激光打标机上将完成打标的零件取下后，1#地轨将其移送至两车床中间的1#综合中转台，1#上下料机器人对1#综合中转台上光杆鸡心夹的拨动气缸发出信号，拨动气缸将光杆鸡心夹夹具部分分离，同时控制系统发送信号给1#上下料机器人。

（2）1#上下料机器人接收到信号后，将零件一端放入光杆鸡心夹夹具部分，到指定位置后，1#上下料机器人发送信号给光杆鸡心夹的拨动气缸，拨动气缸复位，完成光杆鸡心夹对零件一端的夹紧定位。

（3）1#上下料机器人夹取完成夹紧定位的零件的另一端，将光杆鸡心夹及零件整体从工装板上的仿形腔内取出，在1#地轨的作用下运动至1#数控车床，然后发送信号给1#数控车床。1#数控车床的气动门打开，1#上下料机器人将光杆鸡心夹及零件整体放置于1#数控车床的夹具上，并退出1#数控车床，1#数控车床检测到相关信号后开始对零件中间细轴部分、圆弧段、一端螺纹进行车削加工。

（4）加工完成后，1#数控车床的气动门打开，发送信号给1#上下料机器人，1#上下料机器人将车削好的零件从机床上取出，再次将光杆鸡心夹及零件整体放置于1#综合中转台的光杆鸡心夹工装板对应的仿形腔内。

（5）光杆鸡心夹的拨动气缸将光杆鸡心夹夹具部分分离，1#上下料机器人保持对零件的夹持状态，将零件放入1#综合中转台上的热风吹气清洁装置中，将零件上的残留切屑清除掉，同时将残留切削液吹干，以便进行下一步加工工艺。

1#综合中转台如图4.8所示。

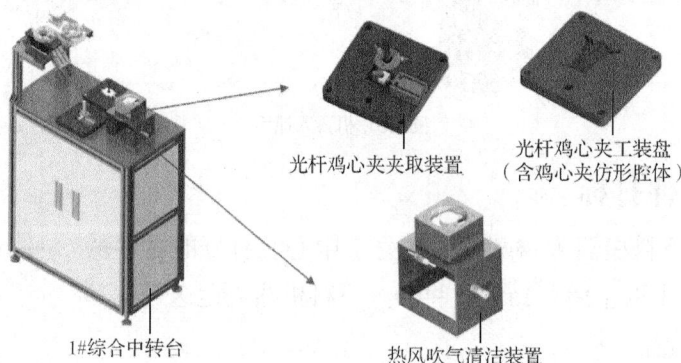

图4.8　1#综合中转台

4.1.6　零件中间细轴及一端螺纹智能测量、切屑残留检测

（1）零件表面经热风吹气清洁装置处理后，1#上下料机器人将零件送至1#综合中转台旁边的综合检测装置上的切屑残留装置中，检测切屑是否清除干净，如果没有，则再次送至热风吹气清洁装置中进行清洁，然后再次检测，直至无切屑残留。

（2）确认没有切屑残留后，1#上下料机器人将零件放置于1#综合中转台旁边的综合检测装置上的两气缸夹之间。

（3）综合检测装置上的夹持气缸夹取零件两端，1#上下料机器人抓手松开，夹取零件加工好的螺纹部分，然后发出信号，综合检测装置上的夹持气缸松开对零件两端的夹持。

（4）1#上下料机器人将零件中间细轴部分在外径检测传感器光幕之间横移，实现对零件中间细轴部分的加工尺寸检测，并将相关检测数据及结果发送至MES。同时，相关检测数据也要发送至车床数控系统，如果零件检测数据不符合合格要求，控制系统会发出NG报警，同时车床数控系统会对相关加工参数进行自适应调整，使得下一个零件符合加工要求，或者对不合格零件进行二次加工。

（5）零件中间细轴部分完成检测后，1#上下料机器人再次将零件放置于综合检测装置上的两夹持气缸之间，夹持位置更换为零件中间细轴部分。

（6）1#上下料机器人将零件螺纹部分在螺纹检测传感器光幕之间横移，实现对零件螺纹部分的尺寸检测，并将相关检测数据及结果发送至MES。同时，相关检测数据也要发送至车床数控系统，如果零件检测数据不符合合格要求，控制系统会发出NG报警，同时车床数控系统会对相关加工参数进行自适应调整，使得下一个零件符合加工要求，或者对不合格产品进行二次加工。

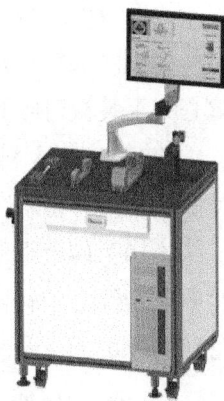

图4.9　综合检测装置

综合检测装置如图4.9所示。

4.1.7　零件另一端螺纹加工

（1）1#上下料机器人在1#地轨的配合下，将中间细轴及一端螺纹加工合格的零件移送至1#综合中转台，并将零件完成螺纹加工的一端插入光杆鸡心夹工装板对应的定位孔内。

（2）1#上下料机器人运动至1#综合中转台的夹具快换平台上，通过机器人夹具快换装置，将气缸夹爪夹具更换为末端配有夹持装置的伺服拧紧枪。

（3）1#上下料机器人更换末端执行装置后，通过末端配有夹持装置的伺服拧紧枪夹持光杆鸡心夹工装板上的零件光轴端，并将零件移送至螺纹鸡心夹。在伺服拧紧枪的作用下，零件一端的螺纹部分旋入螺纹鸡心夹，完成零件鸡心夹更换。

（4）完成零件鸡心夹更换后，1#上下料机器人再次运动至1#综合中转台的夹具快换平台上，通过机器人夹具快换装置，将末端配有夹持装置的伺服拧紧枪更换为气缸夹爪夹具。

（5）1#上下料机器人更换夹具后，夹持螺纹鸡心夹上零件的另一端，将螺纹鸡心夹及零件整体从工装板上的仿形腔内取出，在1#地轨的作用下运动至2#数控车床，然后发送信号给2#数控车床，2#数控车床的气动门打开，1#上下料机器人将螺纹鸡心夹及零件整体放置于2#数控车床的夹具上，并退出2#数控车床，2#数控车床检测到相关信号后开始对零件另一端的螺纹进行加工。

（6）加工完成后，2#数控车床的气动门打开，发送信号给1#上下料机器人，1#上下料机器人将车削好的零件从机床上取出，再次将螺纹鸡心夹及零件整体放置于1#综合中转台的螺纹鸡心夹工装板对应的仿形腔内。

（7）1#上下料机器人再次运动至1#综合中转台的夹具快换平台上，第三次通过机器人夹具快换装置，将气缸夹爪夹具更换为末端配有夹持装置的伺服拧紧枪。

（8）1#上下料机器人更换末端执行装置后，通过末端配有夹持装置的伺服拧紧枪夹持完成两端螺纹加工的零件顶端，并将零件旋出螺纹鸡心夹，然后将零件移送至光杆鸡心夹工装板对应的定位孔内。

（9）1#上下料机器人再次运动至1#综合中转台的夹具快换平台上，通过机器人夹具快换装置，将末端配有夹持装置的伺服拧紧枪更换为气缸夹爪夹具。

（10）1#上下料机器人再次夹持光杆鸡心夹工装板对应的定位孔内的零件，并将零件放入1#综合中转台上的热风吹气清洁装置中，将零件上的残留切屑清除掉，同时将残留切削液吹干，以便进行下一步加工工艺。

4.1.8　零件另一端螺纹智能测量、切屑残留检测

（1）零件另一端完成螺纹车削，并经热风吹气清洁装置处理后，1#上下料机器人将零件送至1#综合中转台旁边的综合检测装置上的切屑残留装置中，检测切屑是否清除干净，如果没有，则再次送至热风吹气清洁装置中进行清洁，然后再次检测，直至无切屑残留。

（2）确认没有切屑残留后，1#上下料机器人将零件放置于1#综合中转台旁边的综合检测装置上的两夹持气缸之间。

（3）综合检测装置上的夹持气缸夹取零件两端，1#上下料机器人抓手松开，夹取零件中间细轴部分，然后发出信号，综合检测装置上的夹持气缸松开对零件两端的夹持。

（4）1#上下料机器人将零件螺纹部分在螺纹检测传感器光幕之间横移，实现对零件螺纹部分的尺寸检测，并将相关检测数据及结果发送至MES。同时，相关检测数据也要发送至车床数控系统，如果零件检测数据不符合合格要求，控制系统会发出NG报警，同时车床数控系统会对相关加工参数进行自适应调整，使得下一个零件符合加工要求，或者对不合格产品进行二次加工。

（5）确认零件各加工尺寸满足要求后，1#上下料机器人将零件传递给2#上下料机器人对应的末端执行工具，进入零件精磨工艺流程。

4.1.9 中心孔研磨

（1）2#地轨将2#上下料机器人移送至与中心孔研磨机对应的位置，中心孔研磨机检测到相关信号后将气动门打开。

（2）2#上下料机器人将零件放置于中心孔研磨机对应的工装夹具上并退出，然后发送信号给中心孔研磨机，令其关闭气动门。

（3）中心孔研磨机启动加工程序，对零件两端的中心孔进行精磨，以满足后续磨床对零件表面进行精磨的中心孔尺寸、形状、位置公差等的要求。

（4）中心孔研磨机完成研磨工艺后，气动门打开，发送信号给2#上下料机器人，2#上下料机器人将零件取出，同时配置双抓手夹具，进行下一个零件中心孔研磨机上料，准备下一个工作循环。

4.1.10 轴中段、圆弧精磨

（1）2#上下料机器人在2#地轨的配合下，将完成中心孔研磨的零件移送至2#综合中转台，并将零件完成螺纹加工的一端插入螺纹鸡心夹工装板对应的定位孔内。

（2）2#上下料机器人运动至2#综合中转台的夹具快换平台上，通过机器人夹具快换装置，将气缸夹爪夹具更换为末端配有夹持装置的伺服拧紧枪。

（3）2#上下料机器人更换末端执行装置后，通过末端配有夹持装置的伺服拧紧枪夹持螺纹鸡心夹工装板上零件的另一轴端，并将零件移送至螺纹鸡心夹。在伺服拧紧枪的作用下，零件一端的螺纹部分旋入螺纹鸡心夹，使得零件与螺纹鸡心夹装配在一起。

（4）完成零件与螺纹鸡心夹装配后，2#上下料机器人再次运动至2#综合中转台的夹具快换平台上，通过机器人夹具快换装置，将末端配有夹持装置的伺服拧紧枪更换为气缸夹爪夹具。

（5）2#上下料机器人更换夹具后，夹持螺纹鸡心夹上零件的另一端，将螺纹鸡心夹及零件整体从工装板上的仿形腔内取出，在2#地轨的作用下运动至1#磨床，并发送信号给1#磨床，令其打开气动门。2#上下料机器人将螺纹鸡心夹及零件整体放置于1#磨床的夹具上，并退出。1#磨床检测到相关信号后，闭合气动门，开始对产品轴中段、圆弧进行精磨。

（6）加工完成后，2#磨床的气动门打开，并发送信号给2#上下料机器人，2#上下料机器人将磨削好的零件取出，准备进入下一个工艺，并对另一个需要磨削的零件进行上料。

4.1.11 螺纹精磨

（1）2#上下料机器人在2#地轨的配合下，将完成轴中段、圆弧精磨的螺纹鸡心夹及零件整体移送至2#磨床，并发送信号给2#磨床，令其打开气动门，2#上下料机器人将螺纹鸡心夹及零件整体放置于2#磨床的夹具上并退出。2#磨床检测到相关信号后，闭合气动门，开始对产品进行一端的螺纹精磨。

（2）零件一端的螺纹精磨完成后，2#磨床气动门打开，发送信号给2#上下料机器人，2#上下料机器人取下零件。2#上下料机器人在地轨的配合下移至2#综合中转台，将螺纹鸡心夹及零件整体放置于对应工装板的仿形腔内，并松开对零件的夹持。

（3）2#上下料机器人运动至2#综合中转台的夹具快换平台上，通过机器人夹具快换装置，将气缸夹爪夹具更换为末端配有夹持装置的伺服拧紧枪。

（4）2#上下料机器人更换末端执行装置后，通过末端配有夹持装置的伺服拧紧枪夹持螺纹鸡心夹工装板上零件另一轴端，并将零件移送至螺纹鸡心夹。在伺服拧紧枪的作用下，零件一端的螺纹部分旋出螺纹鸡心夹。

（5）2#上下料机器人将零件移送至螺纹鸡心夹工装板上对应的定位孔内，配有夹持装置的伺服拧紧枪松开，解除对零件的夹持。

（6）2#上下料机器人再次运动至2#综合中转台的夹具快换平台，通过机器人夹具快换装置，将末端配有夹持装置的伺服拧紧枪更换为气缸夹爪夹具，并将螺纹鸡心夹工装板上对应的定位孔内的零件做180°翻转，将磨削好的零件的一端插入定位孔内。随后2#上下料机器人再次通过更换末端夹具，将已经磨削好的零件一端旋入螺纹鸡心夹内，最终将该螺纹鸡心夹及零件整体移送至2#磨床，对零件的另一端进行螺纹磨削工艺。

（7）最终零件两端螺纹磨削完成后，2#上下料机器人取下零件，将螺纹鸡心夹及零件整体放置于螺纹鸡心夹的仿形腔内，再次更换机器人末端夹具，将零件与螺纹鸡心夹脱离，并放置于螺纹鸡心夹工装板上对应的定位孔内，2#上下料机器人的末端夹具更换为零件夹持气缸夹具。

（8）2#上下料机器人再次夹持螺纹鸡心夹工装板对应的定位孔内的零件，将零件放入2#综合中转台上的热风吹气清洁装置中，将零件上的残留切屑清除掉，同时将残留切削液吹干，以便进行下一步加工工艺。

4.1.12 产品全检

（1）零件经过螺纹精磨，并经热风吹气清洁装置处理后，2#上下料机器人将零件送至2#综合中转台旁边的产品终检系统的工装夹具内。

（2）产品终检系统接收到总控系统的相关信号后开始对零件进行相关的尺寸数据测量，并将相关检测数据及结果发送至MES。同时，相关检测数据也要发送至磨床数控系统，如果零件检测数据不符合合格要求，控制系统会发出NG报警，同时磨床数控系统会对相关加工参数进行自适应调整，使得下一个零件符合加工要求，或者对不合格产品进行二次加工。

产品全检设备如图4.10所示。

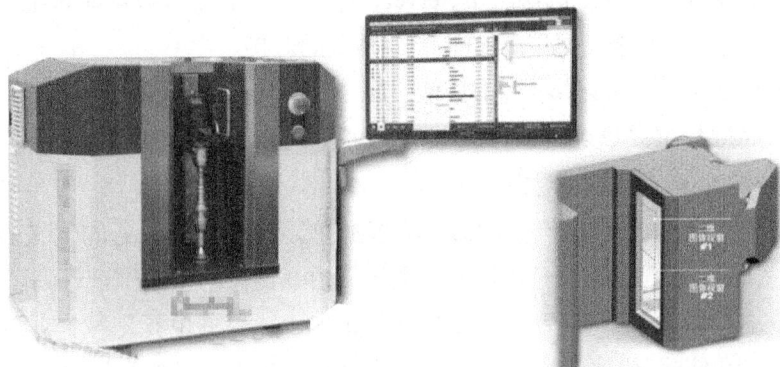

图4.10　产品全检设备

4.1.13　成品自动化下线

（1）零件经产品终检系统检测后，总控系统发送信号给2#上下料机器人及入库下料机器人。总控系统根据产品型号、加工质量对即将下线的零件进行成品仓库入库仓位的智能分配，入库下料机器人将成品仓库对应仓位的工装板取出，提前放置于入库中转台上进行定位。

（2）入库中转台配置的产品规格视觉检测装置对工装板上盛放零件的V形槽拍照确认，并将空位的相关信息发送至总控系统。

（3）入库工作准备完毕后，控制系统发送指令给2#上下料机器人，将下线零件放置于入库中转台空缺的V形槽内。入库中转台配置的产品规格视觉检测装置再次进行拍照确认，确认完成后，RFID系统读写头读取产品工装板上的芯片信息，并进行双向信息确认。相关零件信息会写入MES，并在中控室相关界面进行实时显示。

（4）零件下线完成后，控制系统发送指令给入库下料机器人，将盛有成品件的产品工装板放入指定的仓位，完成零件下线工艺要求。

（5）需要从成品仓库取出成品零件时，人工打开成品立体仓库玻璃门，此时玻璃门对应的检测开关检测到玻璃门呈打开状态，发送信号至控制系统，控制系统暂停给成品仓库入库机器人发送运动至该仓位的指令，以确保人员上料时候的安全。取料完成后，关闭对应仓位的玻璃门，玻璃门检测开关检测到玻璃门呈闭合状态，该仓位暂停机器人下料的信号被解除。

4.2　用户需求定义

基于该企业现有生产线的实际情况，用户提出的MES需求如下。

（1）MES软件应采用面向服务的架构（Service-Oriented Architecture，SOA），功

能模块基于统一平台、统一登录入口。

（2）MES数据库系统选用SQL Server，采购方不需支付数据库系统软件的版权费。

（3）通过集成服务完成与ERP等上层系统的对接。

（4）基础连接层可连接广泛的第三方设备。

（5）底层数据采集可集成多种设备，通过1套软件可与100台设备连接，通过集成组件可完成与2000台设备的对接。

（6）支持自动任务排产。MES要能根据单元产品生产任务的优先级，结合产品工艺、单元资源情况（设备、工装等）、生产节拍等，自动生成排产计划。

（7）支持单元生产过程的自动控制。MES要能根据单元工位作业计划情况和工位状态、工位生产资源状态、机器人状态，实时下达各工位设备和机器人的任务指令。

（8）支持生产过程质量管理。支持单元产品生产过程检验数据的录入或者集成，支持生产过程不合格品管理。

（9）支持单元设备履历管理。支持设备台账管理、设备点检管理、设备保养计划和保养记录、保养预警管理、设备故障申报、设备维修记录管理、提醒定期维护保养设备等功能。

（10）支持MES与生产设备、检验设备、机器人的集成，实现任务命令的下达和完成信号的反馈，实现生产完工数据、检验数据、运行状态的集成。

（11）支持产品单件质量追溯。支持单件产品条码录入，支持产品生产时间、生产设备、毛坯批次的质量追溯。

（12）支持各种看板监控。支持以图形化的方式，实现虚拟车间生产监控、工位生产监控、设备状态监控、生产进度监控。

（13）支持各种报表统计。支持在系统收集保存各种生产检验数据的基础上，按照企业实际需要，定制开发各种统计报表，对操作者提供操作辅助，输出生产过程报表，协助生产优化。

（14）支持手机等移动监控终端。

（15）支持MES后期二次开发，开放相关接口。

4.3 系统功能设计

应基于用户需求和企业现有生产线的实际情况设计MES。该系统采用B/S架构，基于.NET平台开发，数据库采用SQL Server 2012或更高版本。系统服务器配置和网络架构如表4.1、图4.11所示。

在进行系统功能设计时，一定要充分考虑系统需完成的事项，即生产数据管理、生产计划及排产、订单管理、生产控制、物料拉动、刀具管理、设备维护管理、设备监控报表、安灯系统、系统监控电子看板及库存管理等。下面分别介绍这些功能的具体设计。

表 4.1　系统服务器配置建议表

序号	数量	配置建议
1	1	PowerEdge T330 塔式服务器； 英特尔 E3-1230 处理器，16GB 内存，1TB 热插拔硬盘
2	1	19 英寸显示器

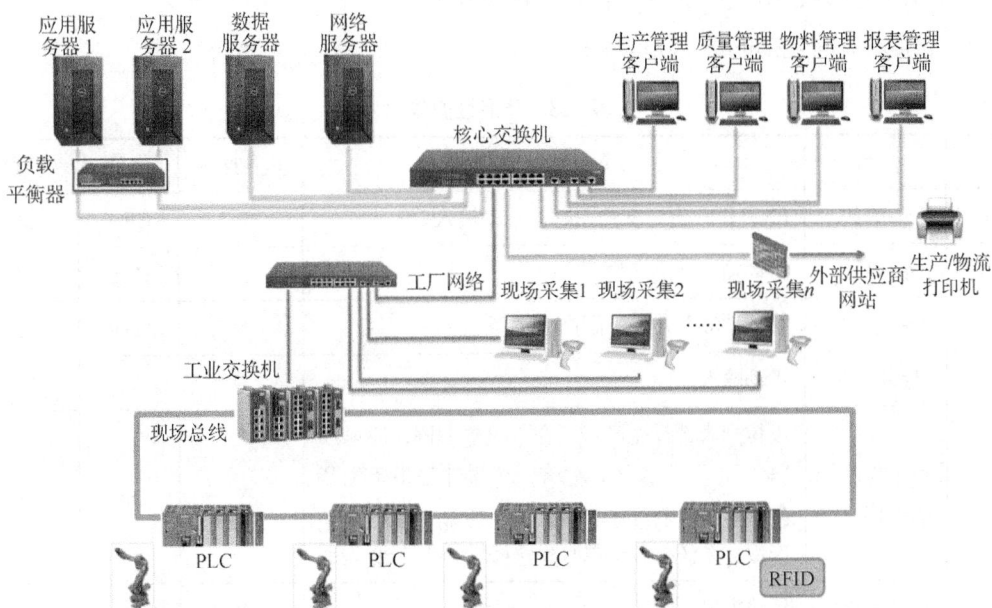

图4.11　系统网络架构示意图

4.3.1　生产数据管理

生产数据管理包括生产线/产品维护、站点管理、PLC数据模板管理、BOM管理、生产日历、设备管理等。下面分别展开说明。

1. 生产线/产品维护

生产线维护页面包括的数据如表4.2所示。

表 4.2　生产线维护数据

序号	名称	描述	是否必须	类型	长度
1	生产线编码	01 ~ 99，系统在创建新生产线时自动生成	Y	Char	2
2	生产线名称	手工输入生产线名称	N	Char	30
3	生产线类型	M-Assembly，A-Machining	N	Char	20
4	设计产能	生产线设计最大产能（JPH）	N	Int	—
5	计划产能	生产线计划产能≤生产线设计最大产能	Y	Int	—
6	生产线生效 / 失效	生产线失效时，生产订单生成页面会找不到该生产线，导致该信息为空	Y	N/A	N/A

当用户单击该维护页面时，当前系统中所有的生产线列表一般都会显示出来，列表的第一列有复选框，页面上方应有"新增""编辑""删除""生效/失效"按钮。对于已经生效的生产线不能进行编辑和删除操作，当用户单击该功能时，系统会提示"生效生产线不能编辑或删除"。

当设置生产线失效时，用户应检查是否有订单已经生成或正在生产，如果有，系统会提示"不能失效，有生产订单正在该生产线生产"。

产品维护页面包括的数据如表4.3所示。

表4.3 产品维护数据

序号	名称	描述	是否必须	类型	长度
1	产品编码	PN，用户自定义的编码，手动输入	Y	Char	30
2	产品名称	手动输入产品名称	N	Char	30
3	产品型号	"01""02"代表不同产品类型	N	Char	2
4	产品图号	手动输入	N	Char	20
5	对应生产线名称	下拉列表选择生产线。在下拉框右侧，应增加"+"和"-"按钮，允许一个零件在多条生产线上生产。有多条生产线时，应能设置默认生产线，系统拆分订单时先选择默认生产线	Y	Char	30
6	建议批量	建议批量	Y	Int	
7	仓位编码	下拉列表选择	Y	Char	11
8	产品状态	复选框，勾选为生效，不选为失效，默认为生效。产品失效时，生产订单生成页面会找不到该产品，导致订单生成失败	Y	N/A	N/A
9	产品图片	可以上传产品图片，大小限制在10MB以内	N	N/A	N/A
10	产品描述	可以输入描述文字，可作备注使用	N	Char	100

当用户单击该维护页面时，当前系统中所有的产品列表一般都会显示出来，列表的第一列有复选框，页面上方应有"新增""编辑""删除"按钮。对于已经生效的产品不能进行编辑和删除操作，当用户单击该功能时，系统会提示"生效产品不能编辑或删除"。

产品关联了整个生产环节的始终，也可能关联了产品BOM。因此删除产品应格外小心，否则可能造成生产停线及系统数据混乱。

2. 站点管理

单击该页面，显示所有站点列表，包含的数据如表4.4所示。

表 4.4　站点列表数据

序号	名称	描述	类型	长度
1	站点编号	自动生成"生产线+3位顺序号"。如果是独立工位，则生产线顺序号的前2位为0	Char	5
2	站点名称	工位号的命名，如CSOP010	Char	20
3	站点描述	一般为该站点的工位描述，如精铣两端面	Char	50
4	站点类型	"PLC"	Char	5
5	站点生效/失效	"生效"或"失效"。失效后站点客户端无法登录	Char	5

　　页面上方应有"新增""编辑""删除"按钮。对于已经生效的站点不能进行编辑和删除操作，当用户单击该功能时，系统会提示"生效站点不能编辑或删除"。

　　PLC站点是指MES直接从PLC获取数据，并将该零件的相关信息发送给PLC，以指导生产。

　　（1）基本信息页面。站点基本信息如表4.5所示。

表 4.5　站点基本信息

序号	名称	描述	是否必须	类型	长度
1	站点编号	自动生成"生产线+3位顺序号"。如果是独立工位，则生产线顺序号的前2位为0	Y	Char	5
2	站点名称	工位号的命名，如MC-OP010	Y	Char	20
3	站点描述	一般为该站点的工位描述，如精铣两端面	N	Char	50
4	站点类型	"PLC"	Y	Char	5
5	站点位置	● 开始站点：为生产线的第一个站点，生产订单获取顺序为系统中对应生产线的生产订单的下达顺序 ● 标准站点：为开始站点到下线站点的中间站点 ● 下线站点：为生产线的最后一个站点，该站点将根据通过产品SN的情况，自动关闭生产订单并自动生成转储单，将成品自动放入成品库 ● 独立站点：独立于生产线的站点，即使在生产线之前进行生产，也并不关联生产订单，只记录该产品SN的具体动作和记录	Y	Char	5

序号	名称	描述	是否必须	类型	长度
6	是否关联产品系列号与生产订单（复选框）	只有标准站点可以勾选，且每条生产线只能有一个站点可以关联系列号。如果需要关联产品系列号，PLC上传信息时需要增加行为代码"CO"，并同时上传当前生产的订单号，订单号应写在RFID中	Y	N/A	N/A
7	生产线	只显示，不可编辑	Y	Char	30
8	站点生效/失效	复选框，包括"生效"或"失效"。失效后站点客户端无法登录	Y	Char	5
9	班组	手动输入，只显示	N	Char	10
10	数据源ID	每个数据获取唯一的标识，原则上一个站点一个数据源ID	Y	Char	4
11	PLC IP	对应PLC的IP地址	Y	Char	15

单击"下一步"按钮，进入下一个信息维护页面。

单击"保存"按钮，保存已经编辑的信息。

单击"取消"按钮，退出页面，不保存信息。系统会提示用户是否确认取消。

（2）数据模板信息页面。数据模板信息页面包含MES和PLC交互的数据头信息，具体数据如表4.6所示。

表4.6　数据模板信息

序号	名称	描述	是否必须	类型	长度
1	数据模板名称	手动选择为"站点交互模板"	Y	Char	20
2	PLC数据块	格式为"DBXXXX,B4,ddd"，其中"DBXXXX,B4"为PLC DB地址，"ddd"为数据块最大值。该数据块前4位分别代表： 1～2代表第一次PLC设置握手信号 3～4代表第二次PLC设置握手信号	Y	Char	15
3	握手触发器	格式为"DBXXXX,W0"	Y	Char	15
4	默认行为代码	如UP，填写"UP"即可	Y	Char	2
5	通信类型	OPC，目前只支持OPC方式	Y	Char	10
6	通信名称	默认为"OPC.SimaticNET"	Y	Char	30
7	质量检查回馈地址	格式为"DBXXXX,B2" 前2位代表MES回馈是否成功	Y	Char	10
8	数据长度	质量检查回馈数据长度一般为2位	Y	Int	—

（3）数据信息页面。数据信息页面定义了与PLC交互的具体数据。

数据信息页面直接显示了"UP"（上传数据）的内容。"UP"一栏可以增加、编辑和删除，数据结构如表4.7所示。

表 4.7　UP（上传数据）格式

上传数据到 MES				MES 到 PLC			
数据块位置	数据偏移	数据长度	数据描述	数据块位置	数据偏移	数据长度	数据描述
DB99.B124	0	2	O-Read Piston code	DB98.B2	0	2	Quarantine Response Unit ID
	2	2	A-Read Con Rod code				
	4	2	B-Fit Circlip				
	6	2	C-Check Circlip				
	8	2	D-Unscrew				
	10	2	E-Print				
	12	23	Con Rod 1 Unit ID				
	35	23	Con Rod 2 Unit ID				
	58	23	Con Rod 3 Unit ID				
	81	23	Con Rod 4 Unit ID				

同时还可以单击"新增AP"按钮，AP即增加追溯信息，AP增加的内容如表4.8所示。

表 4.8　AP 增加追溯信息收集表

上传数据到 MES				MES 到 PLC			
数据块位置	数据偏移	数据长度	数据描述	数据块位置	数据偏移	数据长度	数据描述
DB99.B124	2	102	Con Rod 1 Unit ID	DB98.B2	0	2	Quarantine Response Unit ID
	104	102	Con Rod 1 Unit ID				
	206	102	Con Rod 1 Unit ID				
	308	102	Con Rod 1 Unit ID				

（4）工艺信息页面。工艺信息以列表的形式展现，在页面上端的下拉列表中可选择与该生产线关联的产品编码，不同编码显示不同工艺路线，工艺信息页面包括的数据如表4.9所示。

表4.9 工艺信息数据

序号	名称	描述	是否必须	类型	长度
1	工艺编号	从1开始，一直到9。系统自动给出	N	Char	1
2	工艺名称	手动输入	N	Char	20
3	工艺描述	手动输入	N	Char	50
4	工艺类型	"装配"或"机加"	N	Char	5
5	作业指导书	附件，大小限制在10MB以内，限PDF格式	N	N/A	N/A
6	Up&Down	利用向上箭头和向下箭头调整工艺顺序，工艺编号自动调整	N	N/A	N/A

单击"下一步"按钮，进入下一个信息维护页面。

单击"保存"按钮，保存已经编辑的信息。

单击"取消"按钮，退出页面，不保存信息。系统会提示用户是否确认取消。

（5）其他信息页面。对于PLC站点来说，过程质量和零件追溯信息都通过接口上传，并不需要手动维护过程质量和零件追溯的信息。

3. PLC数据模板管理

模板管理页面首先会显示模板列表，主要数据项如表4.10所示。

表4.10 模板管理主要数据

序号	名称	描述	类型	长度
1	模板名称	默认有两个模板，即"订单申请模板"和"站点交互模板"	Char	20
2	最后修改日期	格式为"yyyy/mm/dd hh:mm"	Date	16
3	修改人	系统自动记录修改人的用户名	Char	20

系统可以新增PLC模板，也可以单击某个条目进行修改。

（1）站点交互模板。PLC数据模板定义了PLC和MES交互的头信息，站点交互模板信息如表4.11所示。

表 4.11　站点交互模板数据

序号	名称	描述	传递方式	偏移地址	长度
1	主握手信号	由 PLC 优先设置，由 MES 回馈	PLC → MES	0	2
2	次握手信号	在第一次请求超时时使用，时间为 3 秒	PLC → MES	2	2
3	数据源 ID	每个站点都应有一个唯一的数据源 ID	PLC → MES	4	4
4	数据交互编号	按站点每次数据交互加 1	PLC → MES	8	6
5	行为代码	"UP"和"AP"。UP 为上传数据，AP 为增加追溯信息	PLC → MES	14	2
6	数据长度	不计算握手信号的数据长度，MES 需要读取的信息长度	PLC → MES	16	4
7	产品系列号	产品系列号，用户自定义长度	PLC → MES	20	XXX

注："XXX"项为可编辑项。

（2）订单申请模板。订单申请模板数据如表4.12所示。

表 4.12　订单申请模板数据

序号	名称	描述	传递方式	偏移地址	长度
1	主握手信号	由 PLC 优先设置，由 MES 回馈	PLC → MES	0	2
2	次握手信号	在第一次请求超时时使用，时间为 1 秒	PLC → MES	2	2
3	行为代码	RO	PLC → MES	4	2
4	数据源 ID	每个站点都应有一个唯一的数据源 ID，系统判断是否为开始站点	PLC → MES	6	4
5	末尾订单顺序号	PLC 中预存的最后一个订单的顺序号	PLC → MES	XXX	XXX
6	订单顺序号	订单顺序编号	MES → PLC	XXX	XXX
7	订单产品类型	产品类型码	MES → PLC	XXX	XXX
8	订单生产数量	订单产品数量	MES → PLC	XXX	XXX

注："XXX"项为可编辑项。

（3）PLC和MES标准交互流程。

① 当PLC准备好并开始和MES交互数据时，PLC应首先将主握手信号设置为十六进制"100"。

② PLC设置好以后，应启动两个timer（定时器），第一个timer是3秒，用于监控整个流程；第二个timer是1秒，用于监控主握手信号。

③ 当MES收到"100"信号后，系统做处理，并将需要的数据进行反馈，同时将主握手信号改成十六进制"200"或者"30x"。PLC握手信号的意义如表4.13所示。

表4.13　PLC握手信号的意义

实际值	名称	传递方式	描述
0000	标准值	PLC→MES	当交互结束时，PLC将交互信号清零
0100	新数据请求	PLC→MES	PLC准备好就发送"0100"给MES，直到MES回馈
0200	进行中	MES→PLC	MES已经接收到信号，正在进行处理
0300	传送完毕	MES→PLC	MES数据传输完成
0301	消息长度错误	MES→PLC	数据长度错误导致系统无法处理
0302	行为代码错误	MES→PLC	没有接收到行为代码或者行为代码错误
0303	数据非法	MES→PLC	MES检查各数据是否合法，非法则写入错误代码
0304	数据写入错误	MES→PLC	PLC地址长度不够或者数据写入失败
0305	数据源ID错误	MES→PLC	MES未找到数据源ID

④ 如果PLC在第二个timer没有检测到主握手信号改变，则将次握手信号设置为十六进制"100"。

⑤ MES根据不同的行为代码，反馈相应的信息。注意，开始站点反馈的数据会有所不同。

4. BOM管理

BOM是产品的基础，页面打开后，在页面上部选择已经定义好的产品PN，显示该产品下所有的零件目录，如图4.12所示。

产品BOM为单层结构，在每一个节点前有复选框，选择相应的复选框可以进行删除操作。选择单个的节点可以进行编辑操作。新增零件默认放在BOM列表的下方。零件属性只包含PN、零件描述和数量。

某些零件可能用在不同的地方，当维护BOM时，其数量应为所有零件的总数。

5. 生产日历

生产日历页面由4部分组成。

Part Number	Description	Qty
⊟ 552351140	120HP MT	1
77482850	SCREW(clutch kit)	9
77959920	SCREW(cylinder head-engine block)	10
115003210	STUD - ????M6-9-18	3
116124346	Screw-??M6X1X16	9
116127246	Screw-??M6X1X22	4
116127246	Screw-??M6X1X22	4
116131246	Screw-??M6X1X32	1
116176240	SCREW - ??M8-25	3
140406140	NUT - ??M6X1	1
140592210	NUT - ??M6X1	5
140592210	NUT - ??M6X1	5
140599110	NUT - ??M6X1	3
141193190	NUT - ??M8	4
162819240	SCREW - ??M8-14	1
162863240	SCREW - ??M6X30	1
162875340	VITE(NORMALE) TESTA FLANG.M8X40	1
162889340	SCREW - ??M10X1.25-50(??-??)	2
187502340	SCREW - ??M6X1X16	1
187502340	SCREW - ??M6X1X16	4
187505240	SCREW - ??M6X1X22	3

图4.12　BOM管理样例

（1）万年历。万年历示意图如图4.13所示。

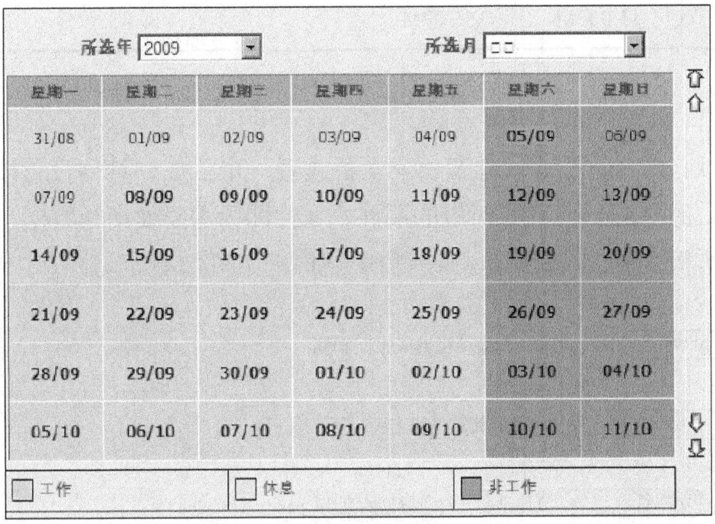

图4.13　万年历示意图

单击页面上的某一天，可以单独将该天设置为"工作日"或"非工作日"。其余所有数据只能显示，并不能编辑。

（2）统一设置工作日和非工作日。工作日是按照周进行设置的，打开两个下拉框，设置从周几到周几是工作日，其余都是非工作日。

设置完成后单击"保存"按钮，系统自动进行刷新显示。

（3）设置工作日的班次。班次设置是按天设置的，有"编辑"和"保存"按钮，设置的班次信息如表4.14所示。

表4.14　班次信息设置

班次	名称	开始时间	结束时间	备注
1	第一班	7:30AM	4:30PM	序号为系统按顺序自动生成的
2	第二班	5:00PM	2:00AM	
3	第三班	2:30AM	7:00PM	

注：时间为可编辑项，如果没有班次，则时间可以为空。

（4）设置工人小休时间。小休时间也是按天设置的，有"新增""编辑""删除""保存"按钮，设置的小休时间数据如表4.15所示。

表4.15　小休时间设置

序号	名称	开始时间	结束时间	备注
1	上午小休	10:00AM	10:10AM	序号为系统按顺序自动生成的
2	下午小休	15:00PM	15:10PM	

6. 设备管理

设备按照Asset进行划分，每个Asset对应一个设备或者一个工位，具体设置按照产线监控的具体需求而定。每个Asset应该有对应的属性，属性即为需要收集的数据。

设备列表应为树状结构，在该系统中，只设置3层结构，如图4.14所示。

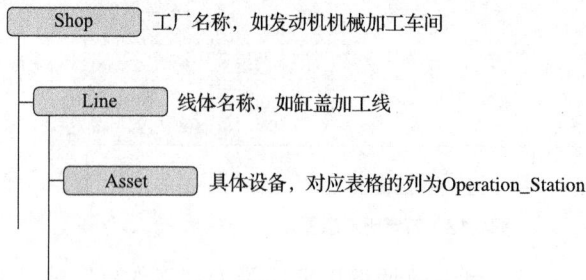

图4.14　设备结构树

（1）基本信息维护页面。基本信息维护页面包含的信息如表4.16所示。

表 4.16 设备基本信息

序号	名称	描述	是否必须	类型	长度
1	Asset ID	4 位序列号，用于标识 Asset 的唯一性	Y	Char	4
2	Asset 名称	一般以工位号或者工位号＋设备号命名，如 AHOP010.R1，意思为 AHOP 生产线，010 工位，机器人 R1	Y	Char	20
3	Asset 描述	手动输入，描述该设备的主要工艺步骤	N	Char	30
4	机器编码	手动输入，如 2016002532	N	Char	10
5	PLC IP	PLC 的 IP 地址	Y	Char	15
6	PLC DB 地址	格式为 "DBXXXX.B0"	Y	Char	20
7	Pay point	是否是下线工位，如果是下线工位，则 MES 需要计算生产线的实际产量，客户端会显示该数据	Y	N/A	N/A
8	设计 Cycle time	生产线设计 Asset 的 Cycle time	N	Int	
9	设计 JPH	生产线设计 Asset 的 JPH	N	Int	
10	OEM	生产线原始设备制造商，作为备用信息存在子系统中	N	Char	10
11	单次 Cycle time 生产零件数量	单次 Cycle time 完成，生产的零件数量	Y	Int	
12	设备图片	可以上传设备图片，大小限制在 10MB 以内	N	N/A	N/A

（2）设备故障维护页面。设备故障数据收集自PLC，故障维护信息如表4.17所示，每个Asset都应有一个列表。系统在设备故障维护页面应显示目前已经配置的工位。

表 4.17 设备故障维护信息

序号	名称	描述	类型	长度
1	故障或人工干预代码	用 3 位数字代表，手动输入	Char	3
2	故障或人工干预描述	描述信息	Char	30
3	DB 地址	如 "DB998.DBX10.0"	Char	20

（3）设备故障邮件提醒页面。当设备发生故障时，及时发出邮件提醒，以便用户及时收到警告。该页面包含的信息如表4.18所示。

表 4.18　设备故障提醒信息

序号	名称	描述	类型	长度
1	提醒序号	系统自动生成	Int	
2	选择节点	设备结构树中的任何一个节点	Char	20
3	提醒人员 ID	从系统用户列表中选择，可以为下拉式，也可以为列表式	Char	10
4	提醒人员名称	用户名称	Char	20

提醒应包含所有设备的故障提醒，提醒内容为标准内容"日期+时间+设备名称+故障描述"。系统暂不支持定制化提醒内容，以及可配置的用户群或设备组。

4.3.2　生产计划及排产

生产计划及排产包含以下功能。

1. ERP集成接口配置

ERP集成接口配置包含的信息如表4.19所示。

表 4.19　ERP 集成接口配置信息

序号	名称	描述	是否必须	类型	长度
1	FTP 服务器 IP	服务器地址	Y	Char	15
2	文件路径	路径信息	Y	Char	50
3	文件名	格式为"xxx.txt"，可以用"*"代替时间戳	Y	Char	20
4	读取频率	单位为分钟	Y	Int	
5	计划编号	填写读取位数"XXX"，最大为 30	Y	Char	2
6	计划名称	填写读取位数"XXX"，最大为 50	N	Char	2
7	产品编号	填写读取位数"XXX"，最大为 30	Y	Char	2
8	计划数量	填写读取位数"XXX"，最大为 5	Y	Char	1
9	计划下线时间	填写读取位数"16"	Y	Date	2

读取文件后，系统自动生成生产计划列表，并将TXT文件备份到服务器本地目录。

2. 生产计划管理

生产计划可以理解为从上游系统传输的或者手动输入的生产计划信息。生产计划包含的信息如表4.20所示。

表 4.20　生产计划信息

序号	名称	描述	是否必须	类型	长度
1	计划编号	生产计划编号，规则可以为 PP+20180101+00001 其中日期为计划创建日期，序列号为自循环	Y	Char	30
2	计划名称	计划描述，如 ERP201801	N	Char	50
3	产品编号	最终产品的编码 PN，手动创建或修改，也可通过下拉列表选择	Y	Char	30
4	产品名称	产品名称，系统自动带出，不可编辑	Y	Char	50
5	产品图号	图纸的编号，系统自动带出，不可编辑	N	Char	30
6	计划数量	计划生产的数量	Y	Int	
7	当前状态	计划当前状态，包括"已分解"或"未分解"或"已关闭"。"已分解"表示已经生成生产任务，不能编辑和修改	Y	Char	10
8	计划下线时间	结束时间，格式为"yyyy/mm/dd　hh:mm"	Y	Date	16
9	创建日期	计划创建日期，格式为"yyyy/mm/dd　hh:mm"	Y	Date	16

生产计划可以新建、编辑、删除。

3．计划分解

选择生产计划，再单击"计划分解"按钮，即可进行分解动作。系统将在该计划下显示自动分解的生产订单，其中排产顺序号、批次数量可编辑，生产计划分解信息如表4.21所示。

表 4.21　生产计划分解信息

序号	名称	描述	类型	长度
1	订单编号	"生产计划编号-xxx"，"xxx"可以从 001 到 999	Char	30
2	产品编号	最终产品的编码 PN	Char	30
3	排产顺序号	系统按照已经设置好的排产规则从 01 到 99 排列，该值可编辑，订单从 01 开始编号。数值在当前执行的订单中不允许重复	Char	2
4	产品名称	产品的名称	Char	50
5	生产线	生产线名称。系统根据 PN 和生产线的关系，自动分配，如果没有，则为空。当该生产线为空时，订单不能下达。（用户后期更改了 PN 和生产线的关系后，该信息应能自动刷新。）如果有多个生产线，则优先使用默认项	Char	30

序号	名称	描述	类型	长度
6	产品图号	图纸的编号	Char	30
7	订单顺序号	自动生成，4位循环，目的是管理订单的生产序列	Char	4
8	订单数量	系统自动根据建议批量进行分解，不可编辑，如需要修改，应先删除分解的订单，然后修改订单建议批量并重新生成订单。订单生成的原则为先生成建议批量的订单，剩余数量为一个批量。例如计划订单数量为25，订单建议批量为10，则订单生成为10+10+5	Int	
9	订单状态	"已生成"或"已下达"或"已关闭"	Char	10
10	下线日期	订单下线日期，格式为"yyyy/mm/dd"。默认日期为对应生产计划结束时间	Date	10
11	创建日期	订单创建日期，格式为"yyyy/mm/dd hh:mm"	Date	16
12	创建人	系统自动记录订单创建人的用户名	Char	20

如果取消生产计划分解动作，则删除所有生成的生产订单即可。

如果计划已分解，但并不想立刻确认生成或下达生产订单，可以保存该页面。在下次打开该页面并展开该生产计划后，仍然可以看到已分解的生产订单。

系统支持多个生产计划同时分解及排产，操作方式为同时分解两个及两个以上的生产计划，待系统自动分解完毕，单击页面上的"自动排产"按钮（包括两个选项，分别为ABAB和AABB），系统将自动按照规则填写排产顺序号。

4. 订单生成及下达

选择相应的生产计划，单击"订单生成"按钮后，将自动正式生成订单，此时该订单不可编辑，但可以将某个计划下的所有订单删除，并重新进行计划分解。如果该计划下所有订单的数量之和不等于计划数量，系统会提示"订单创建失败，订单总生产数量和计划不符"。

选择生产订单，单击"订单下达"按钮，订单将排队进行生产，状态更新为"已下达"。此时订单不可编辑，不可删除，对应生产计划的所有订单都不能删除。如必须删除，应手动将计划下的所有订单关闭，再重新手动创建新的生产计划，并重新生成订单。

选择一个或多个订单，单击"关闭订单"按钮，可以手动将订单关闭。

（1）订单和产品的关系。一个订单可以包含多个产品，但都属于同一个PN，按照要求，每个产品都应该有SN。但是有些产品并不需要SN，这也就意味着系统无法进行零件追溯和过程质量管理。

（2）订单的正常关闭。订单能否正常关闭需要根据下线站点的过点信息统计来判断，当订单关联的所有SN都下线后，系统自动关闭该订单。

当某个生产计划下所有的生产订单都关闭后，该生产计划的状态也更新为"已关闭"。在生产计划页面中，筛选条件默认为不显示已关闭的订单，但是可以通过更改查询条件来筛选已关闭的生产计划及订单。

生产订单和生产计划信息将在生产计划对应的所有生产订单关闭后的90天内（该时间可以自行设置）自动删除。

4.3.3 订单管理

订单管理页面默认只显示已经下达并且还未关闭的订单，已经关闭的订单可以通过更改查询条件进行查询。显示的订单将按照排产顺序号排列。

订单可以手动关闭，这与生产计划管理中的功能是相同的。订单信息包含的数据项，如表4.22所示，均不可编辑。

表4.22 订单信息

序号	名称	描述	类型	长度
1	订单编号	"生产计划编号-xxx"，"xxx"可以为001	Char	30
2	产品编号	最终产品的编码PN	Char	30
3	产品名称	产品的名称	Char	50
4	订单顺序号	已生成的订单顺序号，而非排产顺序号	Char	4
5	生产线	生产线名称	Char	30
6	产品图号	图纸的编号	Char	30
7	订单数量	已确认的数量	Int	
8	已生产数量	已下线（包括有质量问题的产品）的数量	Int	
9	订单状态	"已下达"或"已生产"或"已关闭"	Char	10
10	下线日期	订单完成日期，格式为"yyyy/mm/dd"。默认日期为对应生产计划的结束时间	Date	10
11	创建日期	订单创建日期，格式为"yyyy/mm/dd hh:mm"	Date	16
12	创建人	系统自动记录订单创建人的用户名	Char	20

1. 成品信息查询

单击某订单的条目前面的加号，可以展开已经关联的SN，SN将以列表的方式显示在列表中。单击SN上的超链接，将显示该SN的具体信息。

（1）成品基本信息。具体如表4.23所示。

表4.23　成品基本信息

序号	名称	描述	类型	长度
1	成品系列号	最终产品的编码	Char	30
2	产品编号	产品的编码	Char	30
3	产品名称	产品的名称	Char	50
4	产品图号	图纸的编号	Char	30
5	成品当前状态	"排产"或"生产"或"下线"	Char	20
6	最后更新时间	最后经过该站点的时间，格式为"yyyy/mm/dd hh:mm"	Date	16
7	订单编号	"生产计划编号-xxx"，"xxx"可以为001	Char	30
8	订单顺序号	已生成的顺序号	Char	4

（2）成品跟踪信息。具体如表4.24所示。

表4.24　成品跟踪信息

序号	名称	描述	类型	长度
1	站点名称	工位号的命名，如MC-OP010	Char	20
2	站点描述	一般为该站点的工位描述，如精铣两端面	Char	50
3	站点类型	"PLC"，只显示，不可编辑	Char	5
4	过点时间	格式为"yyyy/mm/dd hh:mm"	Date	16
5	过点质量状态	记录每个零件"OK"或"NOK"，只要有"NOK"，该站结果就为"NOK"	Char	3

（3）追溯信息。具体如表4.25所示。

表4.25　零件追溯信息

序号	名称	描述	类型	长度
1	零件追溯码	零件系列号或者批次号	Char	50
2	数据录入时间	格式为"yyyy/mm/dd hh:mm"	Date	16
3	录入站点	站点名称	Char	20

（4）过程质量信息。过程质量信息包含PC站点录入的"NOK"的缺陷，具体数据

信息如表4.26所示。

表 4.26　过程质量信息

序号	名称	描述	类型	长度
1	过程质量编码	记录的过程质量编码	Char	20
2	过程质量描述	记录的过程质量描述	Char	50
3	录入站点	站点名称	Char	20
4	录入时间	格式为"yyyy/mm/dd　hh:mm"	Date	16
5	当前状态	"OK"或"NOK"	Char	10
6	关闭人员	关闭操作的用户名	Char	20

在本页面中，用户可以将过程质量问题关闭，选择前面的复选框，单击"关闭"按钮即可。当所有质量问题都关闭后，系统则自动将该成品的状态更新为"下线"。

同时本页面中也包含收集自PLC的质量数据和检验数据，具体显示为各个站点的名称，单击站点前面的加号可以展开各PLC数据的结果，数值可以为PLC上传的原始数据（例如"1"代表OK，"50.1"代表扭矩值为50.1）。

2. 零件追溯信息查询

零件追溯信息查询包含4个查询条件：成品SN、产品编号、零件追溯码、产品下线日期（开始时间—结束时间），查询条件除日期外还支持模糊查询，查询结果如表4.27所示。

表 4.27　零件追溯信息查询结果

序号	名称	描述	类型	长度
1	成品 SN	产品系列号	Char	30
2	产品编号	最终产品的编码	Char	30
3	产品名称	产品的名称	Char	50
4	零件追溯码	零件系列号或者批次号	Char	50
5	数据录入时间	格式为"yyyy/mm/dd　hh:mm"	Date	16
6	录入站点	站点名称	Char	20
7	产品下线日期	格式为"yyyy/mm/dd　hh:mm"	Date	16

3. 过程质量信息查询

过程质量信息查询包含4个查询条件：成品SN、产品编号、过程质量描述、产品下线日期（开始时间—结束时间），查询条件除日期外还支持模糊查询，查询结果如表4.28所示。

表 4.28　过程质量信息查询结果

序号	名　称	描　述	类型	长度
1	成品 SN	产品系列号	Char	30
2	产品编号	最终产品的编码	Char	30
3	产品名称	产品的名称	Char	50
4	过程质量描述	记录的过程质量描述	Char	50
5	数据录入时间	格式为 "yyyy/mm/dd　hh:mm"	Date	16
6	录入站点	站点名称	Char	20
7	产品下线日期	格式为 "yyyy/mm/dd　hh:mm"	Date	16
8	最终状态	"OK" 或 "NOK"	Char	3

4.3.4　生产控制

站点客户端示意图如图4.15所示。

站点客户端主要包括如下信息。

（1）时间。该时间需要和服务器时间同步。

（2）生产线名称。用户登录时选择的生产线。该信息应在第一次登录时保存在系统中。

（3）站点名称。用户登录时选择的站点。该信息应在第一次登录时保存在系统中。

（4）SN。SN为该产品系列号，在开始工位，操作工人应将打印机自动打印的条码（应该由生产线PLC控制打印）贴在产品上或者托盘上，扫描时应先把光标激活到SN编辑框内。

（5）产品编号。产品编号为SN对应的产品编码PN。

（6）已生产/订单数量。已生产数量为该工位已经生产的该订单要求的数量；订单数量为订单要求的数量。

（7）下一个订单产品编

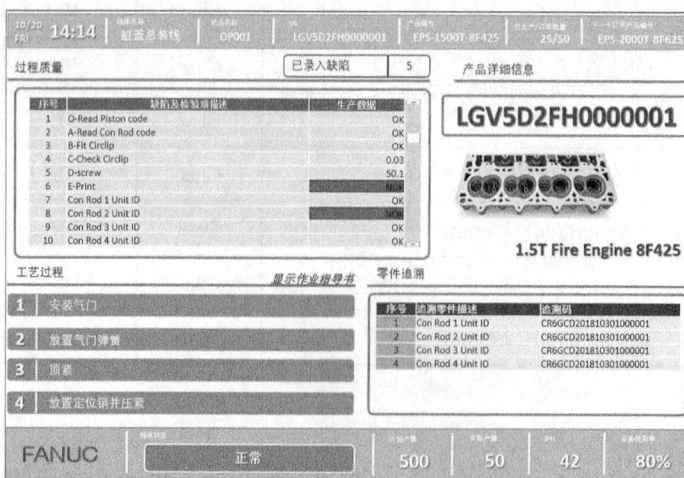

图4.15　站点客户端示意图

号。下一个订单的产品编码，如果没有，则为空。

（8）过程质量。显示PLC传递的质量信息。

（9）产品详细信息。该信息包括产品系列号（输入框内）、产品图片及产品描述。

（10）工艺过程。显示该工位定义的工艺列表。该信息从系统主数据中抓取，最多显示9条，超过4条则增加滚动条。

（11）零件追溯。显示PLC上传的零件追溯信息。

（12）LOGO。略。

（13）生产线状态。从PLC中自动读取，对应的Asset在站点配置时选择。

（14）计划产量。由生产线中计划产能计算得来，计划产量=生产线计划产能×（当前时间-开班时间-小休时长）÷班次时长。

（15）实际产量。显示该生产线工位下线的产品数量。

（16）JPH。显示每小时的实际产量。JPH=实际产量÷（当前时间-开班时间-休息时长），时间单位为小时。

（17）设备使用率。当前工位设备使用率=（班次时间-故障时长-小休时长）÷（班次时长-小休时长）。

4.3.5　物料拉动

物料拉动是指线边物料根据实际生产情况进行扣减，达到安全库存的数量时，自动发送叫料需求到物流配送区进行补料的过程。叫料流程如图4.16所示。

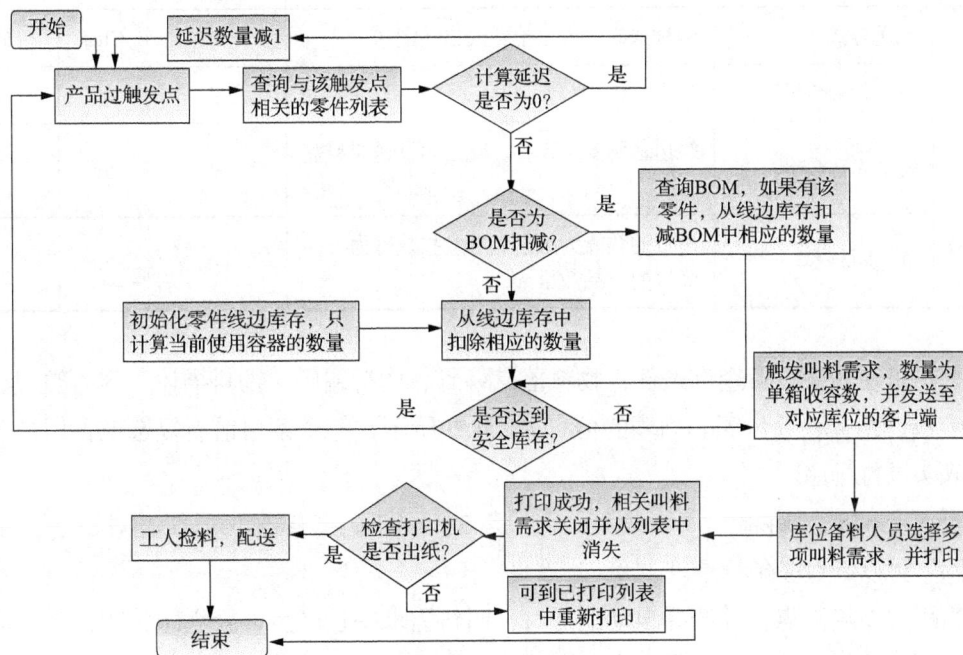

图4.16　叫料流程

1. 物料落点管理

物料落点是物料拉动的基础数据，物料拉动基础数据如表4.29所示。

表 4.29 物料拉动基础数据

序号	名称	描述	是否必须	类型	长度
1	物料落点编码	编码规则为"车间代码.路线.节点.位置"，如 CCCC.RR.PPP.LL	Y	Char	20
2	物料编码	PN，手动输入后可以查找	Y	Char	20
3	物料描述	选择 PN 后自动带出	N	Char	30
4	容器类型	选择 PN 后自动带出	N	Char	10
5	单箱收容数	选择 PN 后自动带出	Y	Int	
6	物料供应商	选择 PN 后自动带出	N	Char	20
7	路径	送货路线代码	N	Char	20
8	仓位	下拉列表选择	Y	Char	11
9	叫料方式	两种选择：BOM 或固定数量。如果选择 BOM，就根据实际 BOM 的数量进行扣减；如果选择固定数量，在后面的一次叫料数量中选择单箱收容数的数量即可	Y	Char	10
10	配送方式	两种选择：人工捡料或自动配送	Y	Char	5
11	单次扣减数量	一次扣料的数量	Y	Int	
12	安全库存数量	线边达到安全库存，就必须发送叫料需求	Y	Int	
13	延迟叫料	设置的数值为触发点触发扣减行为时，经过的产品数量	Y	Int	

用户可在表头设置查询条件：物料落点编码、物料编码、物料描述、容器类型、单箱收容数、路径、仓位等。列表的信息如表4.29所示，每个条目前有复选框，用户也可单击表头进行排序。

页面上部有"新增""修改""删除"3个按钮。"修改"只能针对单条记录，"删除"可以针对多条记录。

当用户新增落点，并选择自动配送时，叫料需求一旦产生，就立即关闭，并自动生成物料出库的转储单，且设置为确认状态。

2. 触发点管理

叫料触发点只能是系统中已经存在的站点。进入页面，首先在站点列表中选择站点名称，系统自动显示该站点已经关联的物料落点信息。触发点管理信息如表4.30所示。

表4.30 触发点管理信息

序号	名称	描述	类型	长度
1	物料落点编码	编码规则为"车间代码．路线．节点．位置"，如 CCCC.RR.PPP.LL	Char	20
2	物料编码	PN	Char	20
3	物料描述	物料的描述	Char	50
4	容器类型	容器的类型	Char	10
5	单箱收容数	单箱的收容数	Int	
6	路径	规划路径	Char	20
7	仓位	仓位	Char	11
8	叫料方式	叫料的方式	Char	10
9	配送方式	配送的方式	Char	5
10	当前库存数量	当前的库存数量	Int	

页面中有"新增""删除""保存"按钮。

① 新增功能用于物料落点导入，可调出物料落点列表，选择单项或多项后进行导入。页面中也可以进行排序，或者输入查询条件查找。一个物料落点不能关联两个及以上的触发点。

② 删除即删除选中的物料落点。系统会弹出是否确认对话框，确认后即可删除。

③ 保存即保存设置结果，系统会提示"保存成功"。

该页面也需要手动维护物料线边库存。在显示的物料落点列表中，增加一列可编辑的数值，维护当前库存后保存即可。缺省值为容器单箱收容数。"保存"按钮在每条物料落点编辑框的后面显示，没有更改则不显示。不建议生产时进行更改。

3. 叫料需求管理

线边触发点触发的叫料需求在叫料需求列表中显示。用户应在表头设置查询条件：物料落点编码、物料描述、叫料时间、当前状态、路径、仓位等。叫料需求管理信息如表4.31所示。

4. 物料需求的执行与关闭

在备料客户端登录页面（单独的URL），用户除输入用户名、密码外，还需要选择仓位号。登录后页面中显示的所有叫料需求都将是这一仓位的需求。备料客户端登录页面特点如下。

表4.31　叫料需求管理信息

序号	名称	描述	类型	长度
1	叫料需求编号	由落点＋日期＋时间构成，具体格式为 CCCCRRPPPLLYYYYMMDDHHMM	Char	30
2	物料落点编码	编码规则为"车间代码.路线.节点.位置"，如 CCCC.RR.PPP.LL	Char	20
3	物料编码	PN	Char	20
4	物料描述	物料名称或描述	Char	50
5	叫料数量	实际叫料数量，为单箱收容数	Int	
6	叫料时间	实际触发时间，格式为"yyyy/mm/dd hh:mm"	Date	16
7	当前状态	"触发"或"关闭"	Char	10
8	路径	送货路线代码	Char	20
9	仓位	仓位信息	Char	10

（1）默认显示未打印的需求。

（2）如果需要显示已打印的需求，需要更换查询条件为"已打印"。

（3）打印任务发送至打印机后，自动刷新页面，已打印的叫料需求会从当前列表中消失。

（4）打印任务发送至打印机后，自动关闭叫料需求。

（5）对于已打印的叫料需求，系统将自动生成拣料单，单号规则为"日期+4位序列号"，拣料单格式待定。

（6）重打印功能，在查询拣料单的页面选择已打印的拣料单，单击"重打印"按钮可进行重新打印。

4.3.6　刀具管理

刀具管理只应用于机械加工生产线，从PLC中收集相关数据进行计算，提前预警换刀，及时跟踪刀具的使用状态和使用记录。

1. 刀具主数据维护

刀具采用系列号进行管理，刀具主数据如表4.32所示。

2. 刀具换刀提醒设置

用户可在页面顶部设置查询条件：刀具图纸号、刀具系列号、刀具名称、刀具状态等。刀具换刀提醒设置信息如表4.33所示。

表 4.32　刀具主数据

序号	名称	描述	是否必须	类型	长度
1	刀具图纸号	手动输入	Y	Char	20
2	刀具系列号	手动输入，一般为图纸号＋流水号	Y	Char	30
3	刀具名称	手动输入	N	Char	30
4	刀具描述	手动输入	N	Char	100
5	刀具供应商	供应商名称	N	Char	30
6	仓位	仓位信息，如 A01-001-001	N	Char	15
7	最大切削速度	手动输入，如 350 m/min	N	Int	
8	最大加工次数	手动输入	N	Int	
9	换刀预警	手动输入，按加工次数预警	Y	Int	
10	当前加工次数	可手动输入初始值	Y	Int	
11	刀具状态	"使用中"或"调校"或"库存"	Y	Int	
12	最后一次状态改变	状态改变的时间，格式为"yyyy/mm/dd hh:mm"	Y	Date	16
13	关联站点	下拉列表选择站点，主要从站点获取生产零件数据	Y	Char	20
14	单件加工次数	一次成品加工次数	Y	Int	

表 4.33　刀具换刀提醒设置信息

序号	名称	描述	是否必须	类型	长度
1	提醒编号	01,02,…，自动生成	Y	Char	2
2	对应站点	选择站点，可以多选，用分号隔开	Y	Char	100
3	被提醒人	被提醒人员的用户名	Y	Char	100

4.3.7　设备维护管理

1. 设备故障维护管理

该功能只针对设备发生的故障。用户单击该菜单时，系统将显示当前用户创建或执行的设备故障通知单，设备故障通知单信息如表4.34所示。

137

表 4.34　设备故障通知单信息

序号	名称	描述	类型	长度
1	设备故障通知单编号	系统自动给出，规则为 FN+ 日期 + "-" +4 位序列号	Char	13
2	故障名称	手动输入，如 "1 号机器人电机故障"	Char	20
3	故障详细描述	手动输入	Char	100
4	任务状态	"执行" 或 "完成"	Char	2
5	创建日期	格式为 "yyyy/mm/dd　hh:mm"	Date	16
6	创建人	创建人的用户名	Char	10
7	执行人	执行人列表	Char	50

页面中有"新增""编辑""删除"按钮。

单击"新增"或"编辑"按钮后，系统会弹出编辑页面，页面包含以下标签页。

（1）基本信息。设备故障通知单基本信息如表4.35所示。

表 4.35　设备故障通知单基本信息

序号	名称	描述	类型	长度
1	设备故障通知单编号	系统自动给出，规则为 FN+ 日期 + "-" +4 位序列号	Char	13
2	故障名称	手动输入，如 "1 号机器人电机故障"	Char	20
3	故障详细描述	手动输入	Char	100
4	任务执行人	任务分配给谁，可从用户列表中选择，选择多个人时用分号隔开，框中显示用户名即可	Char	50

（2）故障设备。单击"查找"按钮，调用设备树状结构列表，进行选择。故障设备列表信息如表4.36所示。

表 4.36　故障设备列表信息

序号	名称	描述	类型	长度
1	设备名称	一般以工位号或者工位号 + 设备号命名，如 AHOP010.R1，意思为 AH 生产线，010 工位，机器人 R1	Char	20
2	设备描述	手动输入，描述该设备的主要工艺步骤	Char	30
3	班组	手动输入，如 TEAM01	Char	10
4	机器编码	手动输入，如 2016002532	Char	10

　　原则上一张设备故障通知单只包含一个设备。用户单击"保存"按钮后，系统生成设备故障通知单，末尾增加新标签，在故障维护记录文本框中输入，长度限制为300字符，之后再进入下一个管理环节。

　　（3）故障维护。执行人登录后，当前设备故障通知单列表会显示出来，如表4.37所示。

表 4.37　设备故障通知单列表信息

序号	名称	描述	类型	长度
1	设备故障通知单编号	系统自动给出，规则 FN+ 日期 + "-" +4 为序列号	Char	13
2	故障名称	手动输入，如 "1 号机器人电机故障"	Char	20
3	故障详细描述	手动输入	Char	100
4	任务状态	"执行" 或 "完成"	Char	2
5	创建日期	格式为 "yyyy/mm/dd　hh:mm"	Date	16
6	创建人	创建人的用户名	Char	10
7	执行人	执行人列表	Char	50

　　维护设备后，用户需要填写故障维护记录。用户可以根据当时的维护情况填写，长度限制为300字符。填写完成后，用户可单击"保存"按钮，保存当前数据，也可以单击"完成"按钮，表示该任务已完成。

　　2. 设备日常维护管理

　　设备日常维护为设备的日常性维护，通常指周期性的设备点检及维护工作。页面打开后，系统将显示当前已经创建的设备维护任务列表，设备维护任务列表信息如表4.38所示。

表 4.38　设备维护任务列表信息

序号	名称	描述	类型	长度
1	设备维护任务单编号	系统自动给出，6 位顺序号	Char	6
2	维护任务名称	手动输入，如 "提升机润滑油更换"	Char	20
3	维护任务描述	手动输入	Char	100
4	任务状态	"执行中" 或 "关闭"	Char	3
5	创建日期	格式为 "yyyy/mm/dd　hh:mm"	Date	16
6	创建人	创建人的用户名	Char	10
7	任务执行人	任务分配给谁，从用户列表中选择，此处目前只允许选择一个人	Char	5

页面中有"新增""编辑""删除"按钮。单击"新增"或"编辑"按钮后，系统将弹出编辑页面，页面中包含以下标签页。

（1）基本信息。维护任务单基本信息如表4.39所示。

表4.39　维护任务单基本信息

序号	名称	描述	类型	长度
1	设备维护任务单编号	系统自动给出，6位顺序号	Char	6
2	维护任务名称	手动输入，如"提升机油润滑"	Char	20
3	维护任务描述	手动输入	Char	100
4	任务执行人	即任务分配给谁，从用户列表中选择	Char	50

（2）任务周期计划。设置内容包括任务的开始时间、周期等，维护任务周期性设置如图4.17所示。

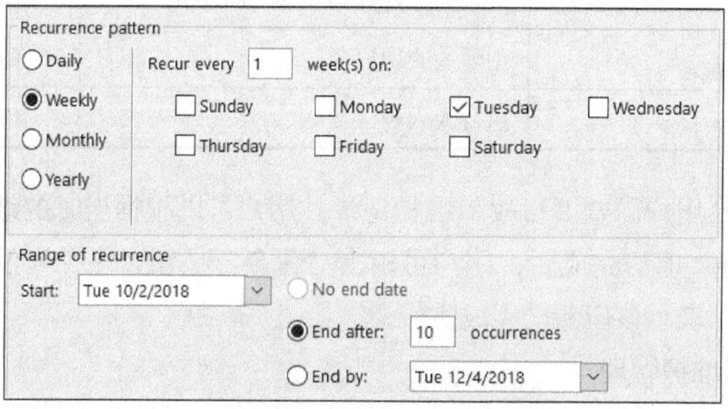

图4.17　维护任务周期性设置

（3）维护设备列表。单击"查找"按钮，调用设备树状结构列表，进行选择，可以选择单项或多项。维护设备列表信息如表4.40所示。

表4.40　维护设备列表信息

序号	名称	描述	类型	长度
1	设备ID	4位序列号，用于标识Asset的唯一性	Char	4
2	设备名称	一般以工位号或者工位号+设备号命名，如AHOP010.R1，意思为AH生产线，010工位，机器人R1	Char	20
3	设备描述	手动输入，描述该设备的主要工艺步骤	Char	30
4	班组	手动输入，如TEAM01	Char	10
5	机器编码	手动输入，如2016002532	Char	10

在列表中，用户可以"新增"或者"删除"设备。

（4）任务附加数据。用户可以上传附件，格式可以为Word、txt、JPEG。附件可以是操作说明、注意事项或者关键设备图片。每个附件大小限制在10MB以内。附件以列表的方式显示，具体信息如表4.41所示。

表 4.41　附件列表信息

序号	名称	描述	类型	长度
1	附件序号	从 1 开始，系统自动给出	Int	
2	附件名称	上传的附件文件名	Char	50
3	上传日期	格式为"yyyy/mm/dd　hh:mm"	Date	16

（5）任务提醒设置。设置在何时提醒相关执行人，只允许输入时间。时间格式为"hh:mm"，采用24小时制。执行人登录系统后，系统会弹出消息对话框，显示该提醒内容，如表4.42所示。

表 4.42　任务提醒设置信息

序号	名称	描述	类型	长度
1	提醒时间	计划的提醒时间，格式为"hh:mm"	Char	5
2	任务名称	维护任务名称	Char	20

（6）维护任务单列表打印。执行人登录系统后，系统将根据执行人和当前日期，自动生成维护任务单列表，如表4.43所示。

表 4.43　维护任务单列表打印信息

序号	名称	描述	类型	长度
1	设备维护任务单编号（子任务）	维护任务单编号后加 001 ~ 999，表示根据周期时间自动分解的子任务，任务编号作为单据编号	Char	10
2	维护任务名称	显示任务名称，如"提升机润滑油更换"	Char	20
3	创建日期	格式为"yyyy/mm/dd　hh:mm"	Date	16
4	维护日期	yyyy/mm/dd	Char	10
5	任务状态	"执行中"或"完成"	Char	5
6	创建人	创建人的用户名	Char	10
7	执行人	任务分配给谁，从用户列表中选择，此处目前只允许选择一个人	Char	5
8	任务执行记录	内容为空，随维护任务单一并生成，方便手动记录	—	—

用户一次只能选择一个任务，单击"打印"按钮，系统会生成维护任务单，并直接打印设备维护任务单和维护设备列表。

（7）维护任务单管理。用户完成维护任务单打印后，系统需要保存该单据，并在用户登录选择维护任务时，提供查询条件及已生成但并未完成的维护任务单列表。系统默认显示还未完成的维护单据，维护任务单管理信息如表4.44所示。

表4.44　维护任务单管理信息

序号	名称	描述	类型	长度
1	设备维护任务编号（子任务）	设备维护任务编号后加001～999，表示根据周期时间自动分解的子任务，任务编号作为单据编号	Char	10
2	维护任务名称	显示任务名称，如"提升机润滑油更换"	Char	20
3	创建日期	格式为"yyyy/mm/dd　hh:mm"	Date	16
4	任务状态	"执行中"或"完成"	Char	5
5	维护日期	yyyy/mm/dd	Char	10
6	创建人	创建人的用户名	Char	10
7	执行人	任务分配给谁，从用户列表中选择，此处目前只允许选择一个人	Char	5
8	任务执行记录	内容为空，随维护任务单一并生成，方便手动记录	—	—

用户单击该任务编号（通常显示为链接）后，页面显示该单据的详细信息，并增加任务记录文本框，用户可以根据当时维护的情况填写，长度限制为300字符。填写完成后，用户可单击"保存"按钮保存当前数据，也可以单击"完成"按钮，表示该任务已完成。

4.3.8　设备监控报表

1. 设备监控报表

设备监控报表只提供单个设备的报表。在划分Assets时，用户应预先考虑好某个区域是细化到设备还是工位。如果是细化到设备，每个设备都应该是一个Asset，否则一个工位算作一个Asset。

（1）生产报表。左边为Assets树状结构，可单击每个叶子节点或生产线，右边则显示标签（3号区域），单击每个标签会出现不同的报表。各个区域的功能如表4.45所示。

表 4.45 生产报表各区域功能

区域	名称	描述
1	Assets 树	树状结构，展示设备在工厂里面的组织形式。每个设备的不同颜色代表不同状态 表格： 序号 / 颜色 / 描述 1 / 灰色 / 离线状态 2 / 红色 / 设备故障或停线 3 / 绿色 / 工作正常 4 / 黄色 / 缺件 5 / 蓝色 / 堵塞
2	报表区域	生产报表（每个小时为一列） 列 / 名称 / 描述 1 / 产品数量 / 显示该工位生产的产品数量 2 / 缺件状态时长 / 设备缺件状态时间长度（秒） 3 / 堵塞状态时长 / 设备堵塞状态时间长度（秒） 4 / 故障状态时长 / 设备故障状态时间长度（秒） 5 / 故障次数统计 / 故障次数 6 / 平均 Cycle time 统计 / 平均 Cycle time
3	报表切换标签	系统提供以下几种报表。 ● 生产报表：统计生产数量及设备状态（Assets 层） ● Cycle time：记录 Cycle time 详细信息（Assets 层） ● 状态记录：实时记录该设备的状态信息（Assets 层） ● 故障或人工干预：实时记录故障或人工干预事件（Assets 层） ● 瓶颈分析报表（同时支持 Assets 和生产线层） ● Top10 故障分析报表（同时支持 Assets 和生产线层）
4	日期时间选择	系统将根据定义的日期和时间显示报表内容

（2）Cycle time报表。Cycle time报表样式如图4.18所示。

记录时间	产品型号	节拍时间	准备时间	工作时间	OP010节拍时间
2018-03-05 9:01:02	2	58.27	13.87	72.14	32.53
2018-03-05 9:01:03	2	58.32	13.92	72.24	32.58
2018-03-05 9:01:04	2	58.33	13.93	72.26	32.59
2018-03-05 9:01:05	2	58.22	13.82	72.04	32.48
2018-03-05 9:01:06	2	58.01	13.61	71.62	32.27
2018-03-05 9:01:07	2	57.99	13.59	71.58	32.25
2018-03-05 9:01:08	2	58.34	13.94	72.28	32.6
2018-03-05 9:01:09	2	58.78	14.38	73.16	33.04
2018-03-05 9:01:10	2	58.54	14.14	72.68	32.8
2018-03-05 9:01:11	2	58.31	13.91	72.22	32.57
2018-03-05 9:01:12	2	58.22	13.82	72.04	32.48
2018-03-05 9:01:13	2	58.11	13.71	71.82	32.37
2018-03-05 9:01:14	2	58.16	13.76	71.92	32.42
2018-03-05 9:01:15	2	58.43	14.03	72.46	32.69
2018-03-05 9:01:16	2	58.56	14.16	72.72	32.82
2018-03-05 9:01:17	2	58.55	14.15	72.7	32.81
2018-03-05 9:01:18	2	58.32	13.92	72.24	32.58
2018-03-05 9:01:19	2	58.01	13.61	71.62	32.27
2018-03-05 9:01:20	2	58.33	13.93	72.26	32.59
2018-03-05 9:01:21	2	58.27	13.87	72.14	32.53
2018-03-05 9:01:22	2	58.28	13.88	72.16	32.54
2018-03-05 9:01:23	2	58.29	13.89	72.18	32.55
2018-03-05 9:01:24	2	58.23	13.83	72.06	32.49

图4.18　Cycle time报表样式

Cycle time报表数据项包含以下条目，如表4.46所示。

表4.46　Cycle time 数据项

序号	名称	描述	类型	长度
1	记录时间	该条记录被获取的时间，格式为"yyyy/mm/dd, hh:mm:ss"	Date&Time	20
2	Model code	用 1～9 标识所有的产品型号	Char	1
3	Cycle time	工位或设备操作时间	Float	

（3）站点状态报表。该报表样式可参考生产报表，其数据项如表4.47所示。

表 4.47　站点状态报表数据项

序号	名称	描述	类型	长度
1	状态描述	站点包括以下几种状态。 ● 离线状态 ● 设备故障或人工干预 ● 工作正常 ● 缺件 ● 堵塞	Char	20
2	时长	该状态保持的时间，格式为"hh:mm:ss"	Time	8
3	开始时间	格式为"yyyy/mm/dd, hh:mm:ss"	Date&Time	20
4	结束时间	格式为"yyyy/mm/dd, hh:mm:ss"	Date&Time	20

（4）故障和人工干预报表。该报表样式可参考生产报表，其数据项如表4.48所示。

表 4.48　故障和人工干预报表数据项

序号	名称	描述	类型	长度
1	故障或人工干预描述	数据获取自系统，由故障或人工干预代码对应相应描述	Char	30
2	时长	该状态保持的时间，格式为"hh:mm:ss"	Time	8
3	开始时间	格式为"yyyy/mm/dd, hh:mm:ss"	Date&Time	20
4	结束时间	格式为"yyyy/mm/dd, hh:mm:ss"	Date&Time	20

（5）瓶颈分析报表。瓶颈分析报表同时支持Assets层级及生产线层级，样式如图4.19所示。

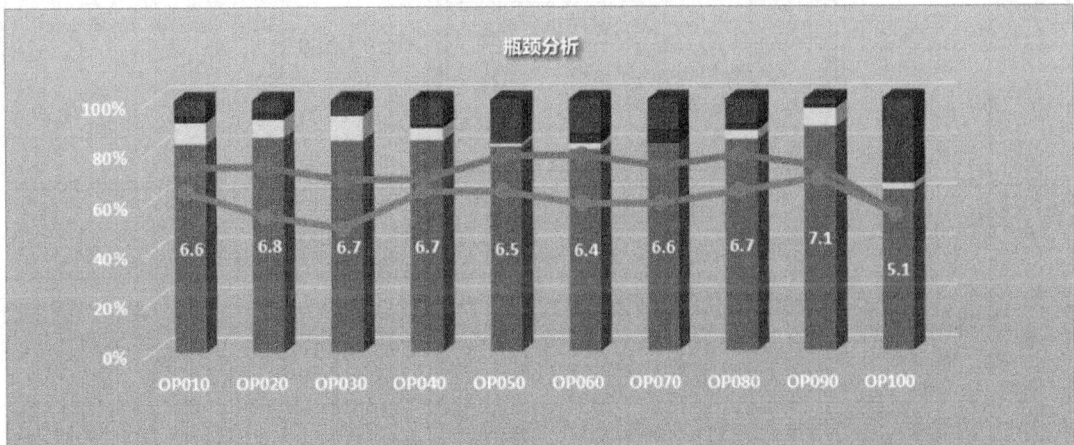

图4.19　瓶颈分析报表样式

（6）Top10故障分析报表。Top10故障分析报表同时支持Assets层级及生产线层级，表示状态保持时间最长的前10个故障，样式如图4.20所示。

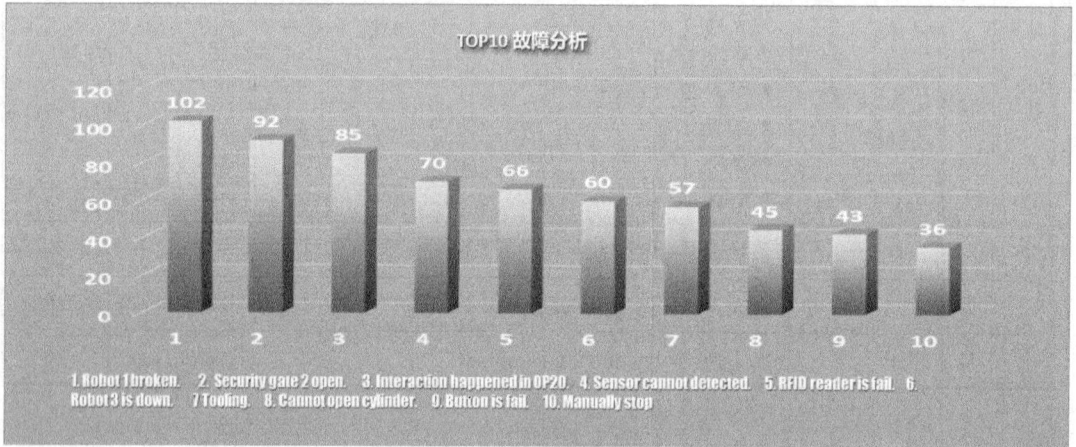

图4.20　Top10故障分析报表样式

2. PLC接口数据格式

一个PLC可能对应多个Asset，多个Asset应按照对应的DB地址进行排列，原则上并不是每个Asset都单独占有一个DB块。PLC接口数据列表信息如表4.49所示。

表 4.49　PLC 接口数据列表信息

序号	名称	描述	传递方式	偏移地址	长度
1	Asset ID	3 位序列号，用于标识 Asset 的唯一性	PLC → MES	0	3
2	Cycle time	Cycle time 开始为 "1"，结束为 "0"	PLC → MES	3	1
3	Asset 状态	<table><tr><td>序号</td><td>颜色</td><td>描述</td></tr><tr><td>1</td><td>灰色</td><td>离线状态</td></tr><tr><td>2</td><td>红色</td><td>设备故障或停线</td></tr><tr><td>3</td><td>绿色</td><td>工作正常</td></tr><tr><td>4</td><td>黄色</td><td>缺件</td></tr><tr><td>5</td><td>蓝色</td><td>堵塞</td></tr></table>	PLC → MES	4	1
4	Model code	用 1 ~ 9 分别表示不同的产品型号，线下约定，系统中只显示 1 位数字	PLC → MES	5	1
5	故障或人工干预	标识是否有故障或人工干预，"1" 表示有故障，"2" 表示人工干预，"0" 表示无故障或无人工干预	PLC → MES	6	1
6	故障或人工干预代号	用 3 位数字代表故障或人工干预的内容	PLC → MES	7	3

4.3.9　安灯系统

安灯系统为生产系统可视化的主要组成部分，它可将一定区域内的所有生产线及设备信息展示出来，以达到警示的目的。MES暂时只支持1种显示器规格，即分辨率为1920×1080的55英寸（1英寸=2.54厘米）电视机。安灯系统屏幕应配有一台PC主机，将视频信号投射到电视屏幕上。安灯系统示意图如图4.21所示。

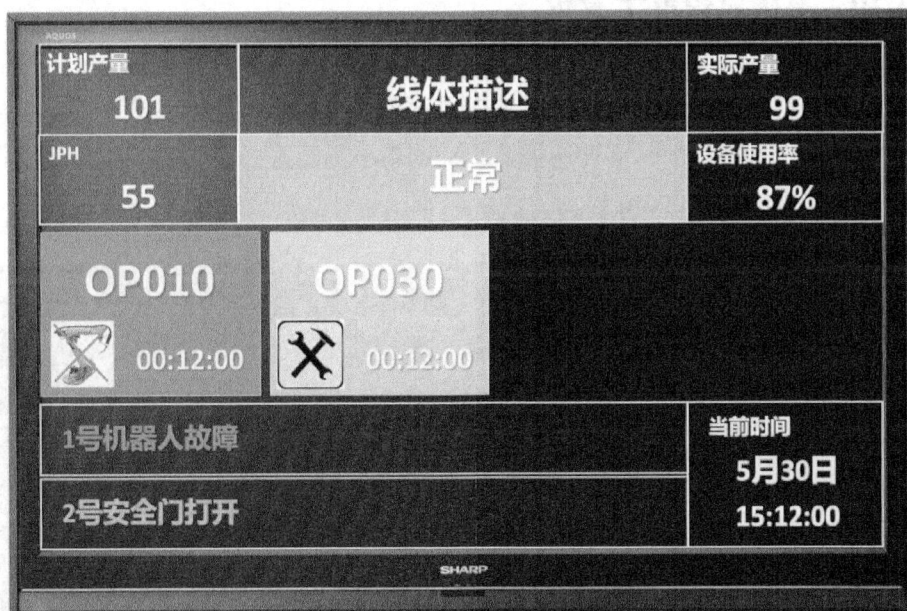

图4.21　安灯系统示意图

安灯系统屏幕显示界面中的主要数据如下。

（1）计划产量。由生产线中计划产能计算得来，计划产量=生产线计划产能×（当前时间-开班时间-小休时长）÷班次时长。

（2）线体描述。对应的生产线名称。

（3）实际产量。该生产线工位下线的产品。

（4）JPH。每小时的实际产量。JPH=实际产量÷（当前时间-开班时间-小休时长），时间单位为小时。

（5）生产线状态。生产线当前状态，由当前生产线的所有Assets状态计算得出。

（6）设备使用率。

（7）故障及人工干预显示区域。

①有故障或者有人工干预发生时才显示，如果没有，则不显示任何内容。

②方框上半部分表示Assets名称。

③左下角图片为固定图片。

④右下角为当次事件发生的时间。

（8）故障描述显示区域。描述当前的故障，如果多个故障同时发生，则显示第一个。

（9）人工干预描述显示区域。描述当前的人工干预情况，如果多个人工干预同时发生，则显示第一个。

（10）当前时间。系统当前的时间，需要和服务器时间同步。

4.3.10　系统监控电子看板

1. 生产看板

生产看板应有单独的访问URL，用户在页面的下拉列表中选择生产线后，生产看板即可显示（第一次进入页面时需要选择，自动刷新不需要选择）。生产看板自动刷新时间为30秒。生产看板如图4.22所示。

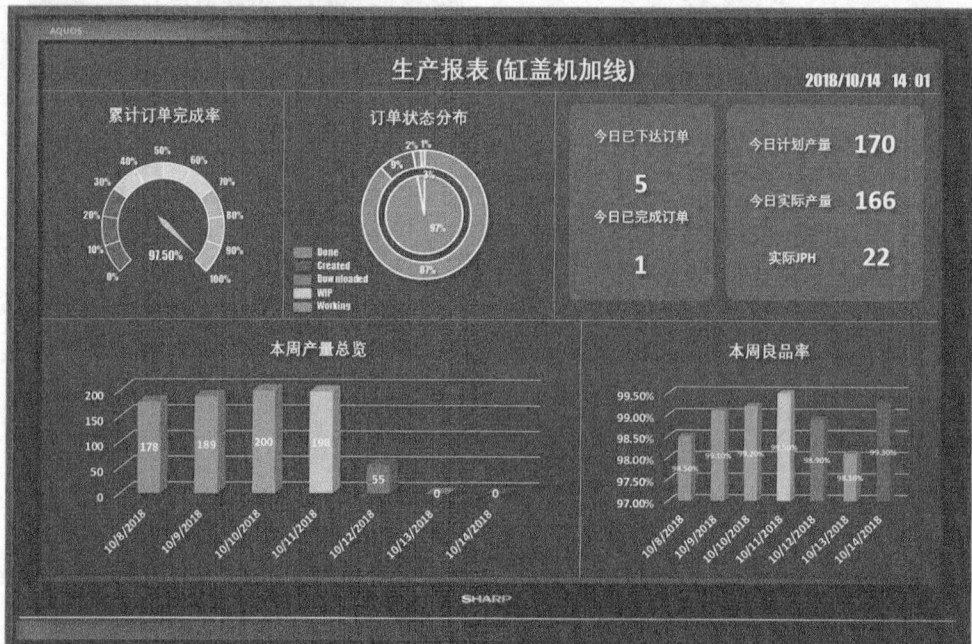

图4.22　生产看板

2. 设备监控看板

设备监控看板也需要单独的访问URL，用户在页面的下拉列表中选择生产线后，设备监控看板即可显示（第一次进入页面时需要选择，自动刷新不需要选择）。设备监控看板自动刷新时间为30秒。设备监控看板如图4.23所示。

生产线OEE的计算公式如下。

生产线OEE=设备使用率×性能开动率×良品率。

设备使用率=（班次时间-故障时长-小休时长）÷（班次时长-小休时长）。

其中，性能开动率为1，良品率为下线产品合格率。

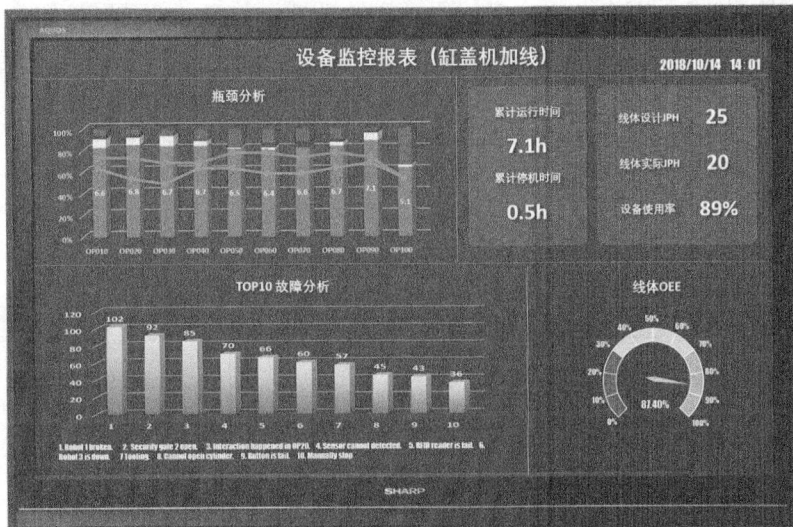

图4.23　设备监控看板

4.3.11　库存管理

库存管理是指管理零件、成品及不合格品等。库房可以分为以下几个层级，如图4.24所示。

（1）××企业仓库。仓库代码只存在于数据库中，命名规则为企业名称第一个大写字母+01。

（2）仓储类型。仓储类型包括成品库、半成品库、零件及原材料库、不合格品库。仓储类型也存在于数据库中，但不可配置。

（3）仓储区域。仓储区域可以按照车间或者区域来划分，是人为划定的虚拟区域，如"机械加工车间原材料库房"，可自行定义。

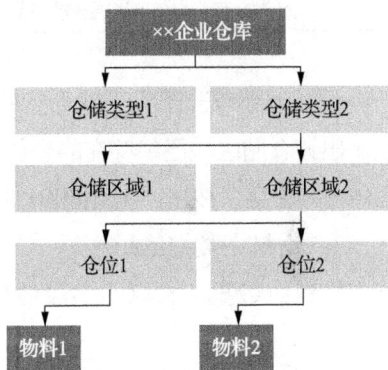

图4.24　库房层级结构

（4）仓位。仓位是存储零件的最小库存单位。原则上一个仓位对应一个零件种类，即一个PN对应一个仓位，仓位可设置最大存储数量和最小存储数量。

1. 仓储区域数据维护

仓储区域只包含3个数据字段，具体描述如表4.50所示。

表 4.50　仓储区域数据字段

序号	名称	描述	是否必须	类型	长度
1	仓储区域编号	3 位编号，系统自动给出，如 001，不可重复	Y	Char	3
2	仓储区域名称	名称，如"机械加工车间原材料库房"	Y	Char	20
3	仓储类型	下拉列表选择	Y	Char	

新增仓储区域，需要先选择仓库代码及仓储类型，单击"新建"按钮，系统会在列表中增加一条仓储区域信息。查询页面可以应用同一页面，页面中有"编辑"和"删除"按钮。

2. 仓位数据维护

仓位数据包含以下字段信息，如表4.51所示。

表 4.51　仓位数据字段信息

序号	名称	描述	是否必须	类型	长度
1	仓位编号	手动输入，编号不可重复，如 A01-001-001，A01 代表货柜号，第一个 001 是行，第二个 001 是列	Y	Char	11
2	仓位名称	手动输入，如"仓位 1"	Y	Char	20
3	捡料区域	具体捡料区域的代码，如 0101-0101，第一个 0101 是行，第二个 0101 是列	N	Char	9
4	最大承重	单位为 kg	N	INT	
5	最大数量	放置物料的最大数量	N	INT	
6	仓位状态	"生效"或"失效"	Y	Char	2

页面上部有选择项，包括仓库代码、仓储类型及仓储区域，选择完毕后页面自动刷新，显示出该仓储区域已经存在的仓位信息。单击"新建"按钮，弹出新建页面，输入以上信息后单击"保存"按钮，主页面自动刷新，页面中会同时增加"编辑"和"删除"按钮。

3. 物料主数据维护

物料主数据包含以下字段信息，如表4.52所示。

表 4.52　物料主数据字段信息

序号	名称	描述	是否必须	类型	长度
1	物料编号	手动输入 PN	Y	Char	20
2	物料名称	名称或描述	Y	Char	30
3	容器类型	"台车"或"料箱"	N	Char	2
4	单箱收容数	每个容器零件的数量	Y	Int	
5	带包装重量	单位为 kg	N	Int	
6	零件供应商	供应商名称	N	Char	20
7	仓储区域	仓储区域名称	Y	Char	20
8	仓位	选择已经存在的仓位代码，可多选，以列表的形式显示。选择页面应有仓库代码、仓储类型、仓储区域及仓位文本框，提供查询功能	Y	Char	11
9	物料状态	"生效"或"失效"	Y	Char	2

页面上部有筛选项，包括物料编号、物料名称、零件供应商及仓位等，条件选择或输入完毕后页面自动刷新，显示出该条件下已经存在的物料。单击"新建"按钮，弹出新建页面，输入以上信息后单击"保存"按钮，主页面自动刷新，页面中会同时增加"编辑"和"删除"按钮。

4. 转储单管理

转储单适用于物料出库、物料入库、物料转储3种情况。信息录入均为事前录入，事后确认。转储单包括的数据项如表4.53所示。

表4.53　转储单数据项

序号	名称	描述	是否必须	类型	长度
1	物料编号	输入 PN 后系统查找，或直接调出列表选择	Y	Char	20
2	物料名称	选择 PN 后自动带出	Y	Char	30
3	仓储区域	仓储区域名称	Y	Char	20
4	仓位	选择 PN 后自动带出	Y	Char	11
5	开票数量	实际发生变化的数量	Y	Int	
6	行为描述	下拉列表选择"物料出库"或"物料入库"或"物料转储"	Y	Char	4
7	仓储区域	仓储区域名称	Y	Char	20
8	转入仓位	只在选择"物料转储"时生效。下拉列表选择，只能选该零件已经关联的仓位	N	Char	11
9	创建日期	创建日期，格式为"yyyy/mm/dd hh:mm"	Y	Date	16
10	创建人	系统自动记录创建人的用户名	Y	Char	20
11	确认日期	确认日期，格式为"yyyy/mm/dd hh:mm"	Y	Date	16
12	确认人	系统自动记录确认人的用户名	Y	Char	20

5. 零件库存查询

页面提供多个查询条件（仓位名称、仓储类型、仓储区域、物料编号、物料名称等），页面显示信息如表4.54所示。

表4.54　零件库存查询列表数据

序号	名称	描述	类型	长度
1	仓位号	仓位编号	Char	11
2	仓位名称	仓位的名称	Char	20
3	仓储类型	仓储的类型	Char	8
4	仓储区域	仓储的区域	Char	20
5	物料编号	PN	Char	20
6	物料名称	物料的名称	Char	30
7	现有数量	仓位中现有物料的数量	Int	
8	计划变更数量	已经提了转储单但未确认的数量	Int	

小　结

本章以一家小型机械加工企业的系统设计为例，对MES设计进行了详细讲解。MES功能模块包含生产数据管理、生产计划及排产、订单管理、生产控制、物料拉动、刀具管理、设备维护管理、设备监控报表、安灯系统、系统监控电子看板及库存管理。

通过对这11个功能模块的数据结构、功能细化进行学习，读者可以从更微观的角度了解MES的技术细节，结合前面3章所涉及的基础理论和经验总结，以及该小型机械加工企业的系统设计案例，设计并开发一套适合制造企业或者制造组织的MES。

练习题

一、填空题

1．生产数据管理包括_____、_____、_____等。

2．_____是指MES直接从PLC获取数据，并将该零件的相关信息发送给PLC，以指导生产。

3．工艺信息以列表的形式展现，在页面上端的下拉列表中可选择与该生产线关联的产品编码，不同编码显示不同_____。

4．_____是指线边物料根据实际生产情况进行扣减，达到安全库存的数量时，自动发送叫料需求到物流配送区进行补料的过程。

5．设备日常维护管理为设备的日常性维护，通常指周期性的设备_____及_____工作。

6．_____为生产系统可视化的主要组成部分，它可将一定区域内的所有生产线及设备信息展示出来，以达到警示的目的。

二、简述题

1．生产计划可以理解为从上游系统传输的或者手动输入的生产计划信息。生产计划包含哪些信息？

2．安灯系统为生产系统可视化的主要组成部分，安灯系统屏幕由哪几部分组成？

第5章

项目实战：一家大型汽车生产企业的制造运行模式及应用

本章以一个大型汽车生产企业为例，从企业应用的角度，在分析该企业汽车制造的冲压工艺、焊装工艺、涂装工艺和总装工艺的流程的基础上，展开了对该企业冲压、焊装、涂装和总装等车间的生产计划、控制、库存、调度及物流等系统的具体方案介绍。此外，本章还详细分析了车辆跟踪系统、车辆检测系统和质量管理系统。

5.1 汽车制造的工艺流程

汽车的生产是一个复杂的过程。汽车是由许多零件、部件、总成等装配而成的。将原材料制造成产品的过程包括毛坯制造，机械加工及热处理，部件装配及调试，涂装，总装，检验及调试等，如图5.1所示。汽车制造包括冲压、焊装、涂装、总装四大工艺流程。

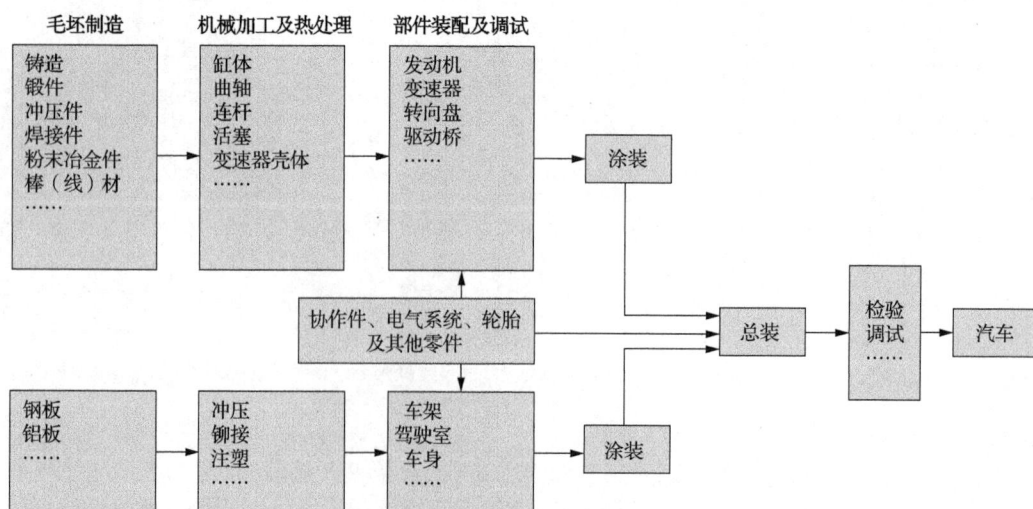

图5.1 汽车制造的工艺流程示意图

5.1.1 冲压工艺

汽车制造中有60%～70%的金属零件需经塑性加工成型，冲压加工是金属塑性成型的一种重要手段，它是最基本、最传统、最重要的金属加工方法之一。车身上各种覆盖件、车内支撑件、结构加强件等都需要通过冲压工艺来完成。

冲压是所有工序的第一步，先用切割机把钢板切割成合适的大小，然后在冲压机床上进行初始的切割，这个时候一般只进行冲孔、切边之类的动作，以便下一步冲压成型。冲压成型由冲压机床和模具实现。一般的冲压机床的吨位为1600吨位、1000吨位、800吨位、500吨位等。每一个工件都对应一个模具，不同零件的成型需要装载不同的模具，换模常常会耗费较长时间，因此一般汽车制造的冲压工艺都是按批次进行的，生产线末尾也会有一定量的成品库存。冲压成型工艺车间如图5.2所示。

图5.2 冲压成型工艺车间

5.1.2 焊装工艺

在汽车生产企业中，焊装工艺决定了白车身的品质。焊装工艺是指将冲压好的车身板件局部加热或同时加热、加压而使其接合在一起形成车身总成。图5.3为焊装车间的总体工艺布局示意图。

在汽车车身制造中，应用最广的是点焊。点焊适用于焊接薄钢板。点焊操作时，两个电极向两块钢板加压，使之贴合，并同时通电流使贴合点（直径为5～6mm的圆形）加热熔化，从而牢固接合。两块车身零件焊接时，其边缘每隔50～100mm焊接1个点，使两零件形成不连续的多点连接。焊好整个车身通常需要几千个焊点。焊点的强度要求很高，每个焊点可承受5kN的拉力，甚至将钢板撕裂都不能让焊点部位分离。另外，铆接的方式也多用于加工车身。在国内，部分高端车型的顶棚会采用激光焊进行焊接，这种焊接方式使驾驶舱更加牢固。

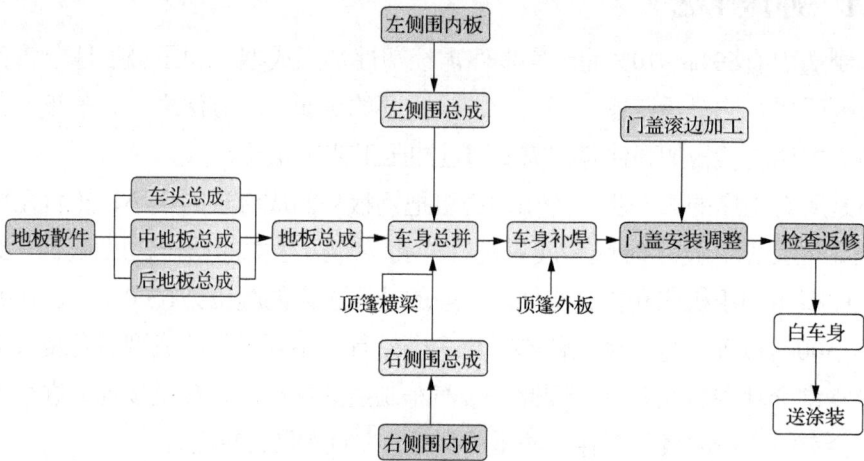

图5.3　焊装车间的总体工艺布局示意图

5.1.3　涂装工艺

汽车90%以上的外表面是涂装面。涂层的外观、鲜映性、光泽、颜色等的优劣是人们对汽车质量的直观评价点，直接影响汽车的市场竞争能力。另外，涂装也是提高汽车产品的耐蚀性和延长汽车寿命的主要措施之一。因此汽车制造行业越来越重视产品的涂装，尤其是汽车车身的涂装，已成为汽车制造最主要的工艺过程之一。图5.4为涂装工艺示意图。

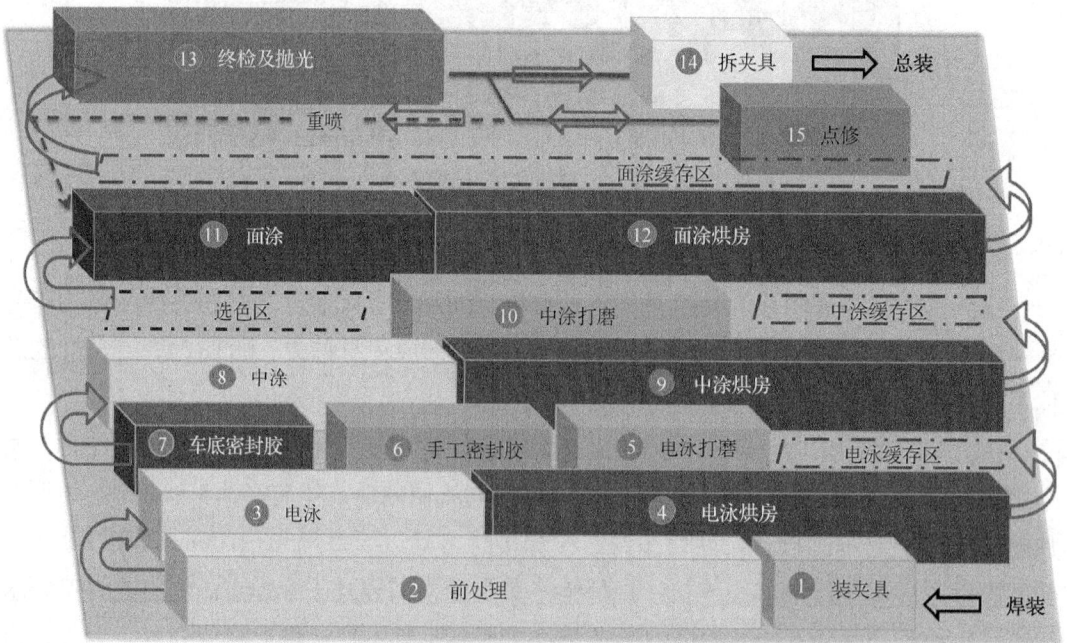

图5.4　涂装工艺示意图

涂装工艺包括所采用的涂装技术（工艺参数）的合理性和先进性，涂装设备和涂装工具的先进性和可靠性，涂装环境条件及涂装操作人员的技能、素质等。整个过程需要大量的化学试剂处理和精细的工艺参数控制，对油漆材料及各项加工设备的要求都很高。

5.1.4　总装工艺

汽车总装是汽车制造工艺过程的最终环节，是把车身、发动机、变速器等构成整辆车的各零件装配起来生产出整车的过程，图5.5为总装工艺示意图。

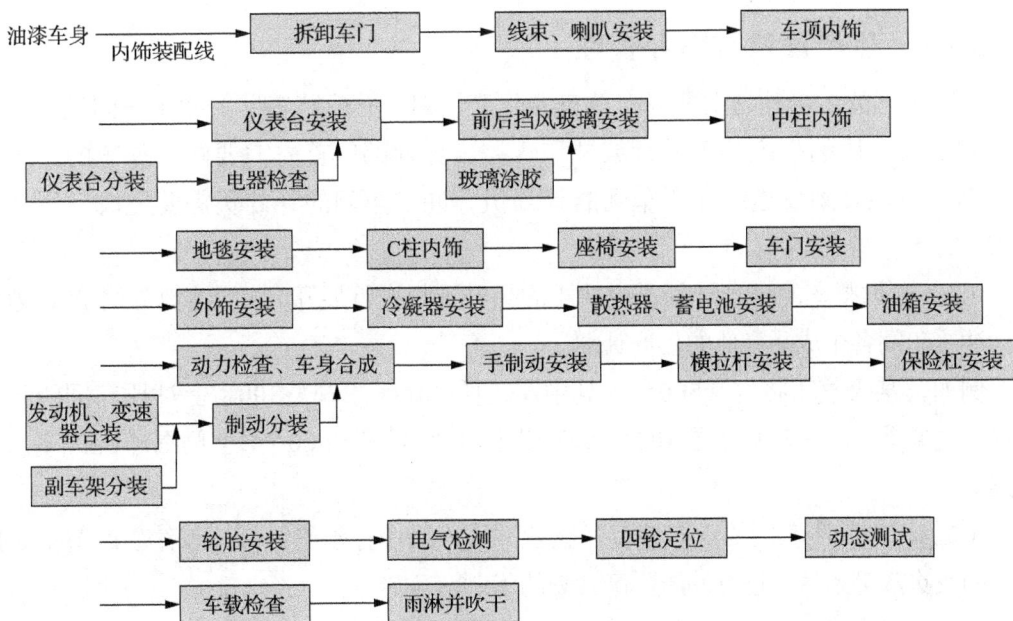

图5.5　总装工艺示意图

现今车辆装配作业中，借助计算机和机器人的帮助，许多工序都实现或部分实现了自动化。但有些工序仍难以让机器人操作，如仪表板、内饰件安装等，耗费人工最多的工序就是内饰件安装。20世纪90年代末期开始兴起组合单元化，即模块化装配方式，它的采用使得总装生产线上的工序得到简化，生产线缩短，成本大幅度降低。一般汽车的总装车间主要有四大模块，即前围装配模块、仪表板装配模块、车门装配模块、底盘装配模块。

5.2　冲压车间的生产计划、控制和库存管理

冲压车间作为整车工艺流程的第一个环节，有着自身的特点，具体如下。

（1）生产工艺较其他车间简单，主要包括落料线和冲压线两条生产线。

（2）原材料种类比较单一，钢板为其主要原材料。

（3）汽车覆盖件尺寸较大，因此冲压设备较大，模具也难以更换（要满足不同车型的需要，不同的覆盖件形状就需要不同的模具来制造）。其主要原因有两个：第一个是模具本身质量较重，最大型的冲压模具质量在40～50吨，换模时间较长；第二个是换模会导致模具装配尺寸、固定位置等出现偏差，在生产之前还需试制几个零件，以进行尺寸确认。因此冲压车间虽然实行混线生产，但是只能按一定的批量组织生产。

基于以上几个特点，冲压车间的生产计划、控制和库存管理一般是独立于整车生产流水线的。

5.2.1　生产计划与库存管理

冲压车间的生产计划主要来自整车的生产计划，一般整车厂在冲压车间设有专门的计划员对冲压的生产计划进行编排和管控。计划部门首先需要做出整车的生产计划，然后将该计划发送给冲压车间的计划员，冲压车间的计划员需要完成以下几个步骤。

（1）根据整车的生产计划，对冲压的生产计划进行展开，并将整车的生产计划分解为冲压车间各个成品零件的生产计划。

例如，某天整车将生产500台，其中A车型200台，B车型300台。冲压车间的计划员通过计算得出，A车型需要400个A型侧围，B车型需要600个B型侧围（1台车有2个侧围）。

（2）根据冲压车间的现有库存、企业冲压成品库存水平目标、零件生产节拍、换模时间及次数等条件，进行冲压生产计划的编制。

一般为了在换模次数和成品库存之间寻求平衡，成品库存的经验值为2.5～3天比较经济。信息系统在这个业务环节会提供支持，首先建立一套数学模型，将整车滚动的生产计划自动获取到冲压的生产模块中，并根据制造BOM自动展开计划，再由固定的优化算法对生产计划进行编排，决定最经济的批量和批次，同时实现最少的成品库存。目前该算法已经相对成熟，各大车厂都有不同程度的应用。

（3）将编制好的生产计划下达到生产线，并进行监督和控制。

在冲压车间，另一个比较重要的内容就是库存管理。

冲压车间一般有原材料库、半成品库和成品库3个库房，原材料库位于落料线的前端，半成品库位于两条线的中间位置，成品库位于冲压线的末尾。每个原材料、半成品及成品都需要进行出库、入库操作，因此在每个库房的出入位置都会有两个信息点对这些信息进行收集，系统中有库存管理模块实时管理3个库房的库存。一般在整车厂内，冲压件的数量为每个车型10～20个零件，因此不太需要做库位的精细化管理，只要在库房中设定固定的库位来存放固定的零件，实行粗放式管理即可。

5.2.2 生产执行与控制

冲压生产流程主要分为以下几个大的环节。

（1）来料管理。

冲压来料为钢板，来料呈卷状。当原材料到达冲压车间时，收货人员需要进行收货处理，收货信息将作为以后结算的依据。在这一过程中，收货人员需要利用打印机对每卷原材料进行编码，打印标签并贴到原材料上，这样做的目的是便于原材料入库、出库管理及质量追溯。

（2）落料线开卷、落料、裁切。

原材料必须经过一系列的工序才能为冲压线所用。为了管理整条线的在制品，在该线的线头和末尾都有一个信息录入设备来监控整条线的投入和产出情况，最终这些信息会汇总到系统中，这些数据也可以作为企业库房定期盘点的依据。同时生产线上的上线点也会收到上层系统下达的生产计划，在材料上线时需要对比上线的材料是否和生产计划的规定一致，以进行生产控制，防止上件错误导致的生产停线。

（3）冲压线冲压。

冲压线的最终产品就是冲压车间的成品。同样在线头和线尾都会有信息收集和生产控制的信息点，其作用与落料线的作用相同，这里不再赘述。

（4）原材料、半成品、成品管理。

线头和线尾除了需要进行信息收集和生产控制以外，还需要管理原材料、半成品及成品的库存。我们可以将库房出入库的信息点与生产线的信息点进行合并，例如，如果上线零件或者材料符合要求，那么在库存管理模块中自动进行出库管理；冲压线成品下线时的零件品质合格，就自动在成品库房中增加相应成品的零件数量。

（5）维修及报废管理。

维修及报废管理是冲压车间管理中必不可少的一环。不合格的半成品和不合格的成品需要进入维修区域进行维修，如果维修不了就需要进行报废处理，如果维修好了就可以进入半成品或成品库房，准备进入下一道工序。

5.3 焊装车间的计划和控制系统

焊装车间是整车厂四大车间中自动化程度较高的车间，一般情况下，国内新建的焊装车间的自动化率都在70%～90%，基本上由机器人进行白车身的自动化生产。同时市场需求又要求整车厂焊装车间具有较高的柔性，这是由于车型逐渐增多和车型生命周期逐渐缩短导致的。因此对焊装的计划和排产及对焊装车间的控制就显得非常复杂。

（1）要考虑车间的生产节拍、生产排产的工时平衡。这一点在后面会详细阐述。

（2）要将排产计划实时下达到各条生产线，尤其是各条分线。

例如，如果需要生产A型车，就需要在车身到达主线之前，按照一定的提前期准备A型侧围。在这种情况下，必须将排产计划及时下达到侧围分线，才能有所保障。由于各产线上都是机器人在进行自动化生产，传递工作需要由系统控制，因此如何进行可靠的传递及对变化的及时控制，是焊装车间执行和控制生产的难点。

（3）需要考虑备件生产的问题。

（4）对焊装进行排产时需要考虑涂装及总装的生产，因为极有可能满足了焊装的生产节拍，但是对涂装喷漆和总装装配没有产生规模效应，或者导致总装物料缺料，这些都是比较严重的情况。

基于以上几点考虑，在接下来的内容中，我们将详细讨论焊装车间如何进行排产及进行生产的监督与控制。

5.3.1　生产排产的工时平衡

汽车生产是流水线作业，白车身生产乃至整车的装配都需要将各个任务细化，即将整个工艺流程分为若干个工位，每个工位上都有几道工序对产品进行作业。例如，在焊装车间地板线焊接的第六个工位，需要将前地板与中后地板焊接在一起，需要焊接6个焊接点，这就是1个工位所需要进行的6个工序。

在进行生产线设计时，汽车白车身生产的各个工位已经进行了细分，而且不同的车型有不同的焊装工艺，这就导致每个工位的生产节拍不论在理论上还是在实际中都不可能完全相同，这就势必会存在工序间及工位间作业负荷不均的现象。这种现象除了会造成无谓的工时损失之外，还可能会造成工序堆积，严重时会造成生产中止。

在焊装车间进行混线生产的时候，这种情况尤为常见。例如，在焊接顶棚的工位，不带天窗的顶棚焊接需要持续95秒，带天窗的顶棚焊接需要持续134秒，而焊装生产线的平均生产节拍为105秒，也就是说平均生产1台带天窗的白车身需要再生产至少3台不带天窗的白车身才能将该工位的工时平衡掉。

同时在排产过程中，计划部门也需要考虑批量效应，涂装时需要尽量将同一种颜色的车放在一起，总装时需要尽量将相同配置的车放在一起，这样才能达到批量效应。同时需要考虑焊装的工时平衡问题，通常做法是确定最大经济批量，这个参数需要手动计算并录入系统中，系统才能在排产时考虑多种情况。

5.3.2　生产执行与控制

相较于冲压车间，焊装车间的生产线及工艺的复杂程度要高出许多，汽车车身焊装车间如图5.6所示。尤其是生产白车身，需要多条分线并行生产，例如，前舱、后地板、引擎盖、行李箱盖、侧围等，这些生产线最终都会将零件汇总到主生产线上进行白车身的装配。图5.7为焊装车间生产线布局示意图。

图5.6　汽车车身焊装车间

一般情况下，这些分线和主生产线之间的衔接有两种模式。

（1）直接衔接。

所谓直接衔接就是分线与主生产线直接连接，中间并没有手工环节，由机器人取下分线成品零件，并将零件直接放在主生产线上进行装配和焊接。分线和主生产线之间可能会有部分库存，例如侧围和主生产线之间就有6～15件零件库存，该库存是为了降低侧围分线故障停线或者生产调整时产生的风险。但这种库存相对较少，因为库存都是放在过渡的传送带或传送链上的，工厂不可能花太多的成本放置太多库存。

（2）间接衔接。

分线生产零件，如车门，虽然是按照顺序生产（也有可能不按顺序生产，这取决于焊装车间排产的计划员的安排，如果不按主线顺序生产，则线边成品零件库存较高；如果按主线顺序生产，若出现问题，如物料品质问题，容易出现停线风险），但这些分线一般会提前较早就投入生产，产出的零件放在料架上，由拉料系统给出需求并由物流人员运送到主线上进行装配。这样的衔接方式的中间库存较高，一般为50～80件。

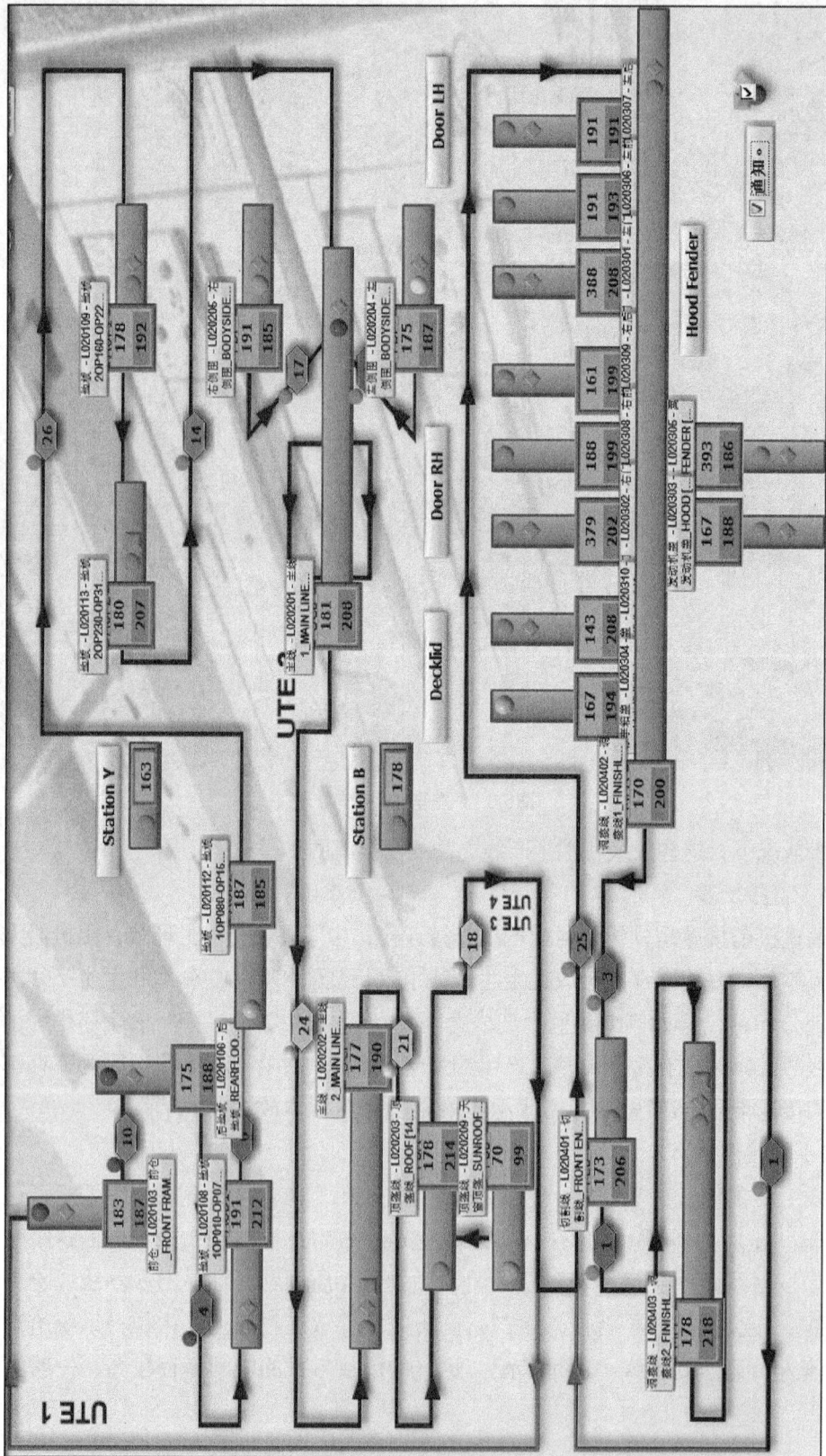

图5.7 焊装车间生产线布局示意图

两种衔接方式不同，现场控制的手段也就不同。

（1）对于直接衔接，系统必须严格控制其投料的顺序，应按照计划员排产的顺序进行投产。

每个直接衔接分线线头，都会有接受上层系统的排产数据的终端，排产数据应该来自计划部门，是计划部门结合涂装和总装的情况给出的最终排产顺序。该排产数据就是一个一个的订单排列，生产线获取到该数据后，会将该数据显示给生产线上的操作工人，以指示操作工人放置什么样的零件供机器人使用，同时机器人夹具也需要有相应的传感器进行扫描，如果确认是该零件，则进行装配和焊接操作。

同时，排产数据也会由相应的设备（大部分工厂采用RFID技术）写入滑橇的芯片中，而滑橇会随车身在生产线上行走，这样就能在生产线上的各个工位读出该排产数据，并指示机器人抓取什么样的零件和指示操作工人进行何种操作。

（2）对于间接衔接，系统不必严格控制其投料的顺序。

生产线上的车辆需要和排产数据一一对应，这样才能保证焊装车间能够按照计划部门统一制订的排产计划进行生产。如果出现了应用延迟策略的生产模式时，焊装车间可以根据自身的需要进行排产。这就要求焊装车间同时具备支持两种模式的能力：如果焊装车间计划员可以自行排产，那么就需要焊装的车序和控制管理模块具有排产功能，但使用该功能前必须先获取上层系统的生产计划，不能超出企业整体的生产计划进行随意排产。

5.4　涂装车间的车身调度系统

在传统的涂装工艺下，涂装车间占据了较长的生产提前期。同时，为了减少污染物排放，涂装车间对生产批量也有一定的要求。涂装是一个非常复杂的过程，对整个车身反复3次喷漆也并不少见。在整个涂装过程中，白车身经过预处理、电泳、涂胶、中涂、面漆、漆膜固化等一系列处理后变为油漆车身，大约需要7个小时。当车身进入涂装工序后，原来进入的次序就产生了混乱。如果该车是双色调的，就需要采用涂一遍底漆之后还要回到原处再涂别的颜色的流转方式（如果是高级车辆，则有可能需要涂3~4次）。并且，还会有相当比例的车身因质量问题必须返工，此时也要将车身从生产线上撤下来返回原处进行修理。由于这些原因，涂装结束后的车身次序同最初投入涂装的车身次序不完全相同。

涂装车间的待喷漆的白车身都来自焊装车间，且在初始的时候焊装车间的排产计划就已经考虑了涂装，因此涂装并不需要单独进行生产排产。但是由于焊装生产时有些车身会出现质量问题，要下线维修或进行报废处理，这样从焊装车间到涂装车间的车序和企业统一安排的排产计划会不同。

涂装车间可能会极大地影响按订单生产的可靠性，概率为60%~70%。为了适应按订单生产的要求，涂装车间的现状必须得到极大改善，以满足小批量、高可靠性和按客户要求拉动生产的要求。除了采用新的涂装技术，整车厂在车辆投入调度方面也采用了一些新的技术。

5.4.1　车身存储区域与自动化立体仓库

车辆涂装技术需要在高产能、多颜色的前提下尽可能降低成本和减少缺陷。传统的涂装车间围绕着降低总装工序人工成本的角度展开设计，将油漆车身的成品按照型号、规格排列成固定的顺序送往总装工序，在涂装车间的入口和出口分别开辟出两块车身存储区域，重新调整白车身进入涂装车间的顺序和油漆车身进入总装工序的顺序，以满足涂装车间对于相同颜色喷漆的批量要求和总装工序的固定的顺序要求。涂装工艺前后的车身存储区如图5.8所示。

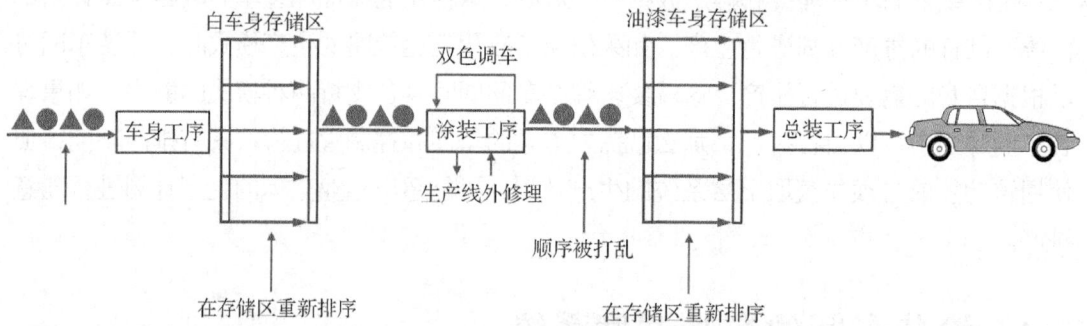

图5.8　涂装工艺前后的车身存储区

涂装工艺前后的车身存储区主要起到缓冲的作用，将焊装工序与总装工序、涂装工序分隔开来，为涂装工序和总装工序提供成批量的可靠供应。目前也有一些整车厂在焊装工序、涂装工序和总装工序之间建造车身自动化立体仓库，将两块存储区域合二为一，存放各种类型的车身，并按照计算机指令自动完成车身的存放和提取，非常灵活地满足批量和可靠性的要求。该仓库的背后是一套计算机管理的仓库控制系统，决定从焊装车间送过来的白车身在仓库中的位置，对将要送入涂装车间的白车身进行排序，决定从涂装车间返回的车身放在何处，以及确定油漆车身送入总装车间的顺序。

5.4.2　车辆调度过程

图5.9所示为涂装成品存储区，共有5条传送带，结束涂装的车身进入5条中的某1条（通常情况下按照规格分开送入存储区的运作方式较为常见）。

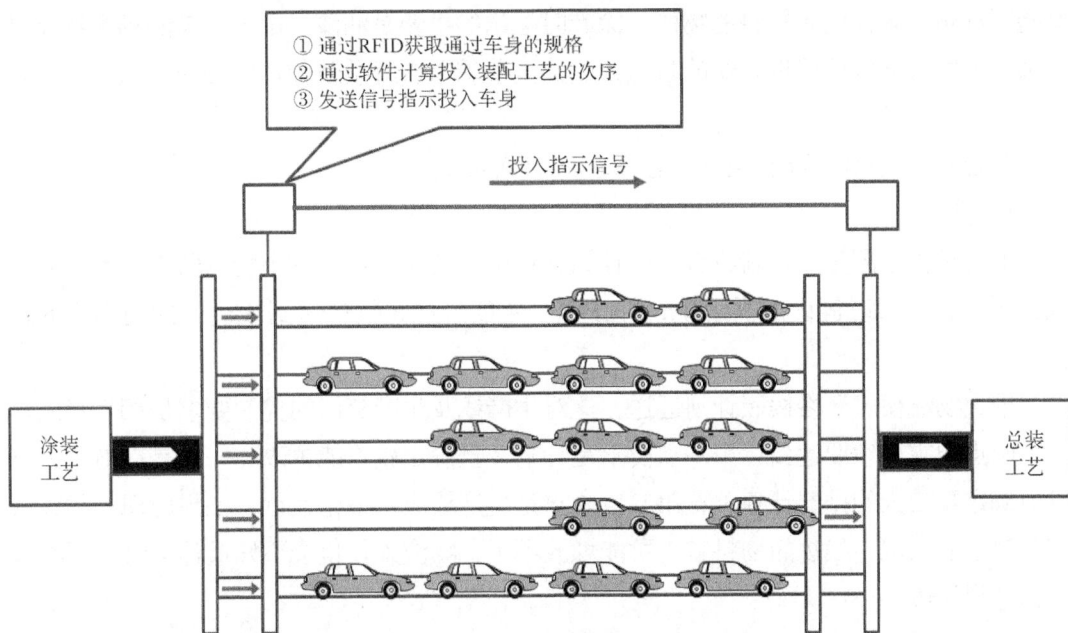

① 通过RFID获取通过车身的规格
② 通过软件计算投入装配工艺的次序
③ 发送信号指示投入车身

投入指示信号

涂装
工艺

总装
工艺

图5.9　涂装成品存储区

系统首先通过RFID确认从涂装工艺里出来的是哪一辆车（是第几号、是什么规格），然后通过软件运算决定车身投入装配工艺的次序，进而操控传送带向装配工艺输送对应的车身。

5.5　总装车间的上线物流系统

总装车间是最终进行整车装配的车间，大约有1000多个零件要在总装车间进行装配、拧紧等操作，其管理的复杂性可想而知。MES在总装车间的覆盖面最广，提供的功能最多。总装车间最大的特点是场内物流管理，本节就场内物流的功能来描述MES的应用情况。

场内物流管理除了包含车间内物料的流动，还应包含战略供应商的供货管理。多种物流模式并存，容器、运送方式等因素的不同都影响着物流管理的效率，因此总装的上线物流系统通常比较复杂，且各大汽车整车制造企业的情况不同，上线物流系统也有所不同，但大多数都有MES的支持，本节主要对总装车间的物流系统做详细的分析。

5.5.1　物流模式设计

汽车整车厂的物流包括入场物流、整车物流、场内物流等。入场物流是指零部件采购的流程，即从供应商端将零件运送到整车厂的物流仓库；整车物流是成品车发运到经销商的物流；而场内物流，也就是本节重点要讲的内容，是物料在场内的流动。焊装和涂装同样也有零件或者辅料的物流，涂装时运送的主要是油漆。由于总装的场内物流最复杂，最能代表物流管理系统的特点，因此本节着重讲解总装的场内物流，以研究汽车整车厂的物流模式。

总装的上线物流管理主要有推式和拉式两种模式。

1. 推式

推式是指按照生产计划或者排产计划计算出各条生产线上各个物料落点（零件的上线位置）在一段时间内的需求量，并按照一定的规律将物料送到线边，放到相应的位置上。

推式物流模式严格按照计划运送，这对生产线及生产部门的控制要求是相当高的。以下两点要求必须要达到：第一点要求是计划一旦确定就不能更改（一般是在前一天下班前确定第二天的排产计划）；第二点要求是生产线应当平稳运行，如果出现停线或者部分停线的情况，线边的物料就有可能堆放不下，物流人员也会不知道什么时候要将零件运送到线边。

MES可以提供一个功能，这个功能带有一个场内物流的布置图，输入当天的排产计划就可以很快地计算出各个落点的送料计划。虽然计算的结果不一定完全准确，但能够控制在一定范围内。同时MES可以提供生产线的运行情况，例如，可以告诉场内物流配送的班组具体的停线时间及实际产量，辅助物流人员及时判断现场情况，并根据情况适当调整。

2. 拉式

拉式物流模式是丰田汽车公司首先提出并使用的，目的是实现及时送货。由于推式物流模式存在及时性和准确性不高的问题，因此要实现JIT送货，就需要将零件的实时消耗情况实时地反馈给物流部门，这样物流部门就能实现精确投料，将适当的零件在适当的时间配送到适当的地点。这样不仅可以应对多变的情况，实现物流配送的柔性，同时又可以降低一定的安全库存成本。

丰田汽车公司最先采用的一种手工模式叫作物料看板。每个线边的料架上都会有一个看板，线边的工人会把物料的需求情况及时反映到看板上，物流人员会定期巡视物料看板，根据看板内容，将物料送到线边，从而实现物料拉动。

在现在的汽车企业，MES已经取代了手工物料看板的信息收集工作。MES通过多种方式，及时收集物料需求信息，实时地将该信息反馈给物料准备区，物料准备区的物料配送人员可以及时收到配送信息，再进行上线物流配送。

当今汽车制造行业内，总装车间的上线物流已经获得了较大的发展，并不是完全意义上的拉式或推式，而是多种模式的混合。

（1）推式物流模式主要应用于场内的标准件，如螺丝、螺母、垫圈等。这些零件的一个特点是通用性强，在每台车上，甚至在不同的车型上使用的零件都是相同的；另外一个特点是单箱收容数较大，一般都在1000个以上，而且每箱的数量都会有一些差异，因此这部分零件最好采用推式物流模式。例如当天整车计划产量500台，每台车用4颗螺栓，零件单箱收容数为2000，那么当天只送1箱该零件到线边即可满足要求。

（2）拉式物流模式主要应用于标准件以外的所有零件。拉式物料配送还包含多种模式。

① JIS。JIS是指排序件，产生该种模式的原因是零件变种比较多，如车身线束，每种车型可能有10多种，但线边物理位置有限，不能同时堆放10多种整箱的零件，此时就需要采用先排序再送到线边的模式进行物料配送，现场装配工人按照顺序拿取物料进行装配。零件的排序与线上生产的车序完全相同。JIS可以分为以下两种。

a. 外部JIS。外部JIS是指物料是就近的供应商提供的，供应商距离总装车间较近，运送物料的牵引车往返一趟一般为30～40分钟。

b. 内部JIS。内部JIS是指有些零件的供应商距离总装车间较远，零件先送到配送中心，由配送中心进行排序，再送到线边。

② JIT。JIT就是可以在线边放下的整箱零件。其配送过程为收集线边需求后，将需求发送至物料备货区，然后再将零件送到线边。

③ Kitting。Kitting其实应该属于另一种JIS，但是与JIS略有不同，Kitting也是按照车序进行备货的，但是一台车对应一个物料小车，物料小车中放置了对应车需要装配的零件，且随着车体流动，方便线上工人拿取。

下面就几种总装车间的物流模式分别进行详细的探讨。

5.5.2　JIS

JIS物流模式是按需进行的一种流水作业式的补料方法，它适用于多品种混线的流水线生产方式，如图5.10所示。由于JIS物流模式采用的是按需主动补料的方式，因此对系统支持的要求较高。整车厂可以根据与混线车辆投入顺序计划相一致的顺序领取各种零件。例如，整车厂总装线上各种汽车的生产顺序计划为"A-B-A-B-A-B"，那么供应商的车轮的备货顺序计划就必须是"A-B-A-B-A-B"。

不论是内部JIS还是外部JIS，车序的起始点都是总装的起始点，也就是说一旦车身进入总装车间，在制的车序就不能被改变，只能按照现有顺序进行生产。确定JIS需求时，通过起始点的终端，收集车身通过起始点的信息，并且将车身通过起始点的信息根据制造BOM转换成零件信息。例如，车轮的JIS送货，当车身通过总装车间的起始点时，车轮备货区域实际收到的应该是每个车轮的零件号及数量信息，每个零件会显示对应车的信息，以便备货人员或者线边操作工人轻松识别该车轮对应的车是低配车型还是高配车型。

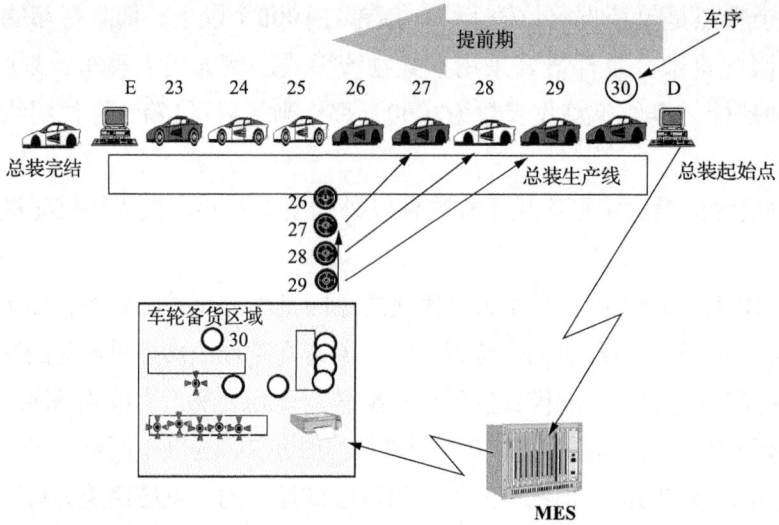

图5.10　JIS示意图

这里还有一个问题，就是零件组合的情况会更复杂一些。例如，有些车的备胎与主胎是不同的，有可能尺寸和轮毂的类型都不同，那么每台车对应的零件可能有多个，这就给MES提出了非常高的要求，要求MES能够处理零件组合的情况。

同时MES还要能应对更复杂的状况。例如，采用混线生产时，不同的轮胎使用不同的供应商提供的零件，那么对应的JIS件需求就需要发送给不同的供应商，分发信息时要防止出错。一般车辆通过总装车间的起始点时都会有对应的序列码，在发生跳号的情况下（例如，17002，17004，中间少了一个），如果只有一个供应商，系统就很容易发现中间丢了一台车的信息，但是如果有两个供应商，系统很可能自动分辨17003在另一个供应商处，而非信息丢失。这些都是系统需要考虑的问题。

外部JIS与内部JIS的区别在于，外部JIS是供应商排序后送到线边，而内部JIS是车间内排序后上线。外部JIS的物流过程如图5.11所示。

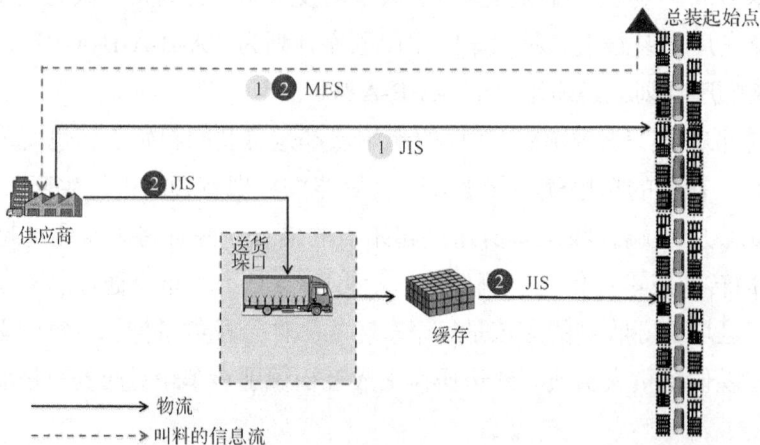

图5.11　外部JIS的物流过程

由于外部JIS是供应商直接送货到线边，因此对送货时间的控制就显得尤为重要。外部JIS确定的一个约束条件就是总装起始点到零件安装工位的提前期符合物流实际排序送货时间的需要。例如，线上的车从总装起始点到零件安装工位需要2小时，供应商排序备货0.5小时，物流送货0.5小时，"供应商排序备货时间+物流送货时间<从总装起始点到零件安装工位的时间"，这样该零件就是符合实际情况的零件，可以作为外部JIS件处理。但是如果"供应商排序备货时间+物流送货时间>从总装起始点到零件安装工位的时间"，那么该零件只能作为JIT件或者内部JIS件进行管理。

5.5.3 JIT

JIT物流模式来源于丰田汽车公司的物料看板模式，虽然逻辑比较简单，但是由于容器种类、需求获取方式、物料运送方式的不同，MES变得异常复杂，不仅要满足类似于JIS件的及时性需求，还要应对不同模式所带来的变化，且每个环节都必须是可控的。

下面介绍几种常用的JIT叫料模式。

（1）PLC拉料。

PLC是可编程序控制器的简称，它控制了整个生产线的移动和所有自动化设备的生产动作。因此企业可以从PLC中获取实时的生产数据。例如，安装挡风玻璃的机械手臂是受机器人控制的，机械手臂上都有工件的夹具，夹具上都有相应零件的传感器来辨识正在安装的是哪种零件。当机械手臂将玻璃夹紧时，启动玻璃涂胶，PLC就可以将该信号发送至MES，MES会自动记录该需求，待达到一定数量时发送信息给备货区进行拉料。

（2）传感器。

传感器主要应用于有料箱的环境。料箱一般都是标准料箱，线边装载料箱的货架也是标准的，在这些货架的适当位置上安装红外传感器，当该落点料箱到达适当位置时（比如正常可以放3箱，而目前只剩1箱时），传感器会触发叫料需求。

（3）BOM自动扣减。

MES配合生产线PLC，可以管理总装车间主线上所有车辆的行进数据。通过系统与生产线的充分集成，做到完整意义上的车体追踪，知道哪台车位于哪个工位，就可以配置相应的BOM。利用PLC传递信号，MES将自动扣减所需的零件，达到一定数量时及时发送叫料信息。BOM自动扣减的使用面比较广，因为总装实行混线生产，派生件较多，几乎出现在大部分的工位中，所以可以利用车体的BOM进行派生件扣减，经实践证明，其可靠性和及时性都能得到充分的保障。

（4）人工扫描叫料。

当生产线自动化程度不高，或者PLC没有能力与MES集成，或者一些分装线不具备条件时，可以应用这种叫料方式。人工扫描的原理是扫描空箱，例如，一个工位的某个零件在线边有3箱物料，物流巡检人员定期巡检时发现该处有空箱，就直接拿空箱扫描该落点的零件信息，并输入空箱数量，这样系统就能收到空箱信息，物流巡检人员拿走空箱的同时，系统会在备货区出现两箱物料的叫料信息，提醒物料配送人员需要补充两箱零件到相应的落点。这种方式依赖于人工操作，对人工定期巡检的周期性要求也较强，如果物流巡检人员忘记巡检，或者漏过空箱，那么线边将有缺料的风险。这种叫料方式应该占有较少的比例。

JIT送料模式也有多种，主要介绍以下3种（分别针对3种容器）。

（1）不带轮子的铁箱。

不带轮子的铁箱主要用于尺寸比较大的零件的运输及长途运输。这些箱子可以在卡车中堆叠，并且不会随意摇晃，缺点是在车间内需要将其放到有轮子的平板车上，才能被线上所用。不带轮子的铁箱运送物料的方式如图5.12所示。

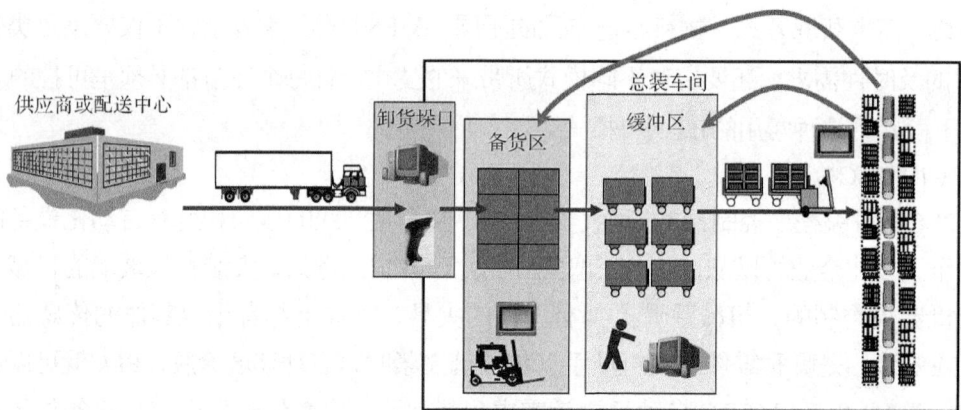

图5.12　不带轮子的铁箱运送物料的方式

这一送料模式在物流拉料及送货时必须要管理4个环节。

① 供应商或配送中心（供应商应距离生产现场较近，一般是本市的供应商，如果很远的话就直接配送到配送中心）需要知道现场物料的消耗情况，然后用卡车运送物料到卸货垛口。供应商或者配送中心必须接到MES发送的送货指示才开始送货，指令内容主要为零件和数量，还有目的地。

② 备货区中主要是叉车在作业，叉车将铁箱放在带轮子的平板车上。叉车司机必须知道哪些物料先送达，哪些物料后送达，按照一定的顺序将铁箱放在平板车上，备货完毕之后必须通知物料缓冲区人员对平板进行排序。在这一过程中，MES需要将更详细的备货信息发送到终端，以便叉车司机比对和备料。

③ 缓冲区人员主要对铁箱进行排序，MES会使该区域的打印机打印出备货清单，并且安排送料的顺序，因此缓冲区人员需要知晓哪些物料先送达，哪些物料后送达，以便送料人员直接拿出中间的铁箱放到线边，而不耽误工时。备货好之后，缓冲区人员需要通知送料人员物料已经准备好。

④ 送料人员接到送料指令后，信息会显示在牵引车的无线终端上。送料人员到相应的缓冲区取货后，将物料送到线边，并通知MES物料已经送到。至此，拉料闭环才算结束。

（2）带轮子的铁箱。

带轮子的铁箱一般存在于附近的供应商处，铁箱没有堆叠要求，且通常为近距离运输，时间较短。其运送物料的方式如图5.13所示。

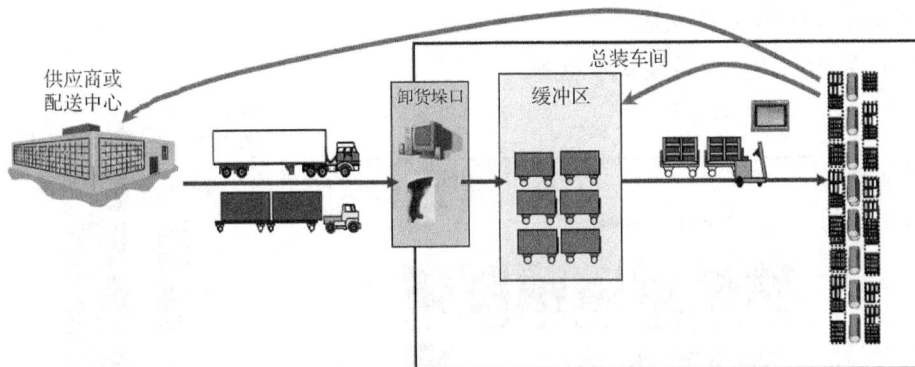

图5.13 带轮子的铁箱运送物料的方式

它与第一种方式的区别有两点。

① 运送工具不一定是卡车，有可能是牵引车，这样MES打印的单据需要考虑不同运输工具造成的容器数量不一致的情况。

② 缓冲区不需要专门人员进行配货，一般的做法是生产线将需求直接发送至送料人员，由送料人员自行到缓冲区拿相应的物料。这样的做法更简便、更高效。

（3）胶箱。

使用胶箱比第二种方式要复杂一些，如图5.14所示。缓冲区需要人员进行备货，MES也需要有相对应的功能，能够将相关的胶箱信息显示给备货人员。在有些工厂的总装车间中，胶箱需要放在台车上，哪些胶箱放在哪些台车上，需要MES根据一定的规则给予指示，并打印相关单据，以便备货人员和送料人员清楚台车上到底有哪些物料，并且相同的零件要放在一起。

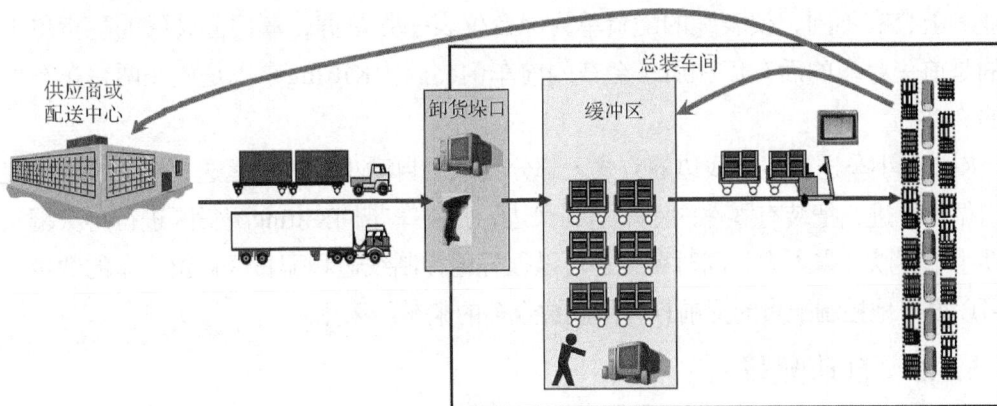

图5.14 胶箱运送物料的方式

5.5.4 小车物流

小车物流（Kitting）是整车制造总装车间必不可少的物料管理方式，优点是节省线边的物流空间、节省线上操作人员的工时、减少线上工人的装配错误等。但是需要一定的管理手段作为该模式的支撑。

图5.15为小车物流业务模式示意图。

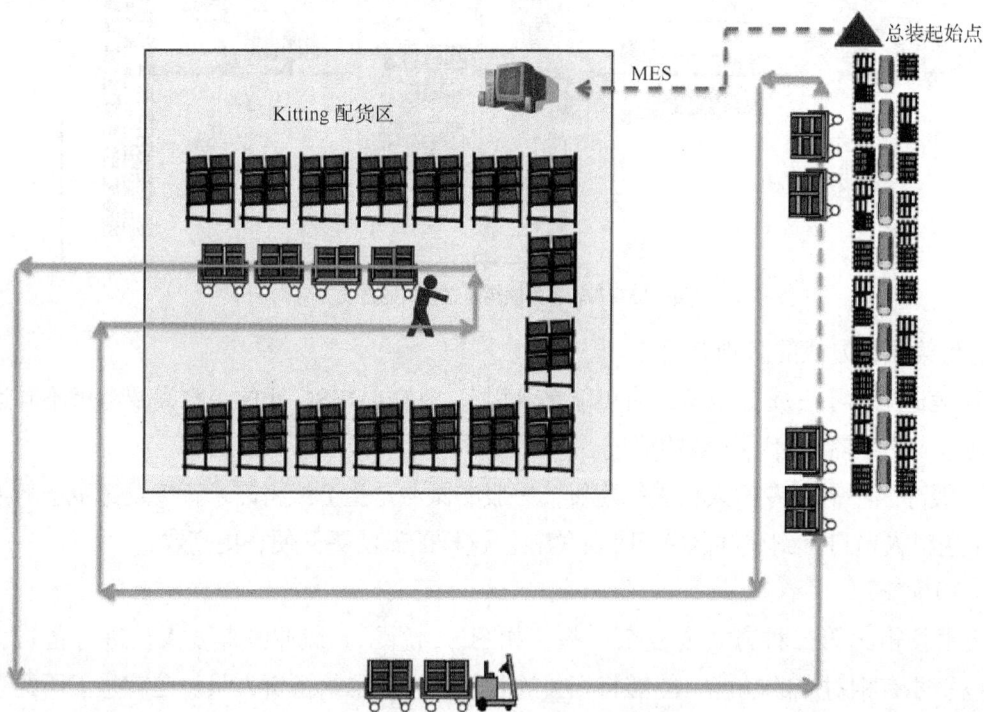

图5.15 小车物流业务模式示意图

Kitting配货区的信息由总装起始点触发，由MES根据BOM展开后进行打印处理。每个Kitting配货区都会有不同的配置，例如，仪表线的配货单和车门分装线的配货单在业务上会有不同，仪表线的配货单为一台仪表一张单据，车门分装线的配货单上打印的是前一台车的后车门和后一台车的前车门，因为Kitting小车是放在两台车车门中间的。

Kitting小车送到生产线边的方式大部分会采用自动小车进行运送，小车按照固定的轨道循环行进，把装有零件的小车送到线边，把空车带回Kitting配货区进行再次配货。自动小车可以节省人力，同时系统还可以很好地控制线边和配货区停留小车的数量，也就可以很好地控制配货的提前期，因此被众多的整车厂采用。

5.5.5 自动配载

之前所说的众多拉料需求及系统自动计算出来的物料需求，60%～70%都会汇总到配送中心，剩下的需求也会到达较近的战略合作供应商端，物流人员或者供应商需要进行备货及对物料进行装载。装载的过程是极其复杂的，尤其是在配送中心，几百个零件同时进行配载使得工作量呈指数增长，如果由工人进行手动配载，就会出现以下几个问题。

（1）不能对所有的容器和物料有一个统筹的安排。例如，一个空间既可以放置铁质台车，也可以放置放胶箱的轮车，到底放置哪种物料或容器才能使运输工具具有较高的容载率（卡车装货的空间利用率）呢？例如，卡车的容载率越高，就越能充分利用卡车的运力，节省成本。

（2）手工管理难以管控零件送货的及时性。手工管理是利用单据来进行管理的，正常的拉料需求会直接转换成打印出来的单据，然后由工人手动分配零件的装载。在这个过程中，有可能由于人为的疏忽只运送部分被认为优先级高的物料，有时甚至会丢单，从而导致零件延迟配送。

（3）手工工作量巨大，耗时长且容易出错。如果按照每天500台产量计算，配送中心每天的拉料单有1400～1500张，工作量非常大，工人每天都要付出双倍的努力来对单据进行分拣、汇总、扫描和跟踪，工作负荷很大。

（4）数据难以统计。例如，每台车的容载率难以统计，运送零件的数量难以统计，有无未配送的零件难以统计等。

信息系统可以减少人工工作，并且利用一些优化算法可以满足众多拉料需求，非常合理且非常迅速地利用卡车进行配载。自动配载有以下几个难点需要考虑。

（1）容器多种多样。容器包括无轮子的铁质台车、有轮子的台车、胶箱等。每种容器都有很多种规格，且有可能容器和容器之间还存在装载关系，例如，胶箱应该装载在一种多层带轮子的容器中。

（2）运送工具多种多样。运送工具有卡车、牵引车等。运送工具的尺寸不同，而且还需要考虑配送时卡车运力是否充足，情况是动态变化的，系统需要适应多种情况。

（3）容器装载的多样性。某些容器是可以堆叠的，有些容器横装和竖装时的容载率不同，需要优化算法。

（4）计算配送提前期。每个物料拉料都会有不同的送料需求。由于总装车间缓冲区都会有一些零件的库存，它们会给配送中心和供应商提出比较缓和的送货要求，但配送时间也必须考虑，尽量先安排紧急的零件和优先级较高的零件。

（5）考虑到备货区域不同及送货目的地不同，需要对零件进行分类汇总。

（6）供应商处还需要考虑多点取货。卡车有可能要到两个供应商处取货，然后送往总装车间的一个卸货垛口。

（7）胶箱需要考虑物料的重量。由于胶箱需要放置在多层小车上，所以要考虑重的物料放在中间层，因为放在上层会导致小车重心不稳，放在下层会导致工人操作比较困难。

信息系统的架构比较简单，包括输入、输出及中间算法3部分。配载算法是难点，需要考虑众多因素，同时也要考虑多种条件的输入及变化，例如，增加一种新的容器，或者增加一种新的运输工具等。本小节主要讨论系统层面需要考虑的问题，具体算法在不同的企业会有所不同，例如，可以规定不带轮子的铁质台车只能用飞翼车进行运输，在运输方式固定的前提下，算法可能会简单一些，具体算法在本小节不予详细分析和举例。

5.6 车辆跟踪系统

本节所指的车辆跟踪系统针对的是正在生产的车辆。在整车制造厂里，很多时候需要精确知晓哪台车在哪条线及哪个工位，或者在哪个区域里。例如，为了提前知道和控制风险，一般在新变更零件被装配或者试制零件需要装配在车上进行小批量试制时，所有相关人员问得最多的一个问题就是"那辆新车在哪里？""到了某某工位了吗？"。因此在整车制造过程中，从焊装开始就需要对所有在线车辆进行精确的跟踪和定位，以实现整个生产过程的精细化管理。

在线车辆跟踪离不开IT技术，人工的方式是无法实现的，主要有以下几个方面的原因。

（1）所有在线车辆都是相似或者相同的，仅靠人工目视是无法分辨的。

（2）车辆在流动过程中，工人无法知道车辆的具体属性。例如，白车身是不包含内饰等信息的，随车携带纸张不具有可操作性，有些生产工序，如电泳，不能有纸屑进入。

（3）车辆数量多，不可能一台一台手动记录。

应用IT技术，使得车辆跟踪变得简单易行。目前在整车厂中已经实施或者使用过的技术有以下几种。

（1）车身条码扫描。

车身条码扫描是最常用的一项技术，在车身上固定一张易于识别的条码，条码一般是一维的。车身经过每条线的线头时扫描该条码，再配合PLC获取的车身移动信息，精确计算出线上流动的车序，进而查询到相关配置，如图5.16所示。

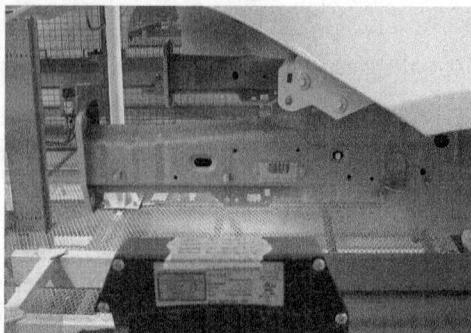

图5.16 车身条码扫描

车身条码扫描的优点是方案简单，易实现，在现今的工厂中能够普遍适用，稳定性较高；缺点是需要和PLC配合，并进行系统层面的逻辑运算。如果有特殊情况，例如，有些车从生产线与生产线之间抽出，就很难监控到。

（2）滑橇钢条码。

滑橇钢条码是一种过渡技术，是在滑橇上焊接一个带有几个孔的钢条码，钢条码代表的是滑橇的ID号，在系统中ID号关联了实际的在线车辆。当滑橇通过监控点时，光感应设备会读取钢条码的信息，并反馈给系统，系统就可以随时监控对应车辆的情况，图5.17为钢条码示意图。

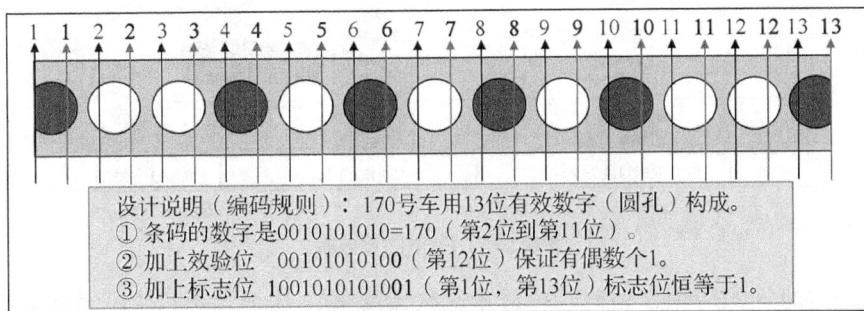

设计说明（编码规则）：170号车用13位有效数字（圆孔）构成。
① 条码的数字是0010101010=170（第2位到第11位）。
② 加上效验位　00101010100（第12位）保证有偶数个1。
③ 加上标志位 1001010101001（第1位，第13位）标志位恒等于1。

图5.17　钢条码示意图

钢条码的优点是方案简单，成本较低，识别率高，受现场大型设备干扰较小；缺点是系统调试较困难，且光感应设备容易损坏，更换困难。

（3）滑轨条码定位。

滑轨条码定位是指在吊具的滑轨上，贴上用于标识位置的二维码，在吊具与滑轨的接触位置有一个二维码读取设备，当吊具在滑轨上滑动时，系统可以通过二维码读取设备读取带有位置信息的二维码，这样就可以精确知晓该吊具的位置，如图5.18所示。

滑轨条码定位的优点是定位精准，适用于难以用RFID的地方，如动力总成分装线；缺点是成本较高，广泛应用比较困难。

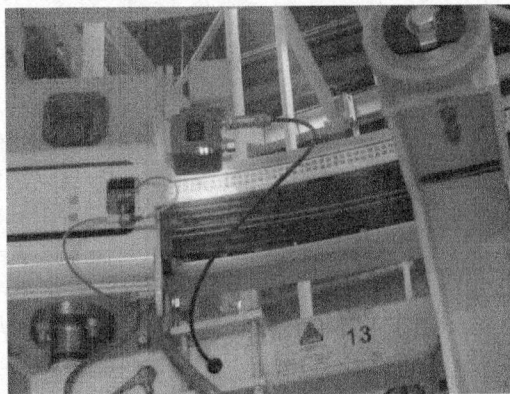

图5.18　滑轨条码定位

（4）RFID。

RFID是已经被实践过、非常稳定并且已经被大规模使用的技术。在车辆监控及识别领域，每个滑橇或者吊具都会安装一个RFID芯片，该芯片中存储了该车的所有信息，在线头或者焊装的开始，车身信息（包括外色、内饰、动力总成、装配选装包等所有信息）就会写入RFID芯片中，这样做的好处是随时随地都可以通过RFID设备读取车辆信息，并且RFID芯片目前已经支持百万次读写，因此该系统非常稳定。RFID的工作原理如图5.19所示。

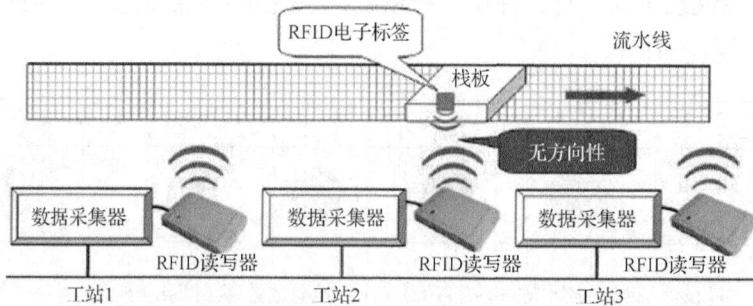

图5.19　RFID的工作原理

经过一段时间的应用，目前芯片成本已大大降低，几十元的芯片已经能够满足整车厂大部分的需要。耐高温（例如涂装的烘干工艺）的RFID芯片也只需要几百元的成本，因此RFID获得了大范围的推广，甚至在物流领域也有应用。

5.7　车辆检测系统

车辆检测一般是指在总装和成品检验的过程中，对车门、仪表、四轮定位、大灯、转毂、淋雨等进行检测。在大多数汽车总装车间中，该套系统（包括设备及软件）都是由一家供应商提供的，MES只负责部分工作。车辆检测系统有专业的书籍进行详细阐述，本节主要介绍MES在车辆检测方面的功能，具体如下。

（1）为车辆检测系统提供实时的车型信息，以保证检测的准确性，这就要求MES具有稳定的数据传输功能和实时性要求。在总装车间中，对仪表、车门、大灯等都需要进行详细的检测，检测合格后再进行下一步的装配或验证。

（2）获取并保存关键数据。这里的关键数据是指车钥匙、发动机防盗码等信息。收集这些信息有两个目的：一个目的是对车辆流动进行控制，如果检测不合格，是不允许车辆流入下一个环节的；另一个目的是存储钥匙等关键信息，并将其发送至后续系统中，例如，配钥匙机，客户钥匙丢失时就可以用上这些信息了。

（3）利用检测设备获取车辆信息，实现电气零件的追溯。某些电气元件的信息是存储在芯片中的，读取芯片中的追溯信息，能实现电气零件的质量追溯。

（4）管理不同车型的行车电脑程序。不同的车型需要由设备写入不同的程序，程序修改或者零件变更后，新版本的行车电脑程序会由研发系统传递到MES中，以保证程序版本的及时性和一致性。

（5）产生车辆电气元件配置表，在电气检测时对车身电气元件进行检测。例如，忘记在车辆某处安装传感器，电气检测会结合MES生成的配置表进行检验，若没有发现传感器，系统就会报警。

MES对车辆检测系统具有非常重要的作用，它保证了车辆检测系统能够实时获得正确的车辆信息，也保证了车辆检测系统检测依据的可靠性，并且保证了行车电脑和电气元件的一致性，这是整车厂不可或缺的一部分。

当然，在为车辆检测系统提供服务的同时，MES对实时性和可靠性的要求就变得非常高。如果MES在这个环节不可访问，将会直接导致生产线停线，这也对MES的监控和维护提出了更高的要求。

5.8　质量管理系统

MES的质量管理通常为过程质量，是指发现车辆在制造过程中产生的质量问题和隐患（在每个关键环节，质量部门都会利用专业的设备对关键工序或者关键零件进行检测），并记录下关键质量信息，如零件追溯和扭矩结果追溯信息。

5.8.1　追溯管理系统

追溯管理是质量管理中比较重要的一环，追溯主要是指事后对质量信息的查询和验证。在总装车间的零件装配过程中，有两类关于追溯的信息必须要在MES中进行记录，一个是零件追溯，另一个是扭矩结果追溯。

1. 零件追溯

零件追溯是记录哪个零件或者哪批零件装配在哪些车上，这样在进行车辆召回或者有问题发生时，可以快速定位有问题的车辆。零件追溯功能做得好与坏直接关系到车辆召回的成本高低。图5.20所示为零件追溯示意图。

图5.20　零件追溯示意图

2. 扭矩结果追溯

扭矩结果追溯是MES追溯功能的另一个部分。在零件装配时，有些螺栓拧紧是需要达到一定的扭力值要求的，例如，变速箱和车体之间连接的螺栓。

由于每个工位针对不同的车型可能会有不同的扭力点和扭力值，这就使MES在此处变得比较复杂。MES需要考虑以下几个难点。

（1）实时传递车型信息给扭力设备。

总装车间实行混线生产，针对不同的车型或者完全不同的车，都会有不同的扭力点和扭力值。这些数值是在扭力扳手的控制器中进行维护的，但是需要MES实时通知下一台车的车型信息，实时性要求很高。

（2）MES通知扭力扳手车体已进入。

MES需要实时获取PLC的数据，判断车体已进入工作循环，并通知扭力扳手做出动作。

（3）如果扭矩结果错误则停线。

如果扭力扳手返回结果为NOK，则MES需要通知生产线停线，并在安灯系统显示器上报警。

（4）MES恢复生产。

问题处理后，生产线可以直接恢复生产，MES则能够获取该信号重新进入下一个工作循环。

5.8.2 防错系统

防错管理是MES必须考虑的功能。总装车间主要由人工进行操作，工人在疲劳状态下难免会出错。让系统发挥其作用，配合现场的管理制度等防止工人出错，或者说减少工人出错，是很有现实意义的。防错功能主要包含以下几个方面。

（1）零件错装。

关键零件装配时，一定要在MES中增加防错功能，通常防错装的零件都是追溯件，因此系统可以将零件错装功能在追溯功能中加以实现。这个功能要求供应商提供的零件追溯条码中包含零件件号信息，以便在每个关键工位上，MES都能将系统和实际零件件号进行比对。如果件号不同，声音提示报警，告知操作工人当前零件错误。

（2）螺栓漏打、错打。

在拧紧螺栓时，工人有可能一时着急，漏打或者错打螺栓，因此MES应该提供一种功能，在工人拧紧螺栓时判断是否漏打或错打。

漏打的判断基于和PLC及扭力扳手的控制器之间的信息交换，如果该车走出该工位，但是扭力值还没有被系统收到，系统就认为是漏打。或者要求有3个扭力值，但是系统只收到2个，系统也会认为是漏打。

错打主要针对换套管的情况。在一个工位上，有可能螺栓的大小不一，系统需要提示工人拿哪个套管进行操作，如果拿错，系统将停止扭力扳手的运行。

（3）捡料防错。

捡料防错主要针对排序件或者Kitting配货区。一般捡料人员出错后，往往到了线上才能发现零件错误，但为时已晚。

MES需要将信息发送至备货区域，再提供一些帮助，如亮灯，来配合捡料人员进行捡料，这样就会降低捡料人员犯错的概率。

（4）零件上线防错。

零件上线防错主要针对分装线，如发动机和变速箱合装线，发动机上线时需要扫描发动机上的条码，系统此时需要确认上线的发动机是否和整车的车序匹配，若不匹配则做停线处理。

5.8.3　合格证系统

合格证系统属于MES的一部分，主要完成车辆合格下线后车辆合格证、车辆一致性证书、燃油标识3个随车证件的打印，并将合格证信息上传至国家相关部门。国家相关部门有一套标准的系统支持该项业务，但是需要手动上传，因此整车制造企业通常都会自行开发合格证打印系统，通常都具备标准功能。合格证系统功能架构如图5.21所示。合格证打印系统功能列表如表5.1所示。

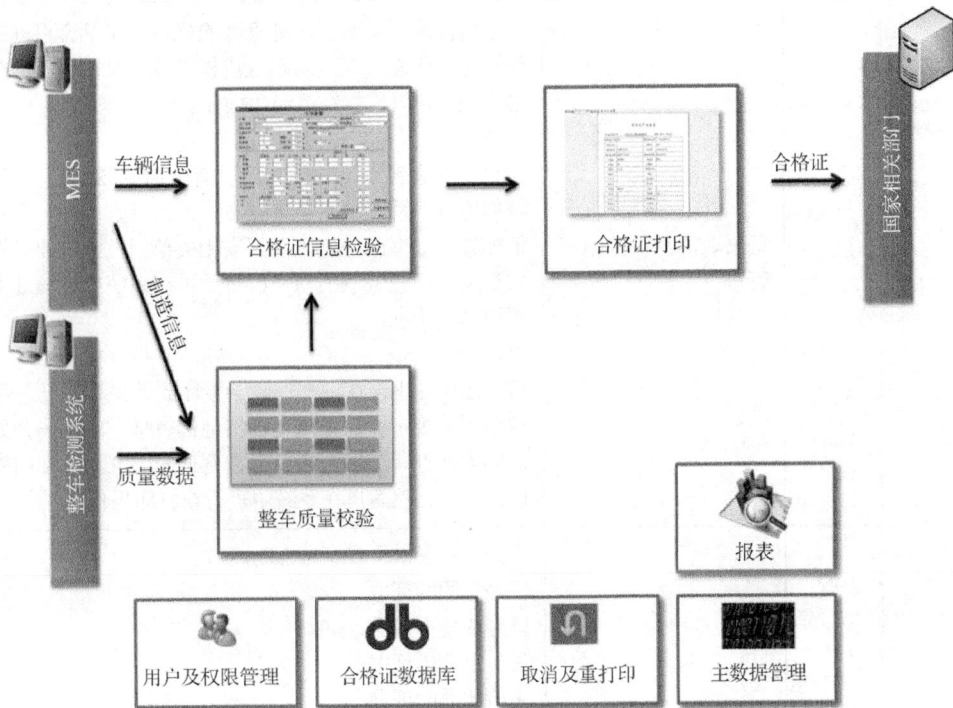

图5.21　合格证系统功能架构

表 5.1　合格证打印系统功能列表

模块	行号	功能	备注
系统管理	1	用户管理基础平台	配置系统角色、权限，还可对其进行修改、删除等
基础模块	2	证书数据库	管理打印完成的证书，包括车辆合格证、产品一致性证书和燃油标识
	3	基础数据管理	根据各车型信息维护相应的基础数据，该数据由系统管理员提前录入
应用模块	4	车辆状态检查	系统打印合格证之前必须检查车辆质量状态。如果检查结果为不合格，则不允许打印合格证。检查内容如下。 过程质量：从 MES 中获取生产过程质量结果。 测试质量：从车辆检测系统中获取测试结果
	5	证书数据检查	如果质量检查通过，则系统自动给出证书相关信息（从 MES 中获取的数据），在该界面中，用户可以根据自身权限修改数据。 如果可以，单击"打印"按钮进行打印。应按顺序打印车辆合格证、产品一致性证书及燃油标识
	6	合格证打印	正在打印的证书预览界面
	7	证书取消及重打印管理	此功能涉及国家对合格证管理的规定。车辆合格证的取消和重打印需按规定的相应流程进行。对于另外两个证书，用户可以直接在系统中操作。 取消 如果证书有错误，并且它还没有传递到国家相关部门，我们可以在系统中取消该证书。 但如果该证书已经上传至国家相关部门，则需要通知国家相关部门先做取消动作，然后再在系统中把该证书设置为作废状态。 重打印 重打印往往出现在证书作废、损坏或丢失等情况之后。根据国家规定，每张车辆合格证都有唯一的编码，如果需要重新打印车辆合格证，需要通知国家相关部门先做取消动作，然后再在系统中进行重打印操作
	8	报表	报表应包含以下几个方面的内容。 已经打印的证书。 已经成功上传的证书。 没有上传的证书。 上传错误的证书

续表

模块	行号	功能	备注
接口	9	MES接口	MES接口包含两个部分。 过程质量数据 合格证系统在读取车辆识别码之后，将从MES和车辆检测系统中获取相关质量数据。MES中的数据主要为车辆过程质量的结果。 车辆数据 如果所有检查结果通过，则系统将从MES中获取车辆数据
	10	车辆检测系统接口	车辆检测系统服务器存储了所有关于车辆的检测数据，MES应从该系统中获取检测的最终结果
	11	国家相关部门接口	需要通过标准的集成接口将系统打印成功的合格证自动上传到国家相关部门。产品一致性证书及燃油标识不需要上传。 接口为标准接口，但系统还需要做一些开发来完善该功能，具体如下。 定义上传时间。 如果没有成功，需提供警告信息。 自动重新上传的策略设置。 上传报告和错误报告

小 结

汽车行业是典型的大型MES应用场景，一个汽车制造企业包含冲压、焊装、涂装和总装四大车间，每个车间对于MES的要求都不尽相同。冲压强调生产计划和控制，以及完备的库存管理，具有相对的生产独立性；焊装注重对车序的管理和控制，从而达到最大化的产能目标；涂装注重车身调度，利用MES和自动化设备提高生产效率；总装则注重灵活强大的物流配送功能，以保证生产顺利进行。

通过本章的学习，读者应了解大型MES的功能架构及特殊的业务需求，同时通过汽车行业的典型应用，将对MES的理解和经验扩展到其他相关的制造业，并在后续的工作和学习中逐步掌握MES在多个行业中的应用。

练习题

一、填空题

1．汽车制造包括_____、_____、_____、_____四大工艺流程。

2．汽车总装车间的推式物流模式主要应用于场内的_____。

3．小车物流是整车制造总装车间必不可少的物料管理方式，优点是节省线边的_____、节省线上操作人员的工时、_____等。

4．Kitting配货区的信息由总装起始点触发，由MES根据_____展开后进行打印处理。

5．应用IT技术进行车辆跟踪主要采取_____、_____、_____、_____等方法。

6．MES的质量管理通常为_____，是指发现车辆在制造过程中产生的质量问题和隐患（在每个关键环节，质量部门都会利用专业的设备对关键工序或者关键零件进行检测）。

二、简述题

1．焊装车间分线与主生产线之间的衔接方式有哪几种模式？

2．简述JIT物流模式有哪几种运送物料的方式。

练习题参考答案

第1章　绪论

一、填空题

1. AMR将MES定义为"位于上层计划管理系统与底层工业控制系统之间的、面向车间的管理信息系统"。

2. 制造业主要分为流程制造行业和离散制造行业两大类。

3. 离散制造行业的产品结构为树状结构，其最终产品或者部件由一定的零件组成，而这种树状结构一般用BOM的形式来表示。

4. 生产计划和生产排产是两个比较重要的概念，生产计划是确定一段时间内，每天生产产品的数量，而生产排产则是确定具体产品的生产顺序。

5. 质量管理是MES的终极目标，及时提供质量合格的产品是对生产环节的最终要求，质量管理应贯穿生产环节的始终。

二、简述题

1. 流程制造行业与离散制造行业之间存在的哪些差异，导致MES在离散制造行业和流程制造行业中的应用有所差别？（参考答案见1.4.2小节）

2. ISA-SP95 MES流程模型中的定义管理主要包括哪些方面，各自的主要内容是什么？（参考答案见1.5.2小节）

第2章　MES功能模块

一、填空题

1. BOM在生产制造过程发挥着关键的纽带作用，BOM的使用贯穿了企业的多个部门，如计划、设计、制造、财会等部门。

2. 制造BOM是制造企业最为核心的数据，各个业务环节、各个部门都会用到它。

3. 生产排产优化的目标是追求最高的生产效益，即生产能力达到最高和生产成本降到最低。

4. 数据采集是MES运行的基础，MES运行离不开现场实时数据。

5. 随着工业化技术的进步，MES数据采集可以使用的终端设备有很多，其中有传感器、数控加工机床、设备脉冲信号、工业PLC、产品上或零件上的条码和手持式扫描枪等。

6. 安灯系统是指企业用分布于车间各处的灯光和声音报警系统收集生产线上有关设备和质量等信息的信息管理工具，起源于丰田汽车公司。

7. 安灯系统由两部分组成，即硬件和软件，硬件完成信息实时显示，软件则完成数据获取、汇总、计算和显示模板的定义等。

8. 产线管理和工厂维护是保障生产线能够正常运作的必要条件。

二、简述题

1. 在生产过程中，MES与PLC通信主要有哪几种方式？（参考答案见2.3.4小节）

2. MES承担了零件追溯的工作，信息通过多种方式进入系统并在系统中进行记录。信息录入有哪几种方式？（参考答案见2.4.1小节）

3. 生产线状态反映该条生产线目前的实际状态，它不是由一个参数来进行控制的，而是收集该条生产线上所有工位的实时信息，并汇总所得出的最终结果。生产线状态主要包括哪些？（参考答案见2.7.1小节）

第3章 MES项目实施

一、填空题

1. MES项目实施通常来说分为4个步骤，即项目准备、项目定义、系统实施及项目交付。

2. 生产模式对MES的影响是根本性的，包括计划的制订与发布、是否应用延迟策略、物流如何配合生产等。

3. 生产数据显示及监控包含设备状态监控、现场质量监控、故障报警、生产报表等。

4. MES项目实施计划可分为两个层级，面对不同的人员。第一个层级为项目关键时间节点计划，第二个层级为详细项目实施计划。

5. MES项目中遇到的问题需要有3个层级的管理，包含开放项目、风险项目和问题项目，3个层级为递进关系。

二、简述题

1. 企业在实施MES前应该围绕哪些问题做思考？（参考答案见3.1.1小节）

2. 一般来说，项目交付关键节点有哪几个？（参考答案见3.4.1小节）

3. MES功能配置好后需要引入项目变更管理流程，变更单贯穿了整个流程，变更单一般包含哪些内容？（参考答案见3.3.5小节）

第4章 项目实战：一家小型机械加工企业的系统设计

一、填空题

1. 生产数据管理包括生产线/产品维护、站点管理、BOM管理等。

2. PLC站点是指MES直接从PLC获取数据，并将该零件的相关信息发送给PLC，以指导生产。

3. 工艺信息以列表的形式展现，在页面上端的下拉列表中可选择与该生产线关联的产品编码，不同编码显示不同工艺路线。

4. 物料拉动是指线边物料根据实际生产情况进行扣减，达到安全库存的数量时，自动发送叫料需求到物流配送区进行补料的过程。

5. 设备日常维护管理为设备的日常性维护，通常指周期性的设备点检及维护工作。

6. 安灯系统为生产系统可视化的主要组成部分，它可将一定区域内的所有生产线及设备信息展示出来，以达到警示的目的。

二、简述题

1. 生产计划可以理解为从上游系统传输的或者手动输入的生产计划信息。生产计划包含哪些信息？（参考答案见4.3.2小节）

2. 安灯系统为生产系统可视化的主要组成部分，安灯系统屏幕由哪几部分组成？（参考答案见4.3.9小节）

第5章 项目实战：一家大型汽车生产企业的制造运行模式及应用

一、填空题

1. 汽车制造包括冲压、焊装、涂装、总装四大工艺流程。

2. 汽车总装车间的推式物流模式主要应用于场内的标准件。

3. 小车物流是整车制造总装车间必不可少的物料管理方式，优点是节省线边的物流空间、节省线上操作人员的工时、<u>减少线上工人的装配错误</u>等。

4. Kitting配货区的信息由总装起始点触发，由MES根据<u>BOM</u>展开后进行打印处理。

5. 应用IT技术进行车辆跟踪主要采取<u>车身条码扫描</u>、<u>滑橇钢条码</u>、<u>滑轨条码定位</u>、<u>RFID射频技术</u>等方法。

6. MES的质量管理通常为<u>过程质量</u>，是指发现车辆在制造过程中产生的质量问题和隐患（在每个关键环节，质量部门都会利用专业的设备对关键工序或者关键零件进行检测）。

二、简述题

1. 焊装车间分线与主生产线之间的衔接方式有哪几种模式？（参考答案见5.3.2小节）

2. 简述JIT物流模式有哪几种运送物料的方式。（参考答案见5.5.3小节）

参考文献

[1] 李清. 制造执行系统[M]. 北京：中国电力出版社，2007.

[2] 彭俊松. 汽车行业整车订单交付系统[M]. 北京：电子工业出版社，2009.

[3] 彭俊松. 汽车行业供应链战略管理与信息系统[M]. 北京：电子工业出版社，2006.

[4] 但斌，等. 大规模定制——打造21世纪企业核心竞争力[M]. 北京：科学出版社，2004.

[5] 陆雄文. 管理学大辞典[M]. 上海：上海辞书出版社，2013.

[6] 徐梅宣，冯韬. 汽车生产中的IT技术[M]. 北京：机械工业出版社，2014.